GUIDE MARABOUT DU BRIDGE

Sommaire

Le contrat

Pour être le déclarant, il faut avoir déclaré un contrat, c'est-à-dire s'être engagé à réaliser un certain nombre de levées, nombre qui ne peut être inférieur à sept. Ce contrat est déclaré par l'intermédiaire d'une ou plusieurs enchères, c'est-à-dire plusieurs propositions de contrat. Pour ouvrir les enchères, il convient d'avoir un jeu supérieur à la moyenne : si vous n'avez que deux Valets qui se battent en duel, vous n'avez aucune chance de gagner le moindre contrat ; donc vous ne participerez sans doute pas aux enchères.
En revanche, si vous avez plusieurs honneurs (grosses cartes allant de l'As au 10), vous devez évaluer la force de votre main (votre jeu) pour savoir si vous allez enchérir ou non.

L'évaluation des mains

Elle est très facile au bridge : on compte 1 point pour un Valet, 2 pour une Dame, 3 pour un Roi et 4 pour un As. Il y a donc au total 40 points dans le jeu (10 points pour chacune des quatre couleurs). Si votre camp souhaite déclarer un contrat (s'engager à réaliser au moins 7 levées sur 13), il doit en toute logique détenir la majorité des points, par exemple 22 contre 18 dans le camp adverse.

Les enchères

Sud

♠ A D 7 6
♥ A D 4
♦ 9 8 7 3
♣ R D

Sud a distribué, puis il a relevé la main ci-contre. Il compte ses points : 6 à Pique (4 + 2), 6 à Cœur (4 + 2), zéro à Carreau et 5 à Trèfle (3 + 2), soit 17 points en tout, c'est-à-dire 7 de plus que la moyenne. Il a donc une bonne chance de réaliser un contrat, pour peu que son partenaire ne soit pas nul. Sud étant donneur, c'est à lui d'ouvrir les enchères. Comme il n'a pas de couleur longue, il ouvre de *1 Sans-Atout,* c'est-à-dire qu'il s'engage à faire 6 levées + 1 (« Sans-Atout » signifie qu'aucune couleur ne pourra couper les trois autres). L'enchère de 1 Sans-Atout, selon le système d'en-

Nord	
♠	R 2
♥	8 5 3
♦	A 4 2
♣	V 10 9 6 2

chères français, a en outre la particularité d'annoncer au partenaire un jeu fort (entre 15 et 17 points).

C'est au tour d'Ouest d'enchérir (sa main n'est pas sur le diagramme). Comme il a un jeu faible, il passe, et c'est maintenant à Nord de « parler ». Nord compte sa main. Il a 8 points : 3 à Pique, zéro à Cœur, 4 à Carreau et 1 à Trèfle. Il sait donc que son camp dispose de 23 à 25 points, selon que le Sans-Atout de Sud est à 15, 16 ou 17 points. Si Nord passe, et si Est passe également, Sud jouera 1 Sans-Atout. Avec son beau jeu et les 8 points d'honneurs de Nord, il réalisera sans peine ce contrat, qui rapportera 40 points à son camp. Ces 40 points récompensent le gain de la 7e levée (il ne faut pas confondre les points d'évaluation d'une main, aussi appelés points d'honneurs, avec les points de la marque). 40 points représentent une partielle, c'est-à-dire seulement une fraction de la manche : pour gagner une manche, il faut marquer 100 points. Or, en tournoi comme en partie libre, une manche rapporte beaucoup plus qu'une partielle (voir *infra* le chapitre *La Marque*). 40 points donc, ce n'est pas le Pérou.

> Comptez vos points d'honneurs et additionnez-les à ceux que votre partenaire annonce par ses enchères. Vous savez ainsi si vous pouvez demander une partielle, une manche ou un chelem.

Nord est donc tenté d'aller « à la manche », en déclarant *3 Sans-Atout* (6 levées + 3, soit 9 en tout). Ce contrat rapporterait en effet 40 points pour la 7e levée, et, bizarrerie de la marque du bridge, 30 points pour la 8e et 30 pour la 9e, soit 100 points en tout, c'est-à-dire la manche.

Le coup est jouable si Sud a 17 points d'honneurs, qui, ajoutés aux 8 points de Nord, porteraient le total des points d'honneurs de son camp à 25 (le flanc n'en aurait que 15). Dans le doute, Nord fait l'enchère encourageante de *2 Sans-Atout.* Avec ses 17 points d'honneurs, Sud conclut à *3 Sans-Atout.*

Contrat à Sans-Atout : affranchissement d'une couleur

Vous êtes le déclarant de la donne précédente puisque 3 Sans-Atout est le contrat final et que vous êtes le premier à avoir parlé à Sans-Atout. En tant que déclarant, vous jouerez non seulement vos propres cartes, mais aussi les cartes de votre partenaire « mort », exposées aux yeux de tous. Vous êtes en Sud et vous êtes le seul à voir vos propres cartes. Le jeu de Nord, votre partenaire « mort », est exposé dès que Ouest, votre adversaire de gauche, a entamé, c'est-à-dire joué la première carte.

Avant de jouer la première carte du mort, faites votre **plan de jeu**.

> À Sans-Atout, on compte ses levées sûres et ses levées potentielles.

Prenez un jeu et reproduisez les deux mains Nord et Sud, regroupées dans le diagramme ci-dessous. Préparez un cache. Quand vous aurez répondu à une question, vous baisserez ce cache d'un cran pour savoir si votre réponse est la bonne. Nous vous rappelons que le contrat final est « 3 Sans-Atout », c'est-à-dire que vous devez réaliser au minimum 6 levées + 3, soit 9 levées.

Nord	
♠	R 2
♥	8 5 3
♦	A 4 2
♣	V 10 9 6 2
Sud	
♠	A D 7 6
♥	A D 4
♦	9 8 7 3
♣	R D

1. Ouest entame du 6 de Cœur. Faites votre plan de jeu. Combien avez-vous de levées sûres et de levées potentielles ?

Vous avez 6 levées de tête : 3 à Pique, 2 à Cœur grâce à l'entame et 1 à Carreau. Vous avez de plus 4 levées à Trèfle si vous délogez l'As de Trèfle du flanc.

---

2. Vous fournissez le 3 de Cœur du mort et Est joue le Valet. Que faites-vous en Sud ?

Jouez la Dame, qui suffit pour prendre la levée : c'est le principe d'économie. Conservez l'As pour un deuxième pli ultérieur.

---

3. Ayant pris en Sud de la Dame de Cœur, vous devez maintenant jouer une carte de votre main. Laquelle ?

Le Roi (ou la Dame) de Trèfle. Il faut affranchir les Trèfles, c'est-à-dire les libérer en faisant tomber l'As détenu par l'adversaire : les Trèfles offriront ensuite quatre levées.

---

4. Votre Roi de Trèfle reste maître (tout le monde fournit un petit Trèfle). Que faites-vous ?

Il faut insister de la Dame.

---

5. Le flanc, qui a éventé votre plan de jeu, duque encore (ne prend pas la Dame). Que décidez-vous ?

La Dame de Trèfle étant restée maître en Sud, il est impossible de jouer le Valet de Trèfle du mort : il faut d'abord remonter au mort. Vous avez le choix entre deux remontées : le Roi de Pique et l'As de Carreau. Il vaut mieux utiliser le Roi de Pique, puisqu'il restera deux gardes (deux cartes maîtresses) dans cette couleur : l'As et la Dame de Pique. Donc on joue le 6 de Pique vers le Roi du mort.

Nord
♠ R 2
♥ 8 5 3
♦ A 4 2
♣ V 10 9 6 2
Sud
♠ A D 7 6
♥ A D 4
♦ 9 8 7 3
♣ R D

Le diagramme ci-contre est le même que celui de la page précédente.

---

6. Vous voilà au mort. Que faites-vous ?

Il faut rejouer Trèfle jusqu'à ce que le flanc encaisse son As de Trèfle.

---

7. Ouest prend votre Valet de Trèfle de son As et joue le Roi de Cœur. Comment terminez-vous votre coup ?

Vous prenez le Roi de Cœur de votre As, et vous jouez le 3 de Carreau vers l'As de Nord, votre dernière remontée, pour être au mort. Vous jouez alors les deux derniers Trèfles du mort, qui sont affranchis (libérés), tout en défaussant deux petits Carreaux de votre main, c'est-à-dire de Sud. Vous constatez alors que vous n'avez plus de garde ni à Cœur ni à Carreau. Il est urgent d'encaisser vos deux dernières levées maîtresses, à savoir l'As et la Dame de Pique, après être rentré en main, c'est-à-dire en Sud, grâce au 2 de Pique.

---

8. Combien de levées avez-vous réalisées ?

10 levées : 3 à Pique, 2 à Cœur, 1 à Carreau et 4 à Trèfle. Nord-Sud marquent 130 points : 40 points qui récompensent le gain de la septième levée, et 30 pour chacune des trois levées suivantes. Ils remportent donc la manche (rappelons qu'il faut marquer au moins 100 points pour gagner une manche). S'ils n'avaient fait que 8 levées, au lieu des 9 déclarées, ils auraient chuté de 1 levée et auraient été pénalisés : Est-Ouest auraient marqué 50 points.

Contrats à Sans-Atout et contrats à la couleur

Les deux premières donnes ont été jouées à Sans-Atout. Pourtant, 75 % des donnes se jouent « à la couleur », c'est-à-dire avec une couleur comme atout. Pourquoi ? Les contrats à la couleur ont deux avantages, l'un défensif, l'autre productif.

Avantage défensif

Nord :
♠ 9 4 3
♥ 8 7 6
♦ D 7 5
♣ A 8 7 5

Ouest :
♠ 10 8 6
♥ A R D V 5
♦ V 10 9 3
♣ 2

Est :
♠ 7 5
♥ 10 4 3 2
♦ 8 4 2
♣ D V 10 3

Sud :
♠ A R D V 2
♥ 9
♦ A R 6
♣ R 9 6 4

(N, O, E, S)

Jouer à la couleur permet, grâce aux atouts, d'arrêter le défilé des cartes maîtresses d'une couleur adverse. Dans le diagramme ci-contre, le déclarant joue 3 Sans-Atout avec 26 points d'honneurs dans les deux mains.
De fait, il a 10 levées de tête (sans perdre la main). Malheureusement Ouest encaisse 5 levées à Cœur avant que Sud n'ait le temps de dire ouf : un de chute ! Si Sud avait joué 4 Piques, il aurait coupé le deuxième Cœur avec le 2 de Pique, capturé les atouts adverses, et réalisé 10 levées : 5 Piques, 3 Carreaux, 2 Trèfles. *Pique* et *Cœur* sont des couleurs dites majeures : le contrat de 4 Piques, s'il est réussi, rapporte 30 points × 4 = 120 (rappelons que 100 points suffisent pour gagner une manche). Nous parlons des mineures quelques lignes plus bas.

Avantage productif

Jouer à la couleur permet d'obtenir des levées supplémentaires en coupant des cartes perdantes avec les atouts de la main courte (la main qui a le moins d'atouts).

> À la couleur, il faut généralement
> - soit battre atout et jouer une autre couleur affranchie ou à affranchir ;
> - soit ne pas battre atout et couper une autre couleur avec les atouts de la main courte.

En revanche les 4 couleurs ont un inconvénient *:* elles sont *inférieures au Sans-Atout* dans le décompte de la marque.
La première levée à Sans-Atout rapporte 40 points, et les suivantes 30 points. Comme la manche se gagne en 100 points, il s'avère que le contrat de 3 Sans-Atout, soit 9 levées, est suffisant pour remporter la manche. Par contre, Pique et Cœur, les deux majeures, ne rapportent que 30 points par levée. Il faut donc gagner un contrat de *4 Piques* ou *4 Cœurs*, soit faire 10 levées, pour remporter une manche. Pire encore, Carreau et Trèfle, les deux mineures, ne rapportent que 20 points par levée. 11 levées sont donc nécessaires pour le gain d'une manche à Carreau ou à Trèfle.
Dans la hiérarchie des enchères, la couleur la moins chère est Trèfle, suivie, dans un ordre croissant, de Carreau, Cœur, Pique et Sans-Atout. Il s'ensuit que si un joueur ouvre de 1 ♥, son partenaire (ou un de ses adversaires) peut annoncer 1 ♠ ou 1 Sans-Atout. En revanche, si le partenaire ou l'adversaire veut enchérir à Trèfle ou Carreau, il doit le faire au palier de deux.

Contrat à la couleur : utilisation des atouts de la main courte

À la couleur, le plan de jeu consiste à compter le nombre de ses perdantes et à essayer d'en réduire le nombre, soit par la coupe, soit par la défausse.

> À Sans-Atout, on compte ses gagnantes. À la couleur, on compte ses perdantes.

Quand vous jouez un contrat à la couleur, vous avez souvent une « main longue », par exemple 5 beaux atouts en Sud, et une « main courte », par exemple 3 atouts au mort. Avec quelle main devez-vous couper ? Réponse : avec les atouts de la main courte, qui vous procurent des levées supplémentaires. Les atouts de la main longue, vous les ferez de toute façon.

	♠ 7 5 2 ♥ A V 7 5 4 2 ♦ V ♣ 9 7 6	
♠ 10 8 6 3 ♥ R 10 ♦ R D 10 9 5 ♣ A 2	N O E S	♠ 9 ♥ D 9 6 3 ♦ 6 4 3 2 ♣ V 10 8 5
	♠ A R D V 4 ♥ 8 ♦ A 8 7 ♣ R D 4 3	

Les enchères. Sud a 19 points d'honneurs. Pour ouvrir de 1 à la couleur, il faut au moins 12 points d'honneurs ; donc Sud a de la marge. Il déclare 1 ♠. Dans le système *Majeure cinquième*, très joué en France, cette enchère promet 5 cartes au moins dans la majeure annoncée, avec une force de 12 à 20 points d'honneurs (nous vous rappelons que Pique et Cœur sont les deux majeures). Sur 1 ♠ de son partenaire Sud, Nord, avec ses 6 points, doit parler. Il aimerait décrire sa main en disant 1 ♥, mais cette enchère lui est impossible : vous venez d'apprendre que, dans la hiérarchie des couleurs, Cœur vient après Pique. Si Sud, donc, veut annoncer ses Cœurs, il doit dire 2 ♥. Or, par convention, tout changement de palier (« 2 sur 1 ») effectué par le répondant promet un minimum de 11 points. Nord en est loin. Nord sait que Sud a au moins 5 Piques, qui, ajoutés aux siens, donnent un total de 8, contre 5 dans le camp adverse : on dit que Sud et Nord ont un fit à Pique, ou qu'ils sont fittés à Pique. Ce fit justifie un contrat à la couleur. Nord, étant faible, dit 2 ♠, enchère minimale promettant au moins 3 cartes à Pique. Sud, avec ses 19 beaux points et son singleton à Cœur, demande la manche en déclarant 4 ♠.

Le jeu de la carte. Ouest entame du Roi de Carreau. Sud prend de l'As. Si alors il bat atout, il ne fera que 8 ou 9 levées : 5 à Pique, 1 ou 2 à Trèfle, et 2 As rouges. En revanche, s'il coupe deux petits Carreaux avec deux petits Piques de la main courte, il fera 2 levées de plus.
Voici comment. Sud prend le Roi de Carreau de son As et coupe immédiatement un petit Carreau. Il doit maintenant rentrer chez lui pour couper son dernier Carreau. Techniquement, il pourrait jouer As de Cœur et petit Cœur coupé de sa main ; mais cette manœuvre est non seulement improductive, elle est dangereuse.

> Couper de la main longue ne rapporte aucune levée supplémentaire et affaiblit la couleur d'atout.

Sud rentre donc en main en jouant atout, ce qui a l'avantage d'effacer deux atouts adverses. Il coupe son dernier Carreau avec le dernier Pique du mort. Il lui faut maintenant rentrer chez lui pour éliminer les atouts que le flanc détient encore. A cette fin, il joue petit Trèfle vers son mariage. Quel que soit le détenteur de l'As de Trèfle, Sud gagnera son contrat en réalisant 7 levées à Pique (dont 2 en coupe), 1 à Carreau, 1 à Cœur et 1 ou 2 à Trèfle, soit 10 ou 11 levées.
Sud aurait-il mis son contrat en péril en rentrant chez lui par une coupe à Cœur ? La réponse est oui. Supposons que les atouts du flanc soient répartis 4-1 comme dans le diagramme. En coupant un Cœur de sa main, Sud se serait retrouvé à égalité d'atouts avec Ouest. Contraint de battre atout à fond, Sud aurait dû abandonner la main en jouant son Roi de Trèfle. Il ne lui serait pas resté le moindre Pique pour couper les cartes maîtresses rouges du flanc.

Exercice

	♠ R D 10 3 ♥ 8 7 3 ♦ R D 6 2 ♣ A 6	
♠ 8 7 5 ♥ A R D 10 ♦ 10 8 5 3 ♣ 7 4	N O E S	♠ 6 2 ♥ V 9 4 2 ♦ A V 4 ♣ R D 9 8
	♠ A V 9 4 ♥ 6 5 ♦ 9 7 ♣ V 10 5 3 2	

Les enchères. C'est Nord, votre partenaire, qui a donné. Il compte ses points d'honneurs. Il en a 14, c'est-à-dire de quoi ouvrir. Il annonce 1 ♦ et non pas 1 ♠ : en Majeure cinquième, l'enchère de 1 ♠ promettrait 5 Piques à son partenaire. En Sud, vous dites 1 ♠, en « 1 sur 1 », bien que vous n'ayez que 4 Piques. Vous n'êtes pas assez fort pour dire 2 ♣ : rappelez-vous que le « deux sur un » promet 11 points d'honneurs au minimum. Nord fitte immédiatement : il dit 2 ♠. Avec vos 6 points, vous passez en courant.

> En Majeure cinquième, on ouvre dans une majeure avec au moins 5 cartes, mais on peut répondre, en « 1 sur 1 », avec 4 cartes majeures seulement.

Étant le premier à avoir annoncé les Piques, vous êtes le déclarant : c'est vous qui jouez le coup. Ouest entame de l'As de Cœur et insiste du Roi, puis de la Dame. À vous.

En Sud, vous coupez le troisième tour de Cœur et constatez que votre propre main est devenue *de facto* la main courte en atouts. Il faut donc, toutes affaires cessantes, couper des Carreaux avec les atouts de votre main devenue courte. Vous jouez petit Carreau vers le mariage du mort. Le flanc prend de l'As et, lucidement, rejoue atout. Vous prenez, encaissez la Dame de Carreau, coupez un petit Carreau en Sud, remontez au mort avec l'As de Trèfle et coupez votre dernier Carreau avec l'As de Pique. Vous êtes à la tête de 6 levées : 1 Cœur coupé, 1 Carreau maître, 2 Carreaux coupés, 1 atout et l'As de Trèfle. Grâce aux 3 atouts maîtres restant au mort, vous arrivez au total de 9, soit *2 Cœurs + 1*. Si vous aviez donné trois tours d'atout, vous n'auriez pas fait plus de 7 levées : 5 atouts (dont une coupe), 1 Carreau et 1 Trèfle.

EXERCICE

	♠ 5 4 3 2 ♥ R D 5 4 ♦ V 7 ♣ A 9 6	
♠ V 10 ♥ V 10 7 6 ♦ D 10 9 8 ♣ D 3 2	N O E S	♠ D 9 8 ♥ A 3 2 ♦ 6 4 3 ♣ V 10 8 5
	♠ A R 7 6 ♥ 9 8 ♦ A R 5 2 ♣ R 7 4	

Les enchères. Sud, fort de ses 17 points, ouvre de 1 Sans-Atout. Nord, avec ses 10 points, pourrait en dire 3, mais il veut savoir si son partenaire a 4 Cœurs ou 4 Piques afin de jouer éventuellement le coup à la couleur. À cette fin, il fait un 2 Trèfles Stayman, convention universellement utilisée qui demande à l'ouvreur s'il possède une majeure de 4 cartes. Obéissant, Sud dit 2 ♠, enchère qui signifie seulement « j'ai quatre cartes à Pique ». Nord conclut en disant 4 ♠ pour demander la manche.

Ouest entame du Valet de Pique. Comment jouez-vous ?

Ne tirez que deux coups d'atout (l'As et le Roi) et jouez As, puis Roi de Carreau et petit Carreau coupé. Rentrez chez vous avec le Roi de Trèfle et coupez votre dernier Carreau avec le dernier petit Pique du mort. Vous êtes surcoupé, mais vous réaliserez ultérieurement 4 levées de plus : deux petits atouts de votre main, l'As de Trèfle et un Cœur. Ces 4 levées s'ajouteront aux 6 levées déjà réalisées : 3 atouts (dont un en coupe), 2 Carreaux et 1 Trèfle. 4 Piques juste faits.

Le jeu avec le mort

Techniques de base

Éviter le blocage : jouer d'abord les gros honneurs de la main courte

Rappelons que le déclarant ne peut jouer indifféremment de sa main ou de la main du mort. S'il veut par exemple jouer du mort, il faut que la levée précédente ait été remportée par une carte du mort.

	♠ 8 3 2 ♥ V 7 4 ♦ 7 4 ♣ R D V 9 2	
	N	
O		E
	S	
	♠ A 10 9 ♥ A 8 3 ♦ D 10 6 3 2 ♣ A 10	

Jouant 1 Sans-Atout en Sud, vous devez faire 7 levées. Ouest a entamé du Roi de Pique. 7 levées sont immédiatement réalisables : As de Pique, As de Cœur, plus 5 levées à Trèfle. Vous prenez donc le Roi de Pique de votre As et, sans barguigner, attaquez les Trèfles. Si vous avez le malheur de commencer par le 10, votre contrat est condamné. Que vous preniez ce 10 de votre main par le Roi, ou que vous le laissiez filer, vous serez coincé en Sud à la troisième levée avec l'As de Trèfle devenu sec. Quelle que soit la carte que vous jouiez ensuite, vous ne ferez plus que l'As de Cœur. Ce blocage intempestif vous coûtera *3 de chute* (4 levées réalisées alors que vous vous êtes engagé à en faire 7).

Pour éviter le blocage d'une couleur, jouez le ou les gros honneurs de la main courte avant ceux de la main longue : jouez « gros et court ».

EXERCICE

♠ A 10 6
♥ 9 5 2
♦ D 10 9 8 2
♣ V 5
N
O E
S
♠ R 7 4
♥ A V 6
♦ A V
♣ 9 7 6 4 2

Contrat final : 1 Sans-Atout joué par Sud. Ouest entame du 5 de Carreau. Comment assurer votre contrat ?

Fournissez le 2 de Carreau du mort et prenez la levée de l'As ! Rejouez le Valet de Carreau, surprenez-le de la Dame si Ouest duque (ne prend pas) et insistez dans la couleur. Lorsque Ouest (ou Est) aura joué son Roi et contre-attaqué dans une des trois autres couleurs, prenez, remontez au mort avec l'As de Pique, et encaissez vos Carreaux affranchis. Vous serez ainsi à la tête de 7 levées : 4 à Carreau, 2 à Pique et 1 à Cœur. En revanche, si, à l'économie, vous prenez l'entame avec le Valet de Carreau, votre butin à Carreau se limitera à deux levées : vous devrez revenir au mort pour déloger le Roi, et vous n'aurez plus de remontée pour exploiter les Carreaux affranchis.

Le *principe d'économie* veut que l'on prenne une carte de l'adversaire avec la plus petite carte suffisante. Il faut parfois déroger à cette excellente règle pour éviter un blocage dans une couleur.

EXERCICE

	♠ 9 8 ♥ 9 5 3 2 ♦ A R 9 7 2 ♣ V 4	
♠ R D V 6 ♥ D V 10 ♦ V 8 4 3 ♣ R 5	N O E S	♠ 10 5 4 3 2 ♥ 8 7 4 ♦ 6 ♣ D 10 9 6
	♠ A 7 ♥ A R 6 ♦ D 10 5 ♣ A 8 7 3 2	

Vous jouez 3 Sans-Atout en Sud sur l'entame du Roi de Pique. Comment jouez-vous, sachant que vous ne devez plus abandonner la main, sous peine de perdre 4 levées à Pique ?

Vous devez réaliser 5 levées à Carreau. Si cette couleur est répartie 3/2, aucun problème. Si le Valet est quatrième en Est, vous chuterez. S'il est quatrième en Ouest, vous le capturerez grâce à un coup de sécurité qui n'a aucun secret pour vous : petit vers l'As, puis petit vers la Dame, qui révèle le singleton en Est, enfin impasse au Valet de Carreau d'Ouest. Pourtant, si vous n'avez pas pris la précaution de jouer le 10 de Carreau vers l'As lors du premier tour de la couleur, vous allez chuter. En effet, au troisième tour, Ouest ne mettra pas son Valet et votre 10 vous bloquera en main.

> Bien réfléchir après l'entame permet souvent de ne pas se bloquer dès la première ou la seconde levée.

Exercices

	♠ 9 8 ♥ D V 10 7 ♦ R 10 9 8 ♣ A R D	
O	N S	E
	♠ D V 10 ♥ 6 2 ♦ A D 6 4 3 ♣ 10 6 4	

Vous jouez 3 Sans-Atout en Sud. Ouest ayant entamé du 5 de Pique, Est prend du Roi, insiste de l'As et rejoue le 7. Comment manœuvrez-vous, sachant que le Valet de Carreau a toutes les chances d'être troisième ?

Au quatrième tour de Carreau, vous serez bloqué au mort avec le 10 de Carreau, sauf si vous avez la présence d'esprit de défausser ce 10 de Carreau sur la Dame de Pique.

	♠ A 10 5 ♥ 7 2 ♦ D 10 9 ♣ 10 9 4 3 2	
O	N S	E
	♠ 8 7 6 2 ♥ R D 8 6 ♦ A R ♣ A D V	

Vous jouez 3 Sans-Atout en Sud, Ouest ayant entamé du 5 de Cœur pour le 9 d'Est et votre Roi. Comment éviter de vous retrouver bloqué en main avec un honneur à Trèfle (les Trèfles adverses sont 3/2) ?

Dégagez As et Roi de Carreau, puis jouez As de Trèfle et Dame de Trèfle. Est prend et rejoue Cœur. Couvrez sa carte quelle qu'elle soit : vous avez ainsi un deuxième arrêt dans la couleur. Ouest prend et contre-attaque Pique. Vous prenez avec votre As du mort et jouez votre Dame de Carreau sur laquelle vous défaussez votre Valet de Trèfle bloquant. Vous pouvez ainsi défiler 3 Trèfles affranchis.

N'affichez pas la force de votre couleur

> Si vous avez une séquence dans votre main cachée, prenez avec la tête de la séquence, et non pas avec la queue.

	♠ A V 3 ♥ 6 3 2 ♦ A V 3 ♣ 8 6 5 4	
♠ 9 6 5 4 2 ♥ 8 7 ♦ 5 2 ♣ A D V 9	N O E S	♠ R 8 7 ♥ V 10 9 5 4 ♦ R 6 4 ♣ 10 3
	♠ D 10 ♥ A R D ♦ D 10 9 8 7 ♣ R 7 2	

Contrat final: 3 Sans-Atout joué par Sud.

Ouest entame du 6 de Pique pour le 3 de Nord, le Roi d'Est et le 10 de Sud. Est contre-attaque du Valet de Cœur. Si Sud, à l'économie, met la Dame, affichant ainsi son As et son Roi, Est n'insistera pas à Cœur quand il reprendra la main avec le Roi de Carreau : il jouera son 10 de Trèfle. Deux de chute au lieu de 3 Sans-Atout juste faits.

	♠ D 10 6 5 ♥ 6 5 ♦ R 3 2 ♣ 8 6 5 2	
♠ V 4 3 2 ♥ D V 10 8 7 ♦ A 5 ♣ 9 4	N O E S	♠ 8 7 ♥ 9 4 3 ♦ V 10 9 8 ♣ D V 10 3
	♠ A R 9 ♥ A R 2 ♦ D 7 6 4 ♣ A R 7	

Contrat final: 3 Sans-Atout joué par Sud.

Ouest entame de la Dame de Cœur pour l'As de Sud. Après avoir vainement essayé d'affranchir un treizième Trèfle, vous attaquez les Piques de votre main. Partez du Roi et non pas de l'As. Est, ignorant que vous avez l'As, va peut-être « marquer » ses deux Piques (jouer gros-petit) pour que Ouest sache quand jouer son As fantôme. Vous ferez alors l'impasse au Valet de Pique sur Ouest.

Les impasses

Une impasse est une manœuvre qui consiste à parier qu'un honneur adverse est d'un côté plutôt que de l'autre, et à jouer en conséquence.

Impasse classique

	♥ A D	
Ouest		Est
	♥ 7 5	

Si vous jouez Cœur du mort, vous ne ferez qu'une levée : le flanc couvrira la Dame. En revanche si vous jouez un petit Cœur de Sud vers la fourchette du mort et passez la Dame, vous ferez deux levées si le Roi est bien placé, c'est-à-dire en Ouest. Vous aurez fait une « impasse au Roi ».

> Une impasse a une chance sur deux de gagner. Mieux vaut faire une impasse que de jouer par le ventre.

Impasse forçante

	♥ A D 7	
Ouest		Est
	♥ V 10 5	

Jouer le 5 de Cœur vers la Dame de Nord gagne, là encore, une fois sur deux. Sauf que, en cas de succès, vous vous retrouvez au mort. Pour renouveler l'impasse, vous aurez besoin d'une rentrée pour jouer le Valet de chez vous. Il eût été plus simple et plus économique de commencer par jouer le Valet vers le 7 de Cœur. Si le Valet reste maître, insistez dans la couleur. Vous aurez réalisé une impasse forçante.

> Si vous avez le plein d'honneurs, pratiquez l'impasse *forçante.* Ceci économisera vos reprises.

Impasse indirecte au Roi

Dans une impasse indirecte, on parie que l'honneur adverse est placé avant un honneur **inférieur** de son propre camp.

	♥ A 8 5	
Ouest		Est
	♥ D 7 3	

Capturer un honneur n'est pas toujours le but d'une impasse. Si votre As et votre Dame sont séparés et accompagnés seulement de petites cartes, n'essayez pas de prendre le Roi : cette capture serait une victoire à la Pyrrhus.

Si vous partez de la Dame :
- ou bien le Roi est en Est, et vous perdez ;
- ou bien le Roi est en Ouest et Ouest montera (principe de l'honneur sur honneur). Votre As capturera le Roi et remportera la levée, mais ce sera la seule : le Valet et le 10 du flanc feront successivement les deux autres levées. Le bon plan : jouer petit Cœur du mort vers la Dame de Sud en espérant que le Roi est en Est.

> Quand l'As et la Dame sont séparés et nus, ne jouez pas la Dame vers l'As, mais petit vers la Dame.

Impasse indirecte à la Dame

	♥ V 5	
Ouest		Est
	♥ A R 7 3	

En jouant petit Cœur de Sud vers le Valet, vous avez une chance sur deux de faire trois levées dans cette couleur : cette chance, c'est que la Dame soit en Ouest.

Si vous partez du mort en présentant le Valet, vous n'en avez aucune car Est couvrira de la Dame s'il l'a : vous ne ferez que l'As et le Roi de Cœur.

Impasse indirecte à l'As

But recherché : faire 1 levée.

	♥ R 8	
Ouest		Est
	♥ 7 5	

Si vous partez du mort, vous ne ferez aucune levée. En revanche, si vous jouez de chez vous, en Sud, vous ferez votre Roi « à la volée », à condition, bien sûr, que l'As soit en Ouest.

Perdre deux levées pour en gagner une

♠	D V 9 5
♥	V 5
♦	A 8 6 3
♣	A 4 2
	N
	O E
	S
♠	A R 10 8 7
♥	R 4 2
♦	7 4
♣	R 8 5

Vous jouez 4 Piques en Sud sur l'entame du Roi de Carreau. Vous avez 3 ou 4 perdantes : un Carreau, un Trèfle, un Cœur si l'As est en Est et deux Cœurs s'il est en Ouest. Une chance sur deux de gagner.

En fait, vous pouvez doubler vos chances. Acceptez de perdre deux Cœurs dans l'espoir de gagner une levée. Après avoir purgé les atouts, jouez le 2 de Cœur vers le Valet. Si la Dame est en Ouest, c'est gagné. Vous aurez le temps d'affranchir un Cœur pour défausser un Trèfle perdant. Si la Dame de Cœur est en Est, vous gagnerez encore si l'As de Cœur est lui aussi en Est.

EXERCICE

♠ D 10 6
♥ A D 6 5
♦ R 8 7
♣ R 8 2

N
O E
S

♠ R V 9 7 3
♥ 10 7
♦ A 10 3
♣ A 7 6

Contrat final : 4 Piques joué par Sud. Ouest entame du 4 de Pique pour l'As d'Est qui rejoue le 8. Quelle est votre meilleure chance de gagner ?

Acceptez, là encore, de perdre deux Cœurs dans l'espoir de gagner une levée. Ayant purgé le dernier atout du flanc, jouez le 5 de Cœur vers le 10. Si Est intercale le Valet, il vous suffira de rejouer ensuite le 10 pour avoir deux Cœurs maîtres sur lesquels vous défausserez vos deux perdantes mineures. Sans oublier que Est ne voit pas votre jeu : s'il a le Roi de Cœur sans le Valet, il sera tenté de plonger lors du premier tour de Cœur, croyant le Valet chez vous. Si le Valet est en Ouest, faites l'impasse au Roi, sur Ouest également.

La double impasse

♠ A 7
♥ R 9 7 2
♦ V 10 5 2
♣ 7 6 5

N
O E
S

♠ R 9
♥ A 6 3
♦ A 6 4
♣ A D 10 9 2

Contrat final : 3 Sans-Atout joué par Sud. Ouest entame de la Dame de Pique.

À Sans-Atout, il faut exploiter sa longue, c'est-à-dire, dans le cas présent, les Trèfles. Malheureusement, ceux-ci sont percés : il manque non seulement le Roi, mais aussi le Valet. Le déclarant doit donc faire deux fois l'impasse, en ayant soin de prendre l'entame avec l'As de Pique du mort. Il joue immédiatement petit Trèfle du mort pour le 10 de chez lui. Ouest, s'il a le Valet, l'encaisse et rejoue Pique. Sud prend du Roi de sa main et doit jouer petit Cœur vers le Roi pour remonter au mort. Le cœur battant, il refait l'impasse à Trèfle en passant le 9 ou la Dame. Si cette deuxième impasse réussit, Sud va aligner 9 levées : 2 à Pique, 2 à Cœur, 1 à Carreau et 4 à Trèfle. Sud avait trois chances sur quatre de trouver le Roi et le Valet de Trèfle partagés, c'est-à-dire l'un en Ouest et l'autre en Est, donc trois chances sur quatre de gagner son coup.

> Si vous exploitez une longueur où il manque le Roi et le Valet, faites une double impasse en glissant d'abord le 10, puis, au tour suivant, la Dame.

Impasse au Roi et à la Dame avec As-Valet-10

	♥ A V 10	
Ouest		**Est**
	♥ 7 5 2	

But recherché : faire 2 levées.

Petit vers le 10, puis, une fois rentré en main, petit vers le Valet, en espérant les honneurs partagés dans le camp adverse. Probabilité de succès : 76 %.

Impasse au Roi et à la Dame avec As-Valet-9

	♥ A V 9	
Ouest		**Est**
	♥ 7 5 2	

But recherché : faire 2 levées.

Jouez petit de chez vous vers le 9. Si Est prend du 10, c'est perdu ! Si Est prend du Roi ou de la Dame, ce n'est pas gagné pour autant. Il faut encore que le deuxième gros honneur soit en Ouest. Probabilité de succès : 38 %.

EXERCICE

♠ A D 8 6
♥ R 7
♦ A V 9
♣ A D 5 2
N
O E
S
♠ R V 9 7 3 2
♥ A D 8
♦ 7
♣ 7 6 3

En Sud, vous jouez 6 Piques sur l'entame du Valet de Cœur. Vous avez trois chances sur quatre de gagner. Saurez-vous les prendre ?

Éliminez les atouts adverses et les Cœurs, puis jouez le 7 de Carreau de votre main et couvrez au plus juste la carte d'Ouest. Si Est n'a pas le 10 de Carreau, il prendra d'un gros honneur et devra rejouer soit dans une fourchette mineure, soit dans coupe et défausse. S'il a le 10 de Carreau, vous vous rabattrez sur l'impasse à Trèfle, défaussant le deuxième Trèfle perdant sur l'As de Carreau.

Quand le flanc joue dans coupe et défausse, le déclarant coupe la carte du flanc d'une main et défausse une perdante de l'autre. Cette perdante est ainsi escamotée.

Mariage accompagné

	♥ R D 8	
Ouest		Est
	♥ 7 5 2	

But recherché : faire 2 levées.

Jouez un petit Cœur de Sud vers le Roi du mort. En cas de succès, rentrez chez vous et renouvelez l'opération vers la Dame. Si l'As est en Ouest, vous ferez un deuxième Cœur.

Mariage quatrième avec le Valet en plus

	♥ R D V 8	
Ouest		Est
	♥ 7 5 2	

But recherché : faire 3 levées.

Si vous avez suffisamment de rentrées, jouez trois fois petit de chez vous vers les 3 honneurs groupés. Vous vous prémunissez ainsi contre un As quatrième en Ouest.

♥ R D 8 7	
Ouest	Est
♥ V 5 2	

Jouez deux fois petit vers Roi et Dame. Vous vous prémunissez ainsi contre un As second en Ouest.

Petit mariage accompagné

♥ D V 8	
Ouest	Est
♥ 7 5 2	

But recherché : faire 1 levée.

Jouez petit de chez vous vers la Dame. Est prend. Dès que vous serez en main en Sud, rejouez petit Cœur vers le Valet. Si le deuxième gros honneur est en Ouest, votre Valet deviendra maître. Vous avez joué les honneurs adverses partagés. Probabilité de succès : 3 chances sur 4.

Couleur où manquent l'As et Dame

But recherché : faire 4 levées.

♥ R 7 6 4 2	
Ouest	Est
♥ V 10 5	

Théoriquement, seul le gisement As et Dame secs en Ouest permet de ne perdre qu'une levée. Comme il est hautement improbable, mieux vaut espérer la Dame seconde en Est et jouer petit Cœur du mort vers le Valet. Selon toute vraisemblance, Est, ne voyant pas votre jeu, ne plongera pas et vous capturerez sa Dame à la levée suivante.

Impasse offerte par l'entame

♥ V 6	
Ouest	Est
♥ A 10 5	

But recherché : faire 2 levées.
Entame : 7 de Cœur.

Mettez petit du mort et couvrez la carte d'Est. Vous ferez deux levées quoi qu'il arrive. Il est évident qu'en intervertissant le Valet et le 10, la manœuvre est identique.

♥ D 6	
Ouest	Est
♥ A 10 5	

Ne jouez surtout pas la Dame. Vous risqueriez de ne faire qu'une levée. Jouez le 6 et couvrez. Là encore, vous assurez deux levées.

Impasse inutile

Une impasse inutile ne cherche pas à gagner une levée. Elle a pour but de créer une remontée supplémentaire. C'est une manœuvre de type *Quitte ou Double* : ou bien le déclarant gagne son contrat, ou il chute d'une levée supplémentaire.

♠ V 9	
♥ R D V 5 4	
♦ 8 7 5	
♣ 8 6 2	
N	
O E	
S	
♠ A R D 7 6 3 2	
♥	
♦ 6 4	
♣ A 7 5 4	

En Sud, vous jouez 4 Piques sur l'entame de l'As de Carreau suivi du Roi et de la Dame, que vous coupez.

Votre seule chance d'évacuer vos perdantes à Trèfle est de les défausser sur les Cœurs, qui, malheureusement, paraissent inaccessibles. Jouez petit Pique vers le 9. Si l'impasse au 10 réussit, jouez le Roi de Cœur pour forcer l'As (ou pour défausser un Trèfle si l'As est en Ouest). Si l'impasse au 10 de Pique échoue, le flanc rejoue atout et vous chutez de 2 ou 3 levées.

Jeux de sécurité et maniements

Jouer un contrat, c'est aussi prévoir les mauvaises répartitions des cartes en flanc (hypothèse de crainte).

♥ D V 8 5	
Ouest Est	
♥ A 3 2	

But recherché : faire 3 levées.

Même si elle « gagne », l'impasse au Roi ne sert à rien : Est montera sur la Dame avec son Roi, et Sud ne fera que l'As et le Valet. Il faut partir du 2 vers la Dame (impasse indirecte). Si la Dame tient, rentrer en main par l'As, puis jouer le 3 vers le Valet. On réalise toujours trois levées si le Roi est en Ouest. Si par malheur le Roi est en Est, on gagne quand même s'il est troisième. Noter qu'avec suffisamment de rentrées, il faut tirer l'As de Cœur en premier, au cas où le Roi soit serait en Est.

♥ A R 6 4	
Ouest	Est
♥ D 10 3 2	

But recherché : faire 4 levées, même si les Trèfles sont 4/1 en flanc.

Si V 9 7 5 sont en Ouest, vous ne ferez que trois levées (Ouest montera sur le 10 et affranchira son 9). Donc il faut manœuvrer « comme si » V 9 7 5 sont en Est (hypothèse de nécessité). Vous tirez As et Roi, et si Ouest ne fournit plus, vous faites l'impasse au Valet sur Est.

♥ A V 7 2	
Ouest	Est
♥ R 5 3	

But recherché : faire 3 levées.

Jouer en tête As, puis le Roi et enfin petit vers le Valet. Vous êtes sûr de réaliser trois levées dans la couleur, sauf si Est a quatre Cœurs dont la Dame. Une consolation : dans ce cas vous auriez perdu même avec une classique impasse à la Dame.

♥ A R 9 6 4	
Ouest	Est
♥ D 7 3 2	

But recherché : faire 5 levées.

Jouez d'abord la Dame. Si V 10 8 5 sont en Ouest, la chicane d'Est ne vous échappera pas : vous ferez deux fois l'impasse sur le Valet et le 10 d'Ouest. Si les quatre Cœurs sont en Est, vous jouez… de malchance.

♥ A D 10 6	
Ouest	Est
♥ V 3 2	

But recherché : faire 4 levées.

Deux hypothèses de nécessité pour gagner :

a) le Roi est en Ouest

b) le Roi n'est pas quatrième (s'il l'est, Ouest couvrira le Valet et affranchira ainsi son 9 ou son 8). Donc, partez du 2 vers le 10 et, en cas de succès, rentrez en main et jouez le 3 vers la Dame. Vous gagnerez si le Roi d'Ouest est sec, second, ou troisième. Si vous faites l'impasse forçante dès le début, Ouest montera sur le Valet et affranchira l'éventuel 9 quatrième de son partenaire.

Avec suffisamment de rentrées, ne pratiquez l'impasse forçante que si vous avez toutes les cartes intermédiaires.

♥ A V 10 3	
Ouest	Est
♥ D 9 2	

But recherché : faire 4 levées. Hypothèse de nécessité : le Roi est en Ouest. Vous êtes en Sud pour la dernière fois (vous n'avez plus de rentrée). Vous allez donc, bien sûr, pratiquer une impasse forçante. Jouez-vous la Dame ou le 9 ?

Le 9. Si vous jouez la Dame, Ouest, imperturbable, ne monte pas. Vous jouez alors le 2 pour le 10 du mort, où vous êtes cloué. Si le Roi est quatrième, il survivra, puisque vous ne pourrez plus le prendre en impasse, faute de communication. Si vous commencez par le 9, en revanche, vous jouerez ensuite la Dame sans vous retrouver coincé au mort. La troisième dose d'impasse sera fatale au Roi.

♥ A 9 5 2	
Ouest	Est
♥ R V 8 4	

But recherché : faire 3 levées.
Cette ambition peut être satisfaite quel que soit le gisement des 5 Cœurs du flanc (D 10 7 6 3). Contrairement aux usages, jouez d'abord le Roi.

Tout le monde fournit. Vous jouez le 4.
- Ouest fournit de nouveau. Vous couvrez sa carte, quelle qu'elle soit, vous prémunissant contre D 10 x x en Ouest.
- Ouest ne fournit plus. Vous prenez de l'As, et jouez le 5 vers le Valet, que vous êtes sûr de faire tôt ou tard.

Ouest est chicane. Jouez le 4 pris de l'As du mort, et jouez le 5 vers le Valet, comme dans le cas précédent.

Est est chicane. Jouez le 4 et couvrez la carte d'Ouest, quelle qu'elle soit. Le 9 du mort permettra l'affranchissement de votre Valet.

	♥ A 7 5 2	
	N	
♥ D 10 6 3	O E	♥ 9
	S	
	♥ R V 8 4	

But recherché : faire 3 levées.

Le diagramme est le même que le précédent, sauf que le 9 du mort a été remplacé par un 7. Dans ce cas, il faut prendre en compte un éventuel 9 ou 10 sec en Est. Jouez le 2 du mort, couvert par le 9 d'Est. Vous prenez du Roi et rejouez le 4 vers le mort. Si Ouest fournit, couvrez sa carte au plus juste : vous ne perdrez plus ensuite que la Dame. Si Ouest ne fournit pas, mettez votre As et faites ensuite votre Valet à la volée.

	♥ V 10 6 5	
	N	
♥ D 7	O E	♥ R 9 8
	S	
	♥ A 4 3 2	

But recherché : faire 3 levées.

Hypothèse de nécessité : un honneur second derrière l'As. Jouez petit vers le Valet. Si Ouest plonge, faire ensuite l'impasse sur l'honneur troisième d'Est. Si Ouest ne plonge pas, son honneur succombe au coup suivant.

♥ A D 5 4 2	
Ouest	Est
♥ 10 6 3	

But recherché : faire 3 levées.

Jouez petit vers l'As, puis petit vers le 10. Si les Cœurs sont 4/1, vous assurez 3 levées, quel que soit l'adversaire qui a les quatre cartes. Si, tel le vulgum pecus, vous commencez par jouer le 10 de Cœur, et si le Valet est sec en Ouest, vous ne ferez que 2 levées.
En revanche, pour tenter de réaliser 4 levées, il faut là encore taper l'As en tête, puis jouer petit vers la Dame.

♥ D 7 3	
Ouest	Est
♥ V 8 6 5 4 2	

But recherché : ne perdre que 2 levées.

Jouez petit vers le mort et passez petit. Si le flanc (Ouest ou Est) a un gros honneur sec ou second, vous gagnez. Si Ouest, avec A R 10, a glissé le 10, ce 10 restera maître et vous lui dites « Bien joué ».

♥ A R 10 9 7	
Ouest	Est
♥ 6 5 4 2	

But recherché : ne perdre aucune levée, Est ayant fourni un honneur lors du premier tour de la couleur (coup de sonde).

Au deuxième tour, faites l'impasse, le pourcentage de chances étant un peu meilleur que si vous tirez en tête. Ce maniement simple est censé être issu de la « **théorie du moindre choix** », énoncée par le champion anglais Terence Reese sous le nom de *theory of restricted choice*. Much ado about nothing. Notez que c'est le défenseur et non le déclarant qui, lorsqu'il fournit, est placé devant un choix restreint ou nul.

♥ néant	
Ouest	Est
♥ A V 10 6 5 4 3	

But recherché : ne perdre que 2 levées.

Tirez l'As et jouez petit pour un éventuel gros honneur second. Jouez ensuite le Valet pour déloger le deuxième honneur. Si les Cœurs sont 3/3 en flanc, cette manœuvre ne coûte rien, quelle que soit la position du Roi et de la Dame.

♥ 3	
Ouest	Est
♥ A V 10 6 5 4	

Avec un Cœur de moins en Sud et un singleton inaccessible en Nord (les Cœurs sont joués par le ventre), la manœuvre est identique.

♥ 7

Ouest Est

♥ R D V 6 4 3 2

But recherché : ne perdre qu'une levée.

En jouant en tête, vous avez 68 % de chances de gagner. Si vous avez une remontée, jouez petit du mort. Vos chances augmentent légèrement : l'As peut être sec en Est.

♥ 8 4 3

Ouest Est

♥ A D 9 2

Jouer sans impasse possible. Sud joue de sa main sans la moindre remontée. But recherché : faire 2 levées.

Jouez As, puis Dame de Cœur en espérant écraser un petit honneur second du flanc. Jouer ensuite le 2 vers le 8 pour affranchir votre 9. En revanche, jouer As, puis petit Cœur en espérant le Roi second en flanc « marche » deux fois moins souvent.

	♠ 8 7 ♥ R 8 7 ♦ R D 8 7 6 4 ♣ D 4	
♠ D 9 6 5 4 ♥ D 10 ♦ V 2 ♣ A 10 7 3	N O E S	♠ 10 3 2 ♥ V 9 4 3 2 ♦ A 10 9 ♣ R 5
	♠ A R V ♥ A 6 5 ♦ 5 3 ♣ V 9 8 6 2	

Mariage sixième à Carreau avec une seule remontée. Contrat final : 3 Sans-Atout joué par Sud. Ouest entame du 5 de Pique. But recherché : réaliser 4 levées à Carreaux.

On est tenté de jouer petit Carreau pour le Roi du mort. Si Ouest a l'As il retient, bien entendu. Le déclarant rentre en main à Pique et administre une deuxième dose de Carreau. Ouest est alors sans défense et Sud réalise 10 bonnes levées.

Mais si c'est Est qui a l'As, comme dans le diagramme ? Il se garde bien de prendre le Roi. Au tour suivant, il prend la Dame et la couleur n'est pas affranchie, le flanc ayant toujours le 10. Deux de chute ! La solution : jouez un petit Carreau vers le 8. Est prend et rejoue Pique. Au deuxième ou troisième tour de Carreau, il doit jouer son As et rendre les armes, Sud ayant sa remontée au Roi de Cœur pour défiler les Carreaux. Votre coup à blanc aura assuré votre contrat.

L'hypothèse de nécessité

Tous les *jeux de sécurité* que nous venons de voir sont fondés sur l'hypothèse de crainte d'une mauvaise répartition. À l'inverse, l'hypothèse de nécessité vous conduit à jouer en pariant sur le placement favorable d'une carte du flanc, condition *sine qua non* du succès.

♠ A V 6 5
♥ R D V 10
♦ 5 4
♣ R 10 6

N
O E
S

♠ D 10 9 8 7 4
♥ 7 6 4
♦ A D
♣ A 3

Contrat final : 6 Piques joué par Sud sur l'entame du 9 de Cœur.

Est prend de l'As et contre-attaque d'un petit Carreau. Sud doit-il faire l'impasse au Roi de Carreau ? La réponse est non. Même si cette impasse réussissait, Sud serait encore tributaire de l'impasse à Pique. Donc Sud plonge de l'As de Carreau et tente l'impasse à Pique (hypothèse de nécessité). Si elle réussit, il défausse la Dame de Carreau sur le 10 de Cœur. Sinon, il chute de deux levées.

Exercice

	♠ V 10 4
	♥ A 9 5 2
	♦ 7 5 3
	♣ 9 8 3
	N
O	E
	S
	♠ R 7 3
	♥ R 6 3
	♦ A D V 6
	♣ A R D

Vous jouez 3 Sans-Atout sur l'entame du 5 de Pique pour l'As d'Est qui rejoue petit dans la couleur. Comme vous n'avez que 7 levées en tête, la réussite de l'impasse à Carreau est impérative, c'est l'hypothèse de nécessité. Pour ce faire, vous avez besoin de deux remontées au mort. l'As de Cœur en est une. Où est la deuxième ?

C'est le Valet de Pique, à condition d'avoir jeté le Roi de Pique sous l'As d'Est à la première levée…

Tout se joue dès la naissance, disent certains pédiatres. Il en est de même de beaucoup de contrats.

Faire le compte des mains adverses

Faire l'impasse à la Dame ou tirer en tête ? Qu'une alternative pareille, un de ces jours, vous échoie, tentez de différer votre choix. Au bridge, en effet, la procrastination peut être une vertu. Essayez d'abord de connaître la distribution des mains de vos adversaires. Ceci est possible dans certains cas.

Dans les contrats de chelem

Défiler une dizaine de cartes maîtresses permet souvent de connaître la distribution exacte des cartes du flanc.

	♠ V 10 9 ♥ R D 7 6 ♦ A R 5 ♣ R D 6	
♠ D 7 ♥ 10 9 8 5 3 ♦ 4 3 ♣ V 10 9 2	N O E S	♠ 6 5 4 3 2 ♥ 2 ♦ V 10 9 6 ♣ 7 5 4
	♠ A R 8 ♥ A V 4 ♦ D 8 7 2 ♣ A 8 3	

Contrat final : 7 Sans-Atout joué par Sud. Ouest entame du Valet de Trèfle.

Douze levées de tête, la treizième provenant soit d'un partage 3/3 des Carreaux en flanc, soit de l'impasse à la Dame de Pique. Prendre l'entame de l'As de Sud, puis commencer le décompte des mains adverses en tirant les quatre Cœurs maîtres, sur lesquels Sud fournit trois fois, puis défausse un petit Trèfle. Est ne fournit qu'une fois à Cœur, puis défausse un petit Trèfle et deux petits Piques. Le déclarant attaque ensuite les Carreaux. Au troisième tour de la couleur, Ouest défausse son cinquième Cœur : mauvaise nouvelle, les Carreaux sont 4/2 en flanc. Sans se décourager, le déclarant fait le compte des cartes jouées. 8 levées ont été tirées : 1 à Trèfle, 4 à Cœur et 3 à Carreau. Chaque joueur a donc 5 cartes en main, sans aucun Cœur. Le déclarant joue son Roi de Trèfle maître. Tout le monde fournit. Nous sommes maintenant à 4 cartes, et Nord joue sa Dame de Trèfle. Ne pouvant défausser son Valet de Carreau, ce qui libérerait le 8 de Sud, Est défausse un troisième petit Pique, et Sud jette son 8 de Carreau devenu inutile. Ouest fournit un Trèfle. Nous sommes maintenant à trois cartes.

	Nord	
	♠ V 10 9 ♥ ♦ ♣	
Ouest ♠ x x ♥ ♦ ♣ 10	N O E S	**Est** ♠ x x ♥ ♦ V ♣
	♠ A R 8 ♥ ♦ ♣	

Le déclarant fait le compte des Piques : Est en a défaussé trois, il en reste donc quatre dehors. Sur ces quatre Piques, Est en a deux, puisque nous sommes à 3 cartes et qu'il lui reste le Valet de Carreau. Ouest détient le dernier Trèfle et les deux Piques restants. Conclusion, Sud tire les Piques en tête et fait le reste, quelle que soit la position de la Dame de Pique.

Exercice

	♠ 8 7 6 ♥ A R 4 ♦ A R 4 ♣ A D 10 6	
Ouest ♠ D V 10 9 4 ♥ 7 6 3 ♦ V 7 6 3 ♣ 8	N O E S	**Est** ♠ 3 2 ♥ V 10 9 8 ♦ 10 9 8 ♣ V 5 4 3
	♠ A R 5 ♥ D 5 2 ♦ D 5 2 ♣ R 9 7 2	

Vous jouez 6 Sans-Atout en Sud après une entame de la Dame de Pique. Le coup est sur table si les Trèfles sont agréablement répartis. Si tel n'est pas le cas, avez-vous une possibilité de savoir si le Valet de Trèfle est quatrième en Ouest ou en Est, les Piques du flanc s'avérant 5/2 ?

Pour avoir une idée de la répartition des couleurs, duquez l'entame. Ouest insiste à Pique. Vous prenez du Roi et jouez vous-même votre As pour un troisième tour de Pique, sur lequel Est ne fournit pas. Conclusion : Ouest a cinq Piques. Jouez ensuite vos trois Cœurs maîtres et vos trois Carreaux maîtres. Ouest fournit chaque fois. Vous savez maintenant que Ouest a au maximum deux Trèfles. Il suffit alors de jouer

As, puis Dame de Trèfle. Si vous constatez que Ouest est singleton dans la couleur, vous faites l'impasse au Valet sur Est. Sinon, les Trèfles sont 3/2 et vous tablez.
La clé du coup est dans le laisser-passer à la première levée. Cette manœuvre, appelée réduction du compte, est souvent bénéfique quand on joue 6 Sans-Atout et qu'on a 11 levées de tête (voir infra *le squeeze*).

Quand le flanc a ouvert ou quand il est intervenu

	♠ A 10 9 7 2 ♥ 8 7 6 ♦ R V 5 ♣ R 6	
♠ 6 5 ♥ A V 10 5 3 2 ♦ 2 ♣ D 10 9 8	N O E S	♠ 4 3 ♥ R ♦ D 10 9 6 4 3 ♣ V 5 4 3
	♠ R D V 8 ♥ D 9 4 ♦ A 8 7 ♣ A 7 2	

Ouest a ouvert de 2 ♥ faible (six cartes à Cœur, moins de 10 points). Contrat final : 4 Piques joué par Sud sur l'entame du 2 de Carreau. Les atouts ne sont pas 4/0.

Sud compte ses perdantes, comme on le lui a appris. Trois à Cœur, et une à Carreau, si l'impasse échoue. Pour celle-ci, rien ne presse. Le déclarant passe petit Carreau du mort, prend de son As en Sud et bat atout. L'entame lui paraît révélatrice. Ouest n'a pas entamé Cœur parce qu'il n'a pas As et Roi dans la couleur. Comme Est a un seul Cœur, ce Cœur est un gros honneur sec.

Sud commence par éliminer les Trèfles (Roi de Trèfle, As de Trèfle et petit Trèfle coupé du mort), puis joue petit Cœur du mort. Est prend de son As ou de son Roi sec. Il doit maintenant soit se jeter dans la fourchette à Carreau du mort, soit jouer Trèfle en coupe et défausse : le déclarant coupe le Trèfle d'un côté et défausse un Cœur perdant de l'autre. Si Ouest surprend le Roi de Cœur de son partenaire avec son As, la Dame de Sud est affranchie.

Exercice

	♠ 2 ♥ A R 6 ♦ A R 6 5 ♣ 9 7 6 5 4	
♠ R D V 7 6 ♥ D V 10 7 5 ♦ 4 ♣ V 10	N O E S	♠ 10 9 8 5 4 3 ♥ 3 2 ♦ D V 10 3 ♣ 2
	♠ A ♥ 9 8 4 ♦ 9 8 7 2 ♣ A R D 8 3	

Sud a ouvert de 1 ♣. Ouest intervient à 2 ♦, affichant un bicolore majeur au moins 5/5 (voir l'enchère Michaëls cue-bid infra). Contrat final : 5 Trèfles joué par Sud sur l'entame du 4 de Carreau, qui pourrait bien être un singleton. Compte tenu du bicolore d'Ouest, votre contrat est sur table…

Vous avez un Cœur et deux Carreaux perdants, dans la mesure où les Carreaux sont vraisemblablement 4/1. Il faut remettre en main l'un des deux défenseurs pour le forcer à jouer dans coupe et défausse. Lequel ? Vous avez le choix… Battez atout et dégagez l'As de Pique. Tirez As, Roi et 6 de Cœur. Ainsi remis en main, Ouest n'a plus que des cartes majeures, tandis que vous n'avez plus que des mineures. Ouest joue le Roi de Pique. Vous coupez d'une main et défaussez un Carreau perdant de l'autre. Vous n'avez plus qu'un Carreau perdant.
Autre option : vous décidez de remettre Est en main à Carreau après l'avoir dépouillé de ses deux Cœurs. Est encaisse ses deux Carreaux maîtres et rejoue Pique. Vous coupez d'une main et défaussez votre Cœur perdant de l'autre.

Quand le flanc a toujours passé

Ouest	*Nord*	*Est*	*Sud*
Passe	Passe	Passe	1 ♠
Passe	4 ♠	Passe	Passe

♠	V 9 7 4 3
♥	8 7
♦	D V 10
♣	A V 9
	N O E S
♠	A R D 5 2
♥	D
♦	8 7 6
♣	R 10 8 5

Ouest entame du Valet de Cœur pris par le Roi d'Est qui insiste avec l'As de Cœur. Vous avez trois perdantes dans les rouges, plus une perdante éventuelle à Trèfle. Impossible d'éliminer et de remettre en main comme ci-dessus. Il faut donc vous résoudre à faire l'impasse à la Dame de Trèfle. Sur qui ?

D'une part Est a déjà « montré » 7 points à Cœur. D'autre part Ouest n'a pas As et Roi de Carreau, sinon il aurait entamé de l'As. Jouez deux fois Carreau pour vérifier votre hypothèse, puis faites tranquillement l'impasse à la Dame de Trèfle sur Ouest. Est, ayant As et Roi de Cœur, plus un gros honneur à Carreau, ne peut avoir aussi la Dame de Trèfle puisqu'il a passé d'entrée.

LE JEU À SANS-ATOUT

Le laisser-passer

Pour couper les communications entre les adversaires

« Laissez faire, laissez passer », disaient les physiocrates au XVIIIe siècle, faisant confiance aux lois du marché. Laisser passer, au bridge, c'est ne pas prendre une levée alors qu'on pourrait la prendre. Le laisser-passer se pratique généralement à l'entame, afin d'épuiser les cartes détenues par le partenaire de l'entameur dans cette couleur.

		♥ 52		
		N		
♥ RDV106	O		E	♥ 983
		S		
		♥ A74		

Contrat à Sans-Atout.

Ouest entame du Roi de Cœur. Sud duque (laisse passer), puis duque également la Dame. Par force, il prend le Valet. À ce stade, Est n'a plus de Cœur. S'il prend la main ultérieurement, il ne pourra plus renvoyer Cœur pour qu'Ouest fasse son 10 et son 6 affranchis.

		♥ 52		
		N		
♥ RDV10	O		E	♥ 9863
		S		
		♥ A74		

Nouveau diagramme, même entame, même laisser-passer. Quand Est prend la main, il lui reste un Cœur pour le 10 d'Ouest. Mais la situation est moins grave que dans le diagramme ci-dessus : le flanc n'encaisse que trois levées à Cœur.

> À Sans-Atout, le laisser-passer permet de couper les communications entre les deux adversaires : celui qui détient une couleur affranchie est ainsi empêché de l'exploiter.

	♠ 6 4 ♥ 8 7 6 2 ♦ A 10 9 5 3 ♣ A 2	
♠ R V 7 5 2 ♥ D 10 9 5 ♦ 8 ♣ 8 6 4	N O E S	♠ D 9 8 ♥ V 4 3 ♦ R 7 6 ♣ D V 10 3
	♠ A 10 3 ♥ A R ♦ D V 4 2 ♣ R 9 7 5	

Contrat final : 3 Sans-Atout joué par Sud. Ouest entame du 5 de Pique.

Vous pouvez compter sur 6 levées immédiates : As de Pique, As et Roi de Cœur, As et Roi de Trèfle, As de Carreau, plus 3 ou 4 levées supplémentaires à Carreau, selon que l'impasse réussit ou non. 9 ou 10 levées sont ainsi assurées, sauf que le flanc est en mesure de vous faire chuter avant que vous n'arriviez à bon port : il peut réaliser 4 levées à Pique, plus le Roi de Carreau s'il est en Est. Donc vous duquez la Dame de Pique, puis le 9. Votre As de Pique remporte la troisième levée, et vous tentez l'impasse à Carreau qui échoue. Ne pouvant rendre la main à Ouest, Est capitule : 3 Sans-Atout juste faits. Si Est avait eu quatre Piques, le résultat eût été identique : le flanc se serait contenté de 3 Piques et 1 Carreau.

EXERCICE

	♠ R D 5 ♥ A 6 5 ♦ R 9 8 5 2 ♣ V 8	
♠ V 6 ♥ R 9 8 3 2 ♦ A 6 3 ♣ R 10 9	N O E S	♠ 10 9 4 3 2 ♥ 10 7 ♦ D 7 ♣ 7 6 5 3
	♠ A 8 7 ♥ D V 4 ♦ V 10 4 ♣ A D 4 2	

Contrat final : 3 Sans-Atout joué par Sud. Ouest entame du 3 de Cœur. Vous jouez le 5 du mort pour le 10 d'Est.

Hypothèse de crainte : la Dame de Carreau en Est, et cinq Cœurs en Ouest avec l'As de Carreau comme reprise. Comment allez-vous vous en tirer ?

Duquez le 10 de Cœur. Est insiste. Vous prenez et faites votre impasse à la Dame de Carreau qui échoue, mais Est est devenu inoffensif car il n'a plus de Cœur. Il rejoue Trèfle que vous prenez de l'As. Vous rejouez Carreau pour l'As d'Ouest qui renvoie Cœur. Le flanc devra se contenter de quatre levées : une à Cœur, deux à Carreau et une à Trèfle.

Tout autre maniement de l'entame condamne votre contrat : Est doit être déjà désarmé au moment où il prend la main à Carreau.

Avec As x d'un côté, 10 9 x x de l'autre

	♠ 10 9 8 3 ♥ 7 5 ♦ R D V 10 7 ♣ D 6	
♠ D V 7 6 5 ♥ A 9 8 ♦ 9 8 4 ♣ V 10	N O E S	♠ R 4 ♥ 6 4 3 2 ♦ A 3 ♣ 9 8 7 4 2
	♠ A 2 ♥ R D V 10 ♦ 6 5 2 ♣ A R 5 3	

Contrat final : 3 Sans-Atout joué par Sud. Ouest entame du 6 de Pique pour le 8 du mort pris par le Roi d'Est.

Vous envisagez de laisser passer. Est continuera avec un petit Pique que vous prendrez de l'As. Malheureusement, vous serez forcé de passer par les fourches caudines des deux As rouges adverses. La chute est alors inévitable, le flanc réalisant, outre les 2 As en question, 3 Piques affranchis. Le salut est dans un meilleur maniement des Piques. Prenez le Roi de votre As et attaquez les Carreaux. Le flanc joue son As et encaisse un honneur à Pique. S'il en encaisse un deuxième, il ne vous échappe pas que votre 10 de Pique est devenu maître et que l'affaire est dans le sac : 2 Piques, 4 Carreaux et 3 Trèfles vous échoiront. Le flanc peut choisir de ne pas affranchir votre 10 de Pique en ne tirant pas son deuxième honneur. Il joue par exemple petit Trèfle. Vous prenez de la Dame du mort, jouez vos Carreaux maîtres, puis Cœur. Le flanc doit prendre et encaisser son honneur à Pique, pendant qu'il est encore temps. S'il oublie, vous réaliserez 3 Sans-Atout + 1.

EXERCICE

	♠ A 5	
Ouest		Est
	♠ 10 9 4 3	

Vous avez reçu les mêmes cartes que dans le diagramme précédent, sauf qu'à Pique, la « courte » est au mort et la « longue » chez vous. Là encore, Ouest entame du 6 de Pique. Que faites-vous ?

Si vous laissez passer, Est va prendre la main (il a sûrement un honneur car avec Roi Dame et Valet, Ouest eût entamé du Roi). Est rejouera petit pour votre As, et les 10 et 9 restants ne pourront rien contre les deux honneurs d'Ouest.

La solution : prendre l'entame de l'As. Deux cas de figure. Ou bien l'honneur d'Est est second et il bloquera la couleur lors du deuxième tour de Pique. Ou bien il est troisième, et, dans ce cas, l'entameur n'a que 4 Piques, ce qui vous évite une chute immédiate.

Avec le coup de Bath

Cette manœuvre de laisser-passer est ainsi appelée parce que c'est à Bath qu'elle a été pratiquée pour la première fois. Ceci se passait au XVIIIe siècle lors d'une partie de whist. Le coup de Bath se joue à la première levée : Ouest ayant entamé d'un Roi, Sud, en quatrième, refuse de prendre alors qu'il a l'As et le Valet dans la couleur. Ouest reste en main. S'il rejoue dans la couleur, il se jette dans la fourchette du déclarant. Le coup de Bath se pratique aussi à la couleur.

		♥ 7 5 3		
		N		
♥ R D 10 6 2	O		E	♥ 9 8
		S		
		♥ A V 4		

Resté maître après avoir joué son Roi de Cœur, Ouest doit interrompre l'affranchissement de sa couleur. Ne voyant pas le jeu de Sud, Ouest peut-il espérer trouver le Valet chez son partenaire ? Non, car dans ce cas, celui-ci eût jeté le Valet sur le Roi.

Avec As V x et une longue chez l'adversaire de gauche

♠ A 4 2
♥ A 3 2
♦ A 8 7 4
♣ 8 6 2
N
O E
S
♠ R 3
♥ R 7 4
♦ D V 10 9 5
♣ A V 3

Contrat final : 3 Sans-Atout joué par Sud. Ouest entame du 5 de Trèfle pour le 2 du mort et la Dame d'Est.

Si vous prenez cette Dame, vous tentez l'impasse à Carreau. En cas de succès, vous faites 10 levées. En cas d'échec, un de chute puisque Est vous traversera à Trèfle. Le bon choix, c'est-à-dire duquer les Trèfles deux fois, permet d'assurer 9 levées.

♠ R 3
♥ R 7 4
♦ D V 10 9 5
♣ 8 6 2
N
O E
S
♠ A 4 2
♥ A 3 2
♦ A 8 7 4
♣ A V 3

Même contrat, même entame. Même punition ?

Échaudé par le coup précédent, vous duquez les Trèfles deux fois. L'impasse à Carreau échouant, vous perdez 4 Trèfles et un Carreau. Pour gagner, il ne fallait pas duquer l'entame, le Valet de Trèfle aurait servi de chien de garde. To duck or not to duck ? Avec A V x dans la couleur de l'entame, il faut duquer ou ne pas duquer en fonction de la position de l'adversaire dangereux.

Avec As V x et une longue chez l'adversaire de droite

	♠ R 10 9 ♥ 7 5 3 ♦ V 10 9 7 5 ♣ R 6	
♠ V 7 6 5 3 ♥ 9 8 ♦ R 8 4 ♣ V 10 9	N O E S	♠ 8 4 ♥ R D 10 6 4 ♦ A 3 ♣ 8 7 4 2
	♠ A D 2 ♥ A V 2 ♦ D 6 2 ♣ A D 5 3	

Contrat final : 3 Sans-Atout joué par Sud, Est étant intervenu à Cœur. Ouest entame du 9 de Cœur pour la Dame de Cœur d'Est.

Ayant un deuxième arrêt à Cœur grâce au Valet, vous prenez et attaquez les Carreaux. Ouest prend et rejoue Cœur pour le Roi d'Est suivi du 10 capturé par votre Valet. Vous vous apercevez, mais un peu tard, que vos Carreaux ne sont pas établis. Un de chute. Il fallait duquer le premier Cœur. Le deuxième eût privé Ouest du 8, nécessaire pour communiquer avec Est.

Les contrats à Sans-Atout avec Roi et Dame dans la couleur de l'entame

Si Ouest entame dans une couleur où vous avez le Roi et la Dame séparés, il faut tenter de faire deux levées dans cette couleur.

	♥ R 2	
Ouest		Est
	♥ D 10 5	

Vous jouez 3 Sans-Atout sur l'entame du 4 de Cœur. Ne vous précipitez pas sur le Roi sous prétexte qu'il est second. Laissez l'entame filer vers la Dame et couvrez la carte fournie par Est. Ainsi, vous êtes sûr de faire deux Cœurs. Ce maniement a déjà été décrit dans le paragraphe *Impasse offerte par l'entame*, page 50.

	♥ R 10	
Ouest		Est
	♥ D 7 5	

Même contrat, même entame. Passez le 10, prenant votre chance que le Valet soit chez l'entameur. S'il ne l'est pas, vous êtes mal.

EXERCICE

♠ R 8
♥ 9 4 3
♦ R 5 3 2
♣ D 8 7 2

N
O E
S

♠ D 7 6
♥ R D V 10
♦ A 8 7 4
♣ A R

Contrat final : 3 Sans-Atout joué par Sud. Ouest entame du Valet de Pique. Quelle carte jouez-vous du mort ?

Montez du Roi, en espérant qu'il reste maître, et entreprenez l'affranchissement de vos Cœurs. Si l'As de Cœur est en Ouest, votre contrat est dans la poche avec 1 Pique, 3 Cœurs, 2 Carreaux et 3 Trèfles. Si Est a l'As de Cœur, priez Dieu pour que les Piques adverses soient répartis 4/4. Si Est a les deux As majeurs, faites la même prière.

Les contrats à Sans-Atout avec entame dans une couleur annoncée par le partenaire de l'entameur

♥ R 10 4

N
♥ 9 6 O E ♥ A V 8 7 5
S

♥ D 3 2

Ouest entame du 9 de Cœur, faisant plaisir à son partenaire qui est intervenu à Cœur. Vous êtes tenté de laisser filer ce 9 vers votre Dame, espérant que Ouest, l'adversaire dangereux, n'aura plus la main pour traverser votre Roi de Cœur. En fait, vous pouvez manœuvrer de façon à rendre vos deux adversaires inoffensifs. Montez sur le 9 de Cœur avec votre Roi. Ouest prend de l'As, mais ne peut rejouer dans la couleur, sous peine de donner deux levées à Cœur. Si par la suite vous donnez la main à Ouest, vous aurez toujours la Dame de Cœur comme chienne de garde. Cette manœuvre est aussi recommandée dans les contrats à la couleur.

	♥ R 8 4	
♥ 9 6	N O E S	♥ A V 10 7 5 2
	♥ D 3	

Contrat final : 3 Sans-Atout, Est ayant ouvert de 2 ♥ faible. Ouest entame du 9 de Cœur, pris par le 10 d'Est.

Prenez de la Dame si vous devez ensuite affranchir une longue par une impasse au Roi ou à la Dame faite sur Ouest : en cas d'échec de cette impasse, votre Roi de Cœur restera protégé. Dans la majorité des cas, vous devrez faire tomber un As adverse pour libérer votre longue. Cet As est en Ouest (l'enchère d'Est dénie quasiment deux As). Dans ces conditions, sur l'entame du 9 de Cœur, jouez petit des deux mains, coupant la communication entre Ouest et Est.

L'affranchissement de la longue

Il va sans dire, mais encore mieux en le disant, qu'à Sans-Atout il faut généralement commencer par affranchir sa couleur la plus longue.

En ménageant ses reprises de main

♠ A 2 ♥ A 3 2 ♦ D V 10 9 5 ♣ 8 6 2
N O E S
♠ R D 4 3 ♥ R 7 6 ♦ 6 4 ♣ A R 4 3

Contrat final : 3 Sans-Atout joué par Sud. Ouest entame du Valet de Pique.

3 Carreaux vite affranchis, plus 3 As, 3 Rois et 1 Dame vous permettront de passer rapidement à la donne suivante. Vous prenez l'entame avec l'As de Pique du mort pour ne pas vous bloquer et jouez la Dame de Carreau. Petit grain de sable : personne ne veut d'elle. Vous insistez dans la couleur. Le flanc prend, rejoue Pique, et vous vous apercevez que vous n'avez plus de Carreau en main pour affranchir la couleur. Un de chute.

Vous avez été victime de votre réflexe anti-blocage à l'entame. Prendre l'entame avec le Roi de Pique de Sud permet de conserver deux remontées au mort pour affranchir les Carreaux. Il y a ensuite suffisamment de reprises en Sud pour ne pas se retrouver bloqué à Pique.

Il faut parfois savoir transgresser les principes de base.

Exercice

	♠ R D V 10 2 ♥ D 10 3 ♦ V 2 ♣ 8 6 2	
	N	
O		E
	S	
	♠ 9 8 ♥ A V 2 ♦ A 10 4 3 ♣ A R 4 3	

Contrat final : 3 Sans-Atout joué par Sud. Ouest entame du 7 de Cœur. Comment gagner à coup sûr ?

Vous devez vous créer une remontée au mort pour exploiter vos Piques. Seul moyen, passer le 3 de Cœur du mort et prendre de l'As en main. Vous jouez Pique jusqu'à ce que l'As du flanc soit délogé. Vous remonterez ensuite facilement au mort avec un de vos deux honneurs à Cœur. Vous ferez au total 4 Piques, 2 Cœurs, 1 Carreau et 2 Trèfles, soit 9 levées. Si vous jouez un honneur du mort à la première levée, vous ne remonterez jamais au mort.

Avec un coup à blanc

Le <u>coup à blanc</u> est une manœuvre qui consiste à donner délibérément une levée à l'adversaire, au lieu de jouer une carte maîtresse.

	♠ 8 7 2 ♥ 10 4 ♦ A R 9 5 3 2 ♣ V 2	
♠ 10 9 ♥ A 9 3 2 ♦ V 8 ♣ R 9 8 5 4	N O E S	♠ V 6 5 3 ♥ R 8 5 ♦ D 10 7 ♣ D 7 6
	♠ A R D 4 ♥ D V 7 6 ♦ 6 4 ♣ A 10 3	

Contrat final : 3 Sans-Atout joué par Sud. Ouest entame du 5 de Trèfle pour le 2 du mort, la Dame d'Est et votre As en Sud. Seul ce maniement vous assure deux levées dans la couleur, le couple Valet et 10 constituant un deuxième arrêt. Vous n'êtes pas tiré d'affaire pour autant.

Vous disposez de huit levées sûres : 3 à Pique, 2 à Carreau, 2 à Trèfle et 1 à Cœur. Si les Piques sont partagés (36 % de chances seulement), vous gagnerez votre coup… à condition que les Trèfles ne soient pas 5/3 (s'ils le sont, le flanc encaissera 3 Trèfles et 2 Cœurs). Autant dire que vos chances sont minces.

Il faut donc affranchir les Carreaux en jouant petit des deux mains. Le flanc prend, encaisse son Trèfle maître et insiste dans la couleur pour votre 10. Vous rejouez Carreau, et, si la couleur est partagée, c'est-à-dire 3/2 au départ, vous la défilez et réalisez 10 levées : 5 Carreaux, 3 Piques et 2 Trèfles. Les chances de trouver les Carreaux bien partagés en flanc sont de 68 %.

> Le coup à blanc peut pallier le manque de remontées.

Exercice

	♠ 8 5 3 ♥ 9 5 2 ♦ A 10 7 6 2 ♣ 10 3	
♠ 7 6 4 ♥ V 8 6 4 3 ♦ V 9 8 3 ♣ D	N O E S	♠ R D V 2 ♥ D 10 ♦ D ♣ V 9 8 7 5 4
	♠ A 10 9 ♥ A R 7 ♦ R 5 4 ♣ A R 6 2	

Contrat final : 3 Sans-Atout joué par Sud. Ouest entame du 4 de Cœur pour le 2 du mort et la Dame d'Est. Prenez-vous ?

Laisser passer est tentant. Mais Est risque de contre-attaquer Pique, couleur dans laquelle vous n'avez qu'un arrêt. Il faut donc prendre la Dame de Cœur.

Quelle carte jouez-vous ensuite ?

Votre plan de jeu est d'une aveuglante simplicité. Vous avez 7 levées de tête et une seule longue, Carreau, qui peut vous procurer les deux levées manquantes. N'ayant que l'As de Carreau pour remontée, le coup à blanc s'impose, mais le 10 du mort vous offre une deuxième chance. Partez du Roi de Carreau et non pas du 4. Si ce Roi écrase un honneur d'Est, vous êtes sûr de réaliser 4 levées dans la couleur en faisant votre coup à blanc au second tour (ne passez pas le 10). Si aucun honneur n'apparaît, vous rejouerez un petit Carreau pour le 10. Si Ouest fournit un honneur au second tour, duquez-le.

En faisant immédiatement l'impasse au Valet

♠ R 10 8 2
♥ A 5 2
♦ 6 5 4
♣ 10 7 2

N
O E
S

♠ D 9
♥ R 8 7
♦ A R D 7
♣ A R 8 6

Contrat final : 3 Sans-Atout joué par Sud, Ouest entame du Valet de Carreau.

Sept levées de tête, plus une levée à Pique : le compte n'y est pas. Le treizième Carreau est chimérique au vu de l'entame, et le treizième Trèfle est aléatoire. Encaisser deux Piques est donc un must. Vous jouez classiquement la Dame de Pique, mais personne n'en veut. Votre 9 est ensuite capturé par le Valet d'Est, et vous en restez *in fine* à 8 levées, faute d'une deuxième remontée au mort. La solution : à la deuxième levée, jouez le 9 de Pique plutôt que la Dame. Si le flanc n'en veut pas, insistez de la Dame et vous aurez plus tard votre neuvième levée (le Roi du mort). Si Est capture le 9 de Pique avec son Valet, vous jouerez par la suite la Dame de Pique, surprise par le Roi du mort pour libérer le 10 et le 8.

Cumulez vos chances de gagner

Certaines donnes offrent non pas une, mais deux chances de gagner. Si ces chances sont toutes deux à 50 %, vous risquez d'imiter l'âne de Buridan. Souvent, vous pouvez combiner vos chances au lieu de choisir au feeling.

Avec deux longues, laquelle tester en premier ?

♠ A V
♥ A 5 2
♦ A R V 8 7
♣ D 7 2
N
O   E
S
♠ 10 5
♥ R 8 7
♦ 10 9 2
♣ A V 10 9 8

Contrat final : 3 Sans-Atout joué par Sud. À votre grand dam, sinon à votre grande surprise, Ouest entame d'un petit Pique.

Vous passez le Valet en espérant que Ouest a entamé sous son mariage. Que nenni ! Est prend de la Dame et rejoue petit. Il ne vous échappe pas qu'une impasse réussie dans une des deux mineures vous amènerait à bon port. Laquelle choisirez-vous ? Jouez sur les deux tableaux ! Tirez As et Roi de Carreau en tête. Vous avez 33 % de chances que la Dame soit sèche ou seconde. Dans la négative, rabattez-vous sur l'impasse à Trèfle (50 %). En tout, vous aurez mis 67 % de chances de votre côté.

Exercice

♠ 9 2
♥ R 9
♦ 10 5 3 2
♣ A R 7 6 5
N
O   E
S
♠ A R 7 4 3
♥ A 6
♦ A 6 4
♣ 9 4 2

Vous jouez 3 Sans-Atout sur l'entame de la Dame de Cœur. Comment tester vos deux longues alors que vous n'avez plus qu'un arrêt à Cœur ?

Vous commencez logiquement par la couleur la plus longue, les Trèfles, et donnez un coup à blanc. Le flanc détruit immédiatement votre deuxième garde à Cœur. Les Trèfles étant 4/1 en flanc, vous chutez de deux levées. « Pas de chance », dit gentiment votre partenaire. Certes, mais vous avez laissé passer une chance non négligeable de gain. Une fois n'est pas coutume, il fallait tirer les Trèfles en tête, sans coup à blanc, le Roi de Cœur du mort, précieusement conservé, servant de remontée. Constatant le mauvais partage, vous deviez abandonner la couleur et attaquer la deuxième longue, les Piques, avec l'espoir qu'ils soient 3/3 (probabilité : 36 %). C'est mieux que rien…

Avec deux impasses possibles, laquelle tenter en premier ?

♠ 8 7
♥ D V 10
♦ A D 10 9 8 7
♣ R D

N
O E
S

♠ R V 5
♥ A 9 2
♦ V 6 5
♣ A V 10 2

Contrat final : 3 Sans-Atout joué par Sud. Ouest entame du 6 de Pique pour le 9. Vous prenez du Valet. Par laquelle de vos deux impasses rouges allez-vous commencer ?

Il faut remonter au mort à Trèfle et tenter l'impasse à Cœur. Si elle réussit, vous avez vos neuf levées. Dans le cas contraire, vous vous rabattez sur l'impasse à Carreau. Si vous commencez par l'impasse à Carreau et qu'elle échoue, vous n'avez pas de deuxième chance : Est vous transperce à Pique.

Exercice

	♠ 7 2 ♥ A R V 6 ♦ A D 9 6 ♣ R V 8	
♠ 10 9 8 3 ♥ 9 7 5 3 ♦ 3 ♣ D 9 7 3	N O E S	♠ V 6 5 4 ♥ 10 8 2 ♦ R 10 8 7 ♣ 5 2
	♠ A R D ♥ D 4 ♦ V 5 4 2 ♣ A 10 6 4	

Contrat final : 6 Sans-Atout joué par Sud. Ouest entame du 10 de Pique. Les deux majeures vous offrent sept levées en tête. Il faut tirer cinq levées des mineures. Hypothèse de crainte : les Carreaux 4/1 en flanc. Peut-on jouer une mineure tout en conservant sa chance d'exploiter l'autre ?

Jouez As de Carreau, puis petit Carreau vers le Valet.

- Si les Carreaux sont 3-2, c'est gagné : vous ferez trois Carreaux et deux Trèfles maîtres.
- Si Est a le Roi de Carreau quatrième, il ne peut plonger, sauf à affranchir deux Carreaux du déclarant. Sud encaisse son Valet et abandonne la couleur. Il remonte au mort avec le Roi de Trèfle et laisse filer le Valet, assurant trois levées à Trèfle.
- Si c'est Ouest qui a le Roi de Carreau quatrième, il prend le Valet, mais son 10 succombe dans la fourchette Dame-9 du mort.

EXERCICE

♠ A D V 10
♥ D 2
♦ 8 7 2
♣ D 7 4 2

N
O E
S

♠ R 6 5
♥ A R V 10 7
♦ A D 3
♣ A 10

Vous jouez 6 Sans-Atout sur l'entame du 9 de Pique. Vous avez, comme toujours, onze levées dans votre giberne. Où trouver la douzième ?

À Trèfle ou à Carreau, certes. Le hic est que si la première impasse échoue, vous risquez de ne pouvoir tenter la seconde. Commencer par jouer Carreau du mort pour la Dame de Sud est donc exclu : si le Roi est derrière, vous ne pourrez plus reporter vos chances sur l'impasse indirecte à Trèfle. Jouer As de Trèfle, puis 10 de Trèfle vous fait courir le risque de perdre deux levées, ou plus, dans la couleur. Donc, prendre l'entame en main et jouer le 10 de Trèfle vers la Dame en conservant précieusement l'As comme chien de garde. Si le Roi est mal placé, vous vous rabattez sur les Carreaux. Vous aurez joué à 75 %. Pourtant, vous pouvez améliorer légèrement ce pourcentage. Prenez l'entame au mort et jouez petit Trèfle vers le 10. Si le Valet est en Est, c'est gagné. S'il ne l'est pas, avant d'essayer l'impasse à Carreau, encaissez l'As de Trèfle. Vous avez une petite chance de voir le Roi second apparaître, ce qui libère votre Dame.

EXERCICE

	♠ A 5 2 ♥ D V 7 6 5 ♦ R 10 ♣ R 9 7	
♠ 4 3 ♥ R 10 9 8 ♦ 8 7 6 ♣ D V 10 8	N O E S	♠ R 8 7 6 ♥ 4 2 ♦ 5 4 3 ♣ 6 5 4 3
	♠ D V 10 9 ♥ A 3 ♦ A D V 9 2 ♣ A 2	

Vous jouez 6 Sans-Atout sur l'entame de la Dame de Trèfle. Vos cartes mineures vous procurent 7 levées de tête. Comment procéder pour éviter de faire prématurément les impasses dans les deux majeures ?

Exécutez un contretemps à Cœur (voir page 88). Conservez l'As de Cœur et jouez le 3 vers le petit mariage. Si Ouest a le Roi, c'est gagné : il ne peut plonger sans vous affranchir 4 levées de Cœur. S'il retient, vous abandonnez la couleur et réalisez sans peine 3 Piques. Si c'est Est qui a le Roi de Cœur, ce n'est pas perdu pour autant : vous pourrez tester la couleur en la jouant. Si les Cœurs sont 3/3, l'impasse à Pique sera inutile.

Ne pas donner la main à l'adversaire dangereux

À Sans-Atout, l'adversaire dangereux est généralement celui qui détient une longue affranchie ou en passe de l'être.

En désarmant en premier l'adversaire dangereux

	♠ 8 7 6 ♥ 9 4 3 ♦ A 10 9 2 ♣ R 7 2	
♠ R V 10 9 5 ♥ A 8 ♦ 8 5 ♣ D 10 9 8	N O E S	♠ 4 3 ♥ 7 6 5 2 ♦ R 4 3 ♣ 6 5 4 3
	♠ A D 2 ♥ R D V 10 ♦ D V 7 6 ♣ A V	

Contrat final : 3 Sans-Atout joué par Sud. Ouest entame du Valet de Pique, pris par la Dame de Sud.

Dans un contrat à Sans-Atout, il est parfois nécessaire d'exploiter non pas une, mais deux couleurs. C'est ici le cas. Sud, qui se compte 4 levées immédiates dans les couleurs noires, a besoin d'établir au moins 5 levées dans les couleurs rouges. Doit-il d'abord déloger l'As de Cœur ou tenter l'impasse au Roi de Carreau ? L'impasse est tentante. Si elle réussit, le déclarant fera 4 levées à Carreau, puis affranchira 3 levées à Cœur : *3 Sans-Atout + 2* !

Mais si elle échoue ? Est rejouera Pique, faisant sauter l'As de Sud soit immédiatement, soit au tour suivant. Ayant encaissé ses Carreaux, Sud jouera Cœur. Si Ouest a l'As, il plongera et fera ses trois Piques affranchis. Résultat : un de chute.

Sud doit donc commencer par affranchir les Cœurs. Le flanc encaisse son As et rejoue le Roi de Pique, pris par l'As de Sud. Le déclarant encaisse alors ses 3 Cœurs libérés et tente une impasse forçante à Carreau (il joue la Dame). Est prend, mais ou bien il n'a plus de Pique, ou bien il en a encore un. Dans ce dernier cas, son partenaire n'en avait que quatre au départ. Quoi qu'il en soit, le contrat est gagné.

	♠ A D 2 ♥ 9 4 3 ♦ D V 7 6 ♣ R 7 2	
♠ R V 10 9 5 ♥ 6 5 ♦ R 2 ♣ D 10 9 8	N O E S	♠ 4 3 ♥ A 8 7 2 ♦ 8 5 3 ♣ 6 5 4 3
	♠ 8 7 6 ♥ R D V 10 ♦ A 10 9 4 ♣ A V	

Contrat final : 3 Sans-Atout joué par Sud. Ouest entame du Valet de Pique, pris par la Dame du mort restée maître.

Cette donne est la même que la précédente, sauf que les Piques et les Carreaux de Nord sont maintenant en Sud, et vice-versa. Ce détail change la donne : il faut commencer par l'impasse à Carreau afin de désarmer Ouest qui semble avoir une longue à Pique. Si l'impasse échoue, il faut espérer que l'As de Cœur est en Est. Le contrat gagne si les deux gros honneurs rouges sont soit partagés, soit en Est, ou encore si les Piques adverses sont répartis 4/3.

En renonçant à une impasse qui n'est pas indispensable

EXERCICE

♠ A D 8 ♥ 10 9 ♦ A D 7 2 ♣ D V 9 4
N O E S
♠ R 9 2 ♥ A D ♦ V 6 4 ♣ R 10 8 5 2

Jouant le contrat de 3 Sans-Atout en Sud, vous recevez l'entame du 10 de Carreau. Quel est votre plan de jeu ?

Laisser courir le 10 de Carreau vers le Valet est tentant. Si celui-ci tient, vous réaliserez sans coup férir 11 ou 12 levées : 3 Piques, 1 ou 2 Cœurs, 3 Carreaux, et 4 Trèfles. Mais si Est prend la main à l'entame avec son Roi de Carreau ? Au vu du mort, il contre-attaquera Cœur et si le Roi de Cœur est en Ouest, vous allez démâter, sans réaliser un seul Trèfle. Conclusion, il faut prendre l'entame de l'As de Carreau et affranchir les Trèfles incontinent pour assurer le contrat : 3 Piques, 1 ou 2 Cœurs, 1 Carreau, et 4 Trèfles, soit 9 ou 10 levées.

Avec une impasse orientée du bon côté

EXERCICES

	♠ A 8 7 ♥ D 9 8 7 ♦ A 2 ♣ A R 5 4	
♠ 10 9 5 2 ♥ R 4 3 ♦ D 9 8 7 ♣ 3 2	N O E S	♠ 4 3 ♥ A V 10 2 ♦ 6 5 3 ♣ D V 9 7
	♠ R D V 6 ♥ 6 5 ♦ R V 10 4 ♣ 10 8 6	

Contrat final : 3 Sans-Atout joué par Sud. Ouest entame du 10 de Pique. Une impasse à Carreau vous procurera votre neuvième levée. Quel est l'adversaire dangereux et comment allez-vous manœuvrer en conséquence ?

L'adversaire dangereux est Ouest s'il détient R x x à Cœur, son partenaire ayant A V 10 x. Si vous faites l'impasse à Carreau sur Est, Ouest prend la main avec la Dame et joue petit Cœur pour le 10 d'Est. Celui-ci rejoue petit Cœur vers le Roi de son partenaire qui insiste dans la couleur. Le flanc encaisse donc 1 Carreau et 4 Cœurs.

Si vous faites l'impasse à Carreau sur Ouest et qu'elle échoue, Est est en main, mais, rejouant lui-même Cœur, il ne peut encaisser que 3 levées à Cœur.

	♠ 8 2 ♥ A D 9 6 2 ♦ V 5 3 ♣ 9 4 2	
♠ 5 3 ♥ 5 4 ♦ A D 6 4 2 ♣ V 8 5 3	N O E S	♠ V 9 7 6 ♥ R 10 8 7 ♦ 8 7 ♣ 10 7 6
	♠ A R D 10 4 ♥ V 3 ♦ R 10 9 ♣ A R D	

Contrat final : 3 Sans-Atout joué par Sud. Ouest entame du 4 de Carreau.
Que faites-vous ?

Comptez vos levées de tête sur vos doigts : 3 Piques, 1 Cœur, 1 Carreau et 3 Trèfles, soit 8 levées en tout. Si vous êtes en main avec le 10 de Carreau, vous devez surseoir à l'impasse à Cœur : en cas d'échec, vous seriez transpercé à Carreau. Vous jouez vos Piques. Vous gagnez si le Valet est second, troisième, ou encore quatrième en Ouest : dans ce dernier cas, vous en faites cadeau et le cinquième Pique sera votre neuvième levée. Hélas, le Valet est quatrième en Est. L'échec de l'impasse à Cœur vous condamne à deux levées de chute. « Vous aviez pourtant 29 points dans la ligne », dit charitablement l'adversaire…
La solution : prendre l'entame avec le Valet de Carreau du mort. Comme il reste maître, vous exploitez vos Piques en sécurité : petit vers le 10. Quel que soit le résultat de l'impasse, votre cinquième Pique de longueur vous procurera votre neuvième levée. Si le Valet de Carreau avait été pris de l'As d'Est, il suffisait de laisser passer le retour à Carreau pour couper les communications du flanc et faire ensuite l'impasse à Cœur en toute quiétude.

En pratiquant le Baiser à la Reine

Le baiser à la Reine est une manœuvre qui force l'adversaire inoffensif, par exemple celui qui n'a pas de longue affranchie, à prendre la main avec une Dame.

	♠ 10 9 ♥ A R 8 7 ♦ 4 3 2 ♣ R 7 6 5	
♠ R D V 3 2 ♥ V 10 2 ♦ V 10 9 ♣ D 10	N O E S	♠ 6 5 4 ♥ D 5 4 3 ♦ D 5 ♣ V 9 8 2
	♠ A 8 7 ♥ 9 6 ♦ A R 8 7 6 ♣ A 4 3	

Contrat final : 3 Sans-Atout joué par Sud. Ouest entame du Roi de Pique, que vous duquez, suivi de la Dame, que vous duquez également. Vous prenez le troisième Pique de votre As. Et maintenant ?

Vous avez besoin de réaliser 4 levées à Carreau sans donner la main à Ouest, l'adversaire dangereux. Ayant affiché une longue à Pique, Ouest est vraisemblablement court à Carreau. Jouer As, puis Roi et enfin petit Carreau est donc bien joué, mais voué à l'échec dans le cas présent : Ouest prend la main avec le Valet de Carreau et fait ses deux Piques maîtres pour un de chute. La solution : monter au mort à Cœur et jouer Carreau. Est fournit petit et Sud prend. Remontez au mort à Trèfle et rejouez Carreau. Ouest fournit la Dame, que vous laissez maître. Le troisième tour de Carreau affranchit la couleur. Cette manœuvre s'appelle le Baiser à la Reine. Notez que si Sud joue l'As de Carreau en coup de sonde, sans remonter au mort, Est, joueur prévoyant, peut jeter sa Dame, permettant à Ouest de reprendre ultérieurement la main avec le Valet.

Exercice

	♠ R 5 ♥ R 8 7 ♦ 8 7 5 2 ♣ A 9 8 4	
♠ A V 4 3 2 ♥ V 10 6 2 ♦ 10 ♣ D 10 3	N O E S	♠ 10 9 7 ♥ D 5 4 3 ♦ D V 3 ♣ V 7 6
	♠ D 8 6 ♥ A 9 ♦ A R 9 6 4 ♣ R 5 2	

Jouant le contrat de 3 Sans-Atout, vous recevez l'entame du 3 de Pique. Suivant les conseils des bons auteurs, vous passez le Roi qui reste maître. Vous avez besoin de quatre levées à Carreau pour gagner votre coup. Allez-vous tenter le Baiser à la Reine ?

Bien au contraire, vous allez tout faire pour que la Dame de Carreau, si elle est en Est, ne devienne pas maître. En effet Est est l'adversaire dangereux puisque la vie de votre Dame de Pique, devenue seconde, ne tient plus qu'à un fil. Donc petit Carreau du mort, et vous couvrez toute carte fournie par Est. Vous remontez avec l'As de Trèfle et remettez le couvert à Carreau, couvrant de nouveau la carte d'Est. Grâce à ce non-baiser à la Reine, Est ne prendra la main que s'il a Dame, Valet et 10 dans la couleur.

Élimination et placement de main

L'élimination et placement de main est une manœuvre courante dans un contrat à la couleur : un des joueurs du flanc, remis en main, doit soit se jeter dans une fourchette, soit jouer dans coupe et défausse. L'élimination est primordiale : sans elle, le flanc rejoue dans une couleur où il ne « file » pas. L'élimination et placement de main se pratique parfois aussi à Sans-Atout : on fait délibérément cadeau à l'entameur des levées que lui procure sa longue affranchie. L'entameur doit ensuite livrer la neuvième levée.

En rejouant dans la couleur affranchie de l'adversaire

	Nord ♠ 8 5 2 ♥ D 9 7 ♦ V 5 3 ♣ 7 6 5 4	
♠ D 10 6 4 3 ♥ 10 8 6 ♦ R 10 9 ♣ 9 8	N O E S	♠ R 9 ♥ V 5 4 3 2 ♦ 8 7 2 ♣ 10 3 2
	Sud ♠ A V 7 ♥ A R ♦ A D 6 4 ♣ A R D V	

Vous jouez 3 Sans-Atout sur l'entame du 4 de Pique pour le Roi d'Est.

Vous avez 8 levées de tête. Duquez le Roi de Pique, qui est suivi du 9 de Pique. Vous apprenez ainsi que les Piques sont au pire 5/2 en flanc. Mettez l'As, jouez vos quatre Trèfles maîtres, puis l'As et le Roi de Cœur. Remettez alors Ouest en main en rejouant le Valet de Pique. Ouest encaisse ses trois Piques maîtres et livre la neuvième levée soit à Cœur, soit à Carreau.
Notez que dans certains cas, en défilant sa longue, l'entameur squeeze son malheureux partenaire.

EXERCICE

	Nord ♠ R 8 2 ♥ R D 9 7 ♦ 10 5 3 ♣ 7 6 5	
♠ D 10 9 ♥ 10 8 6 ♦ R D V 9 8 ♣ R 10	N O E S	♠ 6 5 3 ♥ 5 4 2 ♦ 7 2 ♣ V 9 8 4 3
	Sud ♠ A V 7 4 ♥ A V 3 ♦ A 6 4 ♣ A D 2	

Contrat final : 3 Sans-Atout joué par Sud. Ouest entame du Roi de Carreau. À vous.

Vous avez, là encore, huit levées de tête. La neuvième levée peut sourdre soit de l'impasse à Trèfle, soit de l'impasse à Pique. Le gisement des Piques permet un jeu de sécurité classique : jouer As de Pique, puis Roi de Pique, et enfin petit Pique vers le

Valet. Vous êtes sûr de réaliser trois levées dans la couleur, sauf si Ouest a quatre Piques dont la Dame. Mais ce coup ne vous met pas à l'abri de la longue à Carreau d'Ouest…
Vous pouvez faire mieux. Laissez passer l'entame à Carreau. Ouest insiste et vous constatez que la couleur est au pire 5/2 en flanc. Prenez de votre As le deuxième tour de Carreau et encaissez trois Cœurs maîtres. Gardez-vous bien de jouer le quatrième pour ne pas squeezer votre propre main. Ensuite, remettez Ouest en main avec le 10 de Carreau. Ouest tire ses deux Carreaux maîtres sur lesquels Nord défausse deux petits Trèfles et Sud défausse un Trèfle et un Pique. Ouest doit alors se jeter dans une des deux fourchettes noires, offrant ainsi la huitième levée. La neuvième est fournie par le treizième Cœur.

Avec un contretemps

En de rares occasions, il faut jouer « petit et court », c'est-à-dire jouer la petite carte qui accompagne un Roi second ou une Dame seconde, et non pas le Roi ou la Dame.

	♠ A D 10 ♥ 6 3 ♦ R V 7 3 2 ♣ R D 2	
♠ V 9 ♥ D V 10 8 2 ♦ A 10 9 8 ♣ A 3	N O E S	♠ 8 7 6 5 4 ♥ 9 4 ♦ 5 4 ♣ 9 8 7 5
	♠ R 3 2 ♥ A R 7 5 ♦ D 6 ♣ V 10 6 4	

Contrat final : 3 Sans-Atout joué par Sud, Ouest ayant ouvert de 1 ♥. Ouest entame la Dame de Cœur.

Vous disposez de 5 levées de tête : 3 Piques et 2 Cœurs. Vous pouvez facilement libérer 3 bons Trèfles, mais votre compte n'y est pas. En effet Ouest, qui a ouvert, a certainement les 2 As mineurs. Il jouera son Valet de Cœur quand il prendra la main avec l'As de Trèfle, anéantissant votre dernière garde à Cœur. Dès que vous jouerez Carreau, il se précipitera sur son As et jouera ses trois Cœurs affranchis pour un de chute. L'exploitation des Carreaux est

donc préférable à celle des Trèfles : si la couleur est 3/3, vous serez à bon port.
Voici la solution. Dès que vous avez reçu l'entame, jouez le 6 de Carreau de votre main (et non pas la Dame). Si Ouest met son As tout de go, il libère immédiatement quatre Carreaux (sauf si, par malheur, ils sont répartis 5-1). S'il ne met pas son As, vous faites votre Roi de Carreau et libérez vos Trèfles.

Le squeeze

To squeeze, en anglais, c'est *presser* comme un citron. Le squeeze est une fin de coup qui oblige un adversaire gardant deux couleurs à abandonner une de ses gardes.

Comment fonctionne un squeeze

♠ A V
♥ A V

♠ R D
♥ R D

N
O E
S

♠ 2
♥ 3 2
♦ A

À 4 cartes de la fin, Sud possède une squeezante, c'est-à-dire une carte dans une couleur que ne possède pas l'adversaire à squeezer. Sud joue l'As de Carreau, qui est la squeezante. Si Ouest défausse un Pique, Nord défausse le Valet de Cœur ; si Ouest défausse un Cœur, Nord défausse le Valet de Pique. Dans les deux cas, le déclarant joue Pique ou Cœur et fait les 3 dernières levées. Si on inverse les mains Est-Ouest, le squeeze ne fonctionne pas : sur la squeezante, Est calquera sa défausse sur celle du mort.

Exemple de squeeze simple

Un squeeze simple est un squeeze dont un seul adversaire est la victime.

	♠ A D 10 ♥ V 10 2 ♦ A V 7 ♣ R 8 5 2	
♠ 9 3 ♥ R 9 8 ♦ 10 9 8 2 ♣ 10 9 7 3	N O E S	♠ 7 6 5 4 ♥ D 7 6 3 ♦ 6 5 4 3 ♣ V
	♠ R V 8 2 ♥ A 5 4 ♦ R D ♣ A D 6 4	

Contrat final : 6 Sans-Atout joué par Sud. Ouest entame du 10 de Carreau. Comment gagner, les Trèfles étant 4/1, et les deux honneurs à Cœur du flanc étant répartis ?

Vous disposez de 11 levées de tête, 12 si les Trèfles « sont ronds ». Vous testez donc la couleur en jouant le Roi, puis l'As. Mauvaise nouvelle : Ouest « accroche » à Trèfle. Votre seule chance : un squeeze Trèfle-Cœur monté contre Ouest.

Jouez un petit Cœur de votre main vers le Valet. Ouest ne monte pas du Roi sous peine de faire prendre la Dame de son partenaire en impasse. Est prend et rejoue Cœur. Vous plongez de l'As et tirez vos quatre Piques maîtres, défaussant un petit Trèfle du mort, puis votre As de Carreau. 10 cartes ont été jouées : 2 Carreaux, 2 Trèfles, 2 Cœurs et 4 Piques.

	♥ V ♦ V ♣ 8	
♥ R ♦ ♣ 10 9	N O E S	♥ 7 3 ♦ 6 ♣
	♥ 4 ♦ ♣ D 6	

Voici la situation à trois cartes. Vous jouez le Valet de Carreau du mort, défaussant le dernier Cœur de Sud. Ouest est sans défense. Il défausse un Trèfle, libérant le 6 de Sud.

Exercice

	♠ A D 10 ♥ V 10 2 ♦ A V 7 ♣ R 8 5 2	
♠ 9 7 6 3 ♥ R 9 8 3 ♦ 10 9 8 2 ♣ V	N O E S	♠ 5 4 ♥ D 7 6 ♦ 6 5 4 3 ♣ 10 9 7 3
	♠ R V 8 2 ♥ A 5 4 ♦ R D ♣ A D 6 4	

La donne et le contrat final sont les mêmes que ci-dessus, sauf que c'est Est qui accroche à Trèfle. Comment gagnez-vous ?

Maniez vos Cœurs différemment : c'est Est qu'il faut squeezer avec le Cœur maître et les deux Trèfles. Donc, à la quatrième levée, présentez le Valet de Cœur du mort. Est ne peut monter sous peine de libérer le 10 du mort, qui donnerait la douzième levée. Donc c'est Ouest qui prend la main et rejoue Cœur. Le déclarant fournit le 2 du mort, prend avec l'As et monte son squeeze contre Est en défilant ses cartes maîtresses.

	♥ V ♦ V ♣ 8	
♥ 9 8 ♦ 10 ♣	N O E S	♥ D ♦ ♣ 10 9
	♥ 4 ♦ ♣ D 6	

Voici la situation à trois cartes. Nord joue le Valet de Carreau, défaussant le dernier Cœur de Sud. Est défausse un Trèfle, libérant le 6 de Sud.

Le coup de Vienne

Cette manœuvre permet de squeezer un adversaire placé indifféremment *avant* ou *après* le mort. Outre une squeezante, le déclarant doit posséder une menace, par exemple une Dame, l'adversaire à squeezer ayant le Roi correspondant. Notons que l'As a déjà été joué par le déclarant pour dégoupiller cette menace.

	♠ A V ♥ 2	
♠ R D ♥ R	N O E S	
	♠ 2 ♥ D ♦ A	

À 3 cartes de la fin, Sud possède une squeezante, l'As de Carreau, une menace, la Dame de Cœur et une carte pour communiquer avec le mort. Sud joue l'As de Carreau, qui est la squeezante. Si Ouest défausse un Pique, Sud joue Pique. Si Ouest défausse le Roi de Cœur, Sud fait sa Dame de Cœur. Notez que si c'est Est qui a les trois grosses cartes, il est squeezé de même. C'est ce qui fait la beauté et la simplicité du coup de Vienne.

Exercice

	♠ A D 10 ♥ A 5 2 ♦ 9 8 7 6 ♣ A 8 5	
♠ 9 8 7 6 ♥ 9 8 7 ♦ 3 2 ♣ 10 4 3 2	N O E S	♠ R V 5 2 ♥ 10 6 4 ♦ 5 4 ♣ R V 9 7
	♠ 4 3 ♥ R D V 3 ♦ A R D V 10 ♣ D 6	

Contrat final : 6 Sans-Atout joué par Sud. Ouest entame du 9 de Pique pour le 10 du mort et le Valet d'Est qui rejoue Carreau. Hypothèse de nécessité : Est a le Roi de Trèfle.
À vous.

Onze levées en tête : 1 Pique, 4 Cœurs, 5 Carreaux et 1 Trèfle. Avant de jouer vos Carreaux et vos Cœurs, tirez votre As de Trèfle, séchant ainsi la Dame de Trèfle, qui est votre menace. Vous défilez maintenant vos cartes rouges maîtresses.

	♠ A D ♣ 8	
♠ 8 ♣ 10 4	N O E S	♠ R 5 ♣ R
	♠ 4 ♦ 10 ♣ D	

Sur la onzième carte (le 10 de carreau), Est étouffe. Il défausse son Roi de Trèfle, espérant vainement la Dame chez son partenaire.

	♠ A D ♣ A 8	
♠ 8 7 ♣ 10 4	N O E S	♠ R 5 ♣ R V
	♠ 4 ♦ 10 ♣ D 6	

Notez que si vous avez « oublié » de tirer votre As de Trèfle, le squeeze ne fonctionne pas. Sur le 10 de Carreau, Est calque sa défausse sur celle du mort.

> S'il ne vous reste qu'une perdante, ne la jouez qu'en dernier : un faux squeeze est parfois aussi efficace qu'un vrai.

Le squeeze avec réduction du compte

Lorsqu'on a 11 levées de tête, il faut réduire le compte, c'est-à-dire donner tout de suite une levée au flanc, réduisant ainsi l'espace de défausse d'un des adversaires.

	♠ A R 3 2 ♥ D 2 ♦ A R D V ♣ A 3 2	
♠ 7 6 ♥ 7 6 5 ♦ 10 9 8 7 ♣ R D V 10	N O E S	♠ V 10 9 8 ♥ V 10 9 8 ♦ 6 2 ♣ 9 8 7
	♠ D 5 4 ♥ A R 4 3 ♦ 5 4 3 ♣ 6 5 4	

Contrat final : 6 Sans-Atout joué par Sud. Ouest entame du Roi de Trèfle.

Vous disposez de 11 levées de tête, 12 si les Piques sont 3/3. Vous prenez l'entame de l'As de Trèfle du mort. Vous défilez vos Carreaux maîtres, défaussant un petit Trèfle. Est, qui garde les deux majeures, défausse tous ses Trèfles. 5 cartes mineures ont été jouées, Est ayant conservé ses 8 cartes majeures.

	♠ A R 3 2 ♥ D 2 ♦ ♣ 3 2	
♠ 7 6 ♥ 7 6 5 ♦ ♣ D V 10	N O E S	♠ V 10 9 8 ♥ V 10 9 8 ♦ ♣
	♠ D 5 4 ♥ A R 4 3 ♦ ♣ 4	

À ce stade, vous jouez vos 3 Piques maîtres et vos 3 Cœurs maîtres… et vous chutez d'un, Est faisant ses deux Valets majeurs.

	♠ A R 3 2 ♥ D 2 ♦ V ♣ 3	
♠ 7 6 ♥ 7 6 5 ♦ 7 ♣ V 10	N O E S	♠ V 10 9 8 ♥ V 10 9 8 ♦ ♣
	♠ D 5 4 ♥ A R 4 3 ♦ ♣ 4	

Pour gagner, il fallait duquer le Roi de Trèfle.
Sur le dernier Carreau de Nord, Est doit abandonner sa garde à Cœur ou sa garde à Pique. Vous faites donc le reste des levées.
Notez que si les deux gardes en majeure ne sont pas dans la même main, il n'y a pas de squeeze.

> Si vous jouez un petit chelem avec 11 levées de tête, abandonnez rapidement une levée au flanc. Vous avez ensuite une bonne chance de faire toutes les autres.

Le double squeeze

Il y a double squeeze quand vous squeezez successivement vos deux adversaires.

	♠ R 9 8 3 ♥ R 9 ♦ R 7 5 3 ♣ 4 3 2	
♠ D V 6 ♥ 8 3 2 ♦ D V 10 4 ♣ D V 9	N O E S	♠ 10 7 4 2 ♥ V 10 7 4 ♦ 9 8 6 ♣ 10 7
	♠ A 5 ♥ A D 6 5 ♦ A 2 ♣ A R 8 6 5	

Contrat final : 3 Sans-Atout joué en Sud. Il y a 9 levées de tête, 11 si les Trèfles « roulent ». En tournoi par paires, il faut essayer d'en faire 12. Ouest entame de la Dame de Carreau.

Sud prend de l'As de Carreau et joue un petit Trèfle, faisant d'une pierre deux coups : coup à blanc et réduction du compte. Ouest insiste avec le Valet de Carreau, pris du mort. Sud défile ensuite 4 Trèfles maîtres sur lesquels il défausse un Carreau et un Pique. De son côté, Est doit se séparer de deux Piques pour conserver son Valet quatrième à Cœur. Puis le déclarant joue Roi et As de Cœur.

	♠ R 9 8 ♥ ♦ 3 ♣	
♠ D V 6 ♥ ♦ 10 ♣	N O E S	♠ 10 7 ♥ V 10 ♦ ♣
	♠ A 5 ♥ D 6 ♦ ♣	

Voici la situation à quatre cartes. Sud joue la Dame de Cœur. Ouest défausse un Pique tandis que Nord défausse son 3 de Carreau. Le 8 de Pique, affranchi, procure la douzième levée.

En inversant les jeux d'Est et Ouest, le squeeze ne fonctionne pas : Est n'est pas squeezé puisqu'il défausse comme le mort.

Ne battez pas atout à fond s'il ne reste qu'un atout maître dehors

	♠ 8 7 3 ♥ V 10 3 ♦ R D 6 ♣ R 6 3 2	
♠ D 10 6 ♥ A R 7 6 ♦ A 5 4 ♣ D 10 9	N O E S	♠ V 5 ♥ D 9 5 4 2 ♦ 3 2 ♣ V 8 7 4
	♠ A R 9 4 2 ♥ 8 ♦ V 10 9 8 7 ♣ A 5	

Contrat final : 4 Piques joué par Sud. Ouest entame de l'As de Cœur et insiste du Roi.

Vous coupez et comptez 3 perdantes : une à Cœur, une à Carreau et une à Pique si les Piques sont 3/2. Vous jouez As, puis Roi de Pique : tout le monde fournit. Si vous rejouez une troisième fois atout pour vous débarrasser de la Dame, vous chutez. Le flanc rejoue un Cœur que vous devez couper de votre dernier atout. Quand le flanc reprend la main avec l'As de Carreau, il défile deux Cœurs maîtres pour 2 de chute.

Jouer atout quand le flanc ne possède plus qu'un atout maître constitue une double faute.
- Vous gaspillez deux de vos atouts pour n'en faire tomber qu'un.
- Vous raccourcissez votre main longue.

Si vous jouez Carreau au lieu d'un troisième atout, le flanc prend de son As et joue sa Dame de Pique maître, puis Cœur que vous coupez de votre dernier atout. Vous tablez, les Carreaux et les Trèfles étant maîtres.

EXERCICE

Nord	♠ 5 4 3 2 ♥ 9 7 ♦ R 7 5 4 ♣ A 10 6
Sud	♠ A R 7 6 ♥ A R 5 2 ♦ D 8 ♣ R 8 7

Contrat final : 4 Piques joué par Sud. Ouest entame du 10 de Pique. Comment jouez-vous ?

Le contrat est en béton si les atouts adverses sont 3/2, les deux Cœurs perdants étant effacés par deux petits atouts. Donc vous prenez l'entame de l'As de Pique et rejouez le Roi. Puis As, Roi de Cœur et petit Cœur coupé. Vous rentrez en Sud par le Roi de Trèfle et coupez votre quatrième Cœur. Que vous soyez surcoupé ou non, le flanc ne fera que trois levées : un atout, un Trèfle et un Carreau. Seule précaution : ne tirer que deux coups d'atout. Un troisième vous eût privé d'une coupe à Cœur.

Couper de la main courte

Dans le chapitre *Contrats à Sans-Atout et Contrats à la couleur*, page 31, vous avez appris que la main courte en atouts peut générer des plis supplémentaires.

Sans gaspiller un atout de la main courte

Ouest	Nord	Est
	♠ A 9 4 ♥ V 6 5 4 ♦ V 6 5 2 ♣ 9 8	
♠ 10 3 2 ♥ R 10 9 ♦ 10 9 8 ♣ A D 10		♠ V ♥ D 8 7 3 ♦ D 7 4 3 ♣ V 7 6 5
	Sud ♠ R D 8 7 6 5 ♥ A 2 ♦ A R ♣ R 4 2	

Contrat final : 4 Piques joué par Sud. Ouest entame du 10 de Carreau.

Quatre perdantes : une à Cœur et trois à Trèfle. On peut facilement couper un Trèfle avec un atout de la main courte, c'est-à-dire du mort, on joue

donc sur du velours. Pourquoi ne pas remonter au mort avec l'As d'atout pour tenter le Roi de Trèfle à la volée ? Parce qu'on risque de chuter !
Ouest prendra le Roi de Trèfle de son As et rejouera atout. Sud jouera son deuxième Trèfle. Ouest s'en emparera et fera sauter le dernier atout du mort. Un de chute : trois Trèfles et un Cœur conquis par le flanc. Pour gagner, il faut conserver précieusement les 3 atouts du mort et jouer Trèfle de la main de Sud, par le ventre.

> Au bridge, l'appât du gain est la cause de bien des déconvenues.

Avec un coup à blanc

À Sans-Atout, le coup à blanc sert à pallier le manque de communications avec le mort. À la couleur, il permet aussi de préparer une coupe en gardant le contrôle à la fois des atouts et de la couleur à couper.

	♠ R D 4	
	♥ A 6 5 4	
	♦ A R 7 2	
	♣ V 8	
♠ V 10 9	N	♠ 3 2
♥ R D 7	O E	♥ V 10 8 3
♦ D 10 4 3	S	♦ V 8
♣ D 10 9		♣ R 7 6 5 3
	♠ A 8 7 6 5	
	♥ 9 2	
	♦ 9 6 5	
	♣ A 4 2	

Contrat final : 4 Piques joué par Sud. Ouest entame du Valet de Pique.

En espérant les atouts du flanc 3-2, vous comptez 4 perdantes dans votre jeu : 1 à Cœur, 1 à Carreau et 2 à Trèfle. Jouer les Carreaux 3/3 en flanc pour affranchir un treizième n'a qu'une chance sur trois de réussir. Une meilleure solution est d'éliminer une perdante à Trèfle par une coupe du mort. Encore faut-il couper le troisième petit Trèfle avec le 4 de Pique : si vous le coupez avec un honneur, vous promouvez le 10 d'atout du flanc. Donc vous prenez soigneusement le Valet de Pique avec le

Roi du mort et ouvrez la coupe à Trèfle. Si, ce faisant, vous jouez As de Trèfle, puis petit Trèfle, c'est ciao : le flanc rejoue atout et vous ne pourrez rentrer en main pour couper votre troisième Trèfle. Un coup à blanc à Trèfle à la deuxième levée sauve votre contrat, vous procurant la rentrée de l'As de Trèfle pour couper votre troisième Trèfle du 4 de Pique.

EXERCICE

	♠ A 8 4 ♥ A 8 2 ♦ A R 6 5 ♣ A 4 2	
♠ D 9 3 ♥ R 5 4 ♦ V 10 9 ♣ D 10 9 6	N O E S	♠ V 10 ♥ D V 10 9 6 ♦ D 8 4 3 ♣ V 3
	♠ R 7 6 5 2 ♥ 7 3 ♦ 7 2 ♣ R 8 7 5	

Contrat final : 4 Piques joué par Sud. Ouest entame du Valet de Carreau. Hypothèse de nécessité : les Piques 3/2 en flanc.

Deux perdantes inéluctables : un Pique et un Cœur. Il ne faut donc perdre qu'un seul Trèfle. Procédure classique : jouer As de Trèfle, Roi de Trèfle et petit Trèfle dans l'espoir soit de trouver les Trèfles 3/3, soit de couper le quatrième Trèfle. Malheureusement Ouest encaisse le Trèfle et rejoue Trèfle coupé du mort et surcoupé par Est pour un de chute (un Trèfle, deux atouts et un Cœur). La solution : faire un coup à blanc à Trèfle, puis jouer As et Roi de Pique, laissant traîner un atout maître du flanc. Ensuite, vous défilez tous vos Trèfles. Notez que vous gagnez même si le flanc coupe un de vos honneurs à Trèfle : vous perdrez un Pique, un Trèfle et un Cœur.

Avec un laisser-passer

EXERCICE

	♠ 9 8 7 4 ♥ 8 2 ♦ A 6 5 2 ♣ D 9 2	
♠ D 6 ♥ R D 10 4 ♦ D 9 4 3 ♣ V 10 3	N O E S	♠ V 10 3 ♥ V 9 5 ♦ R V 10 ♣ 8 7 6 4
	♠ A R 5 2 ♥ A 7 6 3 ♦ 8 7 ♣ A R 5	

Contrat final : 4 Piques joué par Sud. Ouest entame du Roi de Cœur.

Trois perdantes apparentes : une à l'atout (à condition, bien sûr, que les Piques soient 3/2 en flanc), une à Carreau et une à Cœur, les Cœurs perdants étant coupés par des petits atouts du mort. Si vous tirez As et Roi d'atout avant de rendre la main à Cœur pour couper la couleur, le flanc va tirer un troisième coup d'atout, vous privant ainsi d'une coupe.

Si, à l'inverse, vous rejouez Cœur sans battre atout, le flanc va surcouper un de vos Cœurs, réaliser peut-être un deuxième atout, puis attendre sa levée à Carreau.

La solution : duquer le Roi de Cœur, tirer As et Roi de Pique et couper vos Cœurs perdants. Le flanc surcoupe quand il veut, mais cette levée d'atout est la seule qu'il fera.

Avec la manœuvre de Guillemard

Pour couper de la main courte, on recourt parfois à cette technique. Elle consiste à ne pas tirer atout à fond afin de couper la perdante éventuelle dans une couleur où le déclarant est en 4/3. Elle ne réussit pas très souvent, l'adversaire qui est le plus long en atouts ayant tendance à couper un honneur de la couleur 4/3 du déclarant.

	♠ D V 2 ♥ A R 5 ♦ 8 4 2 ♣ 9 6 4 2	
♠ 10 8 6 ♥ 10 9 4 3 ♦ A R D 3 ♣ V 8	N O E S	♠ 4 3 ♥ V 2 ♦ V 9 7 5 ♣ R D 7 5 3
	♠ A R 9 7 5 ♥ D 8 7 6 ♦ 10 6 ♣ A 10	

Vous jouez 4 Piques en Sud sur l'entame de l'As de Carreau, suivi du Roi puis de la Dame que vous coupez.

Ne tirez que deux coups d'atout, conservant la Dame au mort. Vous testez ensuite les Cœurs. S'ils sont 3/3 en flanc, purgez le dernier atout avant de jouer votre treizième Cœur. S'ils sont 4/2, espérez que l'adversaire qui a le dernier atout est celui qui a les 4 Cœurs. Vous pourrez ainsi couper votre quatrième Cœur.

> En dernier ressort, pratiquez la manœuvre de Guillemard : vous ne courez aucun risque de plus.

Exercice

	♠ A R 10 ♥ A 4 3 2 ♦ R D 5 ♣ R 7 2	
♠ 7 6 5 ♥ R D V 10 ♦ V 10 ♣ D V 10 3	N O E S	♠ 4 2 ♥ 9 7 6 5 ♦ 9 7 6 4 ♣ 9 8 5
	♠ D V 9 8 3 ♥ 8 ♦ A 8 3 2 ♣ A 6 4	

Contrat final : 6 Piques joué par Sud. Ouest entame du Roi de Cœur. 11 levées en tête, 12 si les Carreaux sont 3/3. Comment améliorer vos chances ?

La manœuvre de Guillemard est un bon pari : deux coups d'atout seulement, puis trois tours de Carreau. Malheureusement, Ouest coupe l'As de Carreau et vous concéderez ensuite un Trèfle pour un de chute. Essayez d'abord la manœuvre du mort inversé (voir page 33). Coupez immédiatement un Cœur, puis tirez deux coups d'atout : les Piques s'avèrent 3/2. Coupez un deuxième petit Cœur et remontez avec le Roi de Carreau. Coupez le dernier petit Cœur avec le dernier atout de Sud. Remontez au mort à Trèfle et purgez le dernier atout du flanc avec votre 10 de Pique. Vous constatez alors que vous n'avez plus qu'un Trèfle perdant. Votre douzième levée vient de vos 6 Piques encaissés : les 3 Piques de longueur du mort et les 3 Piques de coupe réalisés en Sud. Si, à la quatrième levée, les Piques du flanc se révèlent 4/1, il faut tout de suite prendre sa chance avec la manœuvre de Guillemard.

Avec un lob

	♠ A 9 6 ♥ D 6 3 ♦ V 3 2 ♣ A R 7 6	
♠ 7 ♥ V 10 7 5 ♦ A R D 10 4 ♣ 9 8 4	N O E S	♠ V 10 8 3 ♥ 9 8 ♦ 8 6 5 ♣ D 10 5 3
	♠ R D 5 4 2 ♥ A R 4 2 ♦ 9 7 ♣ V 2	

Contrat final : 4 Piques, joué par Sud.

Ouest joue l'As, le Roi et la Dame de Carreau, laquelle est coupée par Sud qui joue As et Roi de Pique. Ouest ne fournit plus. La situation est grave mais pas désespérée. Devant perdre un atout, Sud ne doit perdre aucun Cœur. Il tente la manœuvre de Guillemard, laissant traîner deux atouts dehors. Mais Est coupe le troisième tour de Cœur et joue son dernier atout, empêchant Sud de couper son Cœur perdant.

Après les deux coups d'atout, Sud devait jouer l'As de Cœur, puis remonter au mort avec la Dame. Le lob consiste à présenter le 3 de Cœur du mort.

- Si Est coupe, c'est « avec son argent » alors que Sud jette son Cœur perdant.
- Si Est ne coupe pas, Sud encaisse son Roi et coupe son 2 de

Cœur. Est surcoupe mais son dernier atout est capturé par Sud. Le lob est une forme de coup en passant.

En coupant gros avant de couper petit

Lorsque l'on doit couper deux perdantes d'une même couleur avec deux atouts du mort, la logique veut que l'on coupe petit la première fois et gros la seconde, afin d'éviter une surcoupe. Il faut parfois jouer à contre-courant.

	♠ A 8 ♥ D 9 ♦ 5 4 3 2 ♣ A 9 8 7 6	
♠ 2 ♥ A R V 10 7 ♦ D V 10 9 ♣ R D V	N O E S	♠ D 5 4 3 ♥ 3 2 ♦ 8 7 6 ♣ 10 5 4 3
	♠ R V 10 9 7 6 ♥ 8 6 5 4 ♦ A R ♣ 2	

Contrat final : 4 Piques joué par Sud.

Ouest joue l'As, le Roi et 10 de Cœur. Si Nord coupe paresseusement du 8 de Pique, Est surcoupe et rejoue atout pour un de chute. Sud gagne en coupant le troisième Cœur de l'As de Pique et le quatrième du 8. Est surcoupe mais c'est sa dernière cartouche.

En communiquant avec la main longue par la coupe

	♠ A R 5 ♥ 9 8 7 6 4 ♦ R D ♣ V 8 3	
♠ 7 3 2 ♥ A D 10 5 ♦ 10 8 ♣ R 10 9 4	N O E S	♠ 4 ♥ R V 3 ♦ V 6 4 3 2 ♣ A 7 6 5
	♠ D V 10 9 8 6 ♥ 2 ♦ A 9 7 5 ♣ D 2	

Contrat final : 4 Piques, joué par Sud. Ouest entame du 2 de Pique (Est fournit).

Sud se découvre 4 levées perdantes : deux Trèfles, un Cœur et un Carreau. Il lui suffit de couper ce Carreau avec un atout du mort pour assurer 10 levées. Donc l'entame est prise du mort et le Roi et la Dame de Carreau du mort sont encaissés. Le déclarant rentre chez lui à l'atout et coupe son 9 de Carreau avec le Roi de Pique.

La situation est alors la suivante :

	♠ ♥ 9 8 7 6 4 ♦ ♣ V 8 3	
♠ 7 ♥ A D 10 5 ♦ ♣ R 10 9	N O E S	♠ ♥ R V 3 ♦ V 6 ♣ A 7 6
	♠ D V 10 9 ♥ 2 ♦ A ♣ D 2	

Le déclarant doit rentrer chez lui pour purger le dernier atout d'Ouest. Il joue Cœur, mais Est plonge du Roi et joue Carreau pour l'As de Sud… et le dernier atout d'Ouest. Un de chute, puisque le flanc encaisse encore l'As et le Roi de Trèfle. Le déclarant aurait dû jouer Cœur pour ouvrir la coupe dès la deuxième levée. Ouest rejoue atout, mais Sud a le temps de jouer Carreau et de couper son Carreau perdant, les Cœurs permettant de circuler sans encombre entre Nord et Sud.

Défausser immédiatement une ou plusieurs perdantes

Lorsque la couleur d'atout n'est pas établie, il est parfois urgent de défausser des perdantes grâce à une couleur annexe qui, elle, est déjà affranchie.

	♠ 7 6 ♥ A R V 6 4 ♦ V 5 3 2 ♣ A V	
♠ R 3 2 ♥ 10 7 5 2 ♦ A 10 9 ♣ 10 9 8	N O E S	♠ 9 8 ♥ 9 8 3 ♦ R 8 6 ♣ R 7 6 5 4
	♠ A D V 10 5 4 ♥ D ♦ D 7 4 ♣ D 3 2	

Contrat final : 4 Piques, joué par Sud. Ouest entame du 10 de Trèfle.

Avant toute décision, comptez vos levées perdantes, comme il est recommandé dans les contrats à la couleur. Au pire, il y en a 5 : 1 à Pique, 3 à Carreau et 1 à Trèfle. 2 de ces perdantes peuvent être défaussées sur 2 Cœurs maîtres. Donc il faut renoncer à l'impasse à Trèfle et à l'impasse à Pique et jouer Cœur immédiatement. Si vous défaussez 2 Trèfles, vous n'éliminez qu'une perdante. Donc prenez soin de défausser 2 Carreaux. Si tout va mal, vous perdrez 1 Pique, 1 Carreau et un Trèfle.

Affranchir une couleur par la coupe

L'affranchissement, par la coupe, d'une couleur annexe procure une ou plusieurs levées supplémentaires.

	♠ A 7 6 ♥ A R 7 6 4 ♦ V 3 2 ♣ A D	
♠ 10 3 2 ♥ D 10 5 ♦ A R D 10 ♣ 9 8 4	N O E S	♠ V ♥ 9 8 3 ♦ 8 6 5 ♣ R 10 7 6 5 3
	♠ R D 9 8 5 4 ♥ V 2 ♦ 9 7 4 ♣ V 2	

Contrat final : 4 Piques, joué par Sud, Ouest ayant donné et passé. Ouest encaisse l'As, le Roi et la Dame de Carreau, puis joue Trèfle.

À Sans-Atout, on compte ses levées gagnantes ; à la couleur, on compte ses levées perdantes.

Dans le cas présent, les perdantes sont d'autant plus vite comptées que Sud vient d'en perdre trois. La quatrième est un Trèfle, si le Roi est mal placé. C'est sûrement le cas : Ouest, ayant passé d'entrée, ne peut pas avoir le Roi de Trèfle en plus de ses gros honneurs à Carreau. La seule chance de Sud est d'affranchir les Cœurs. Il joue Roi et Dame de Pique et constate le mauvais partage à l'atout. Il tire As, puis Roi de Cœur et petit Cœur coupé. Les Cœurs du flanc étant 3/3, le 7 de Cœur du mort est affranchi. L'As de Pique du mort, précieusement conservé, permet d'aller chercher ce Cœur devenu maître pour défausser le Trèfle perdant de Sud.

En coupant gros pour se ménager une remontée à l'atout

Exercice

	♠ 10 9 6 ♥ A R 7 6 4 ♦ V 3 2 ♣ A D	
♠ 7 5 2 ♥ D 10 5 3 ♦ A R D 10 ♣ 8 4	N O E S	♠ 3 ♥ 9 8 ♦ 8 6 5 ♣ R 10 9 7 6 5 3
	♠ A R D V 8 4 ♥ V 2 ♦ 9 7 4 ♣ V 2	

Cette donne ressemble à la précédente, sauf que les Cœurs du flanc sont 4/2 et les Piques du déclarant plus musclés. Contrat final : 4 Piques, joué par Sud. Est encaisse l'As, le Roi et la Dame de Carreau, et puis joue Trèfle. À vous.

Vous pouvez jouer comme précédemment : deux coups d'atout et coupe d'un Cœur en Sud, le 10 de Pique servant de remontée. Les Cœurs ne venant pas, adieu la valise !
Pourtant, le 10 et le 9 de Pique du mort constituent deux remontées qui permettent de venir à bout d'un partage 4/2 des Cœurs. Donc un seul coup d'atout puis As de Cœur, Roi de Cœur et petit Cœur coupé par un honneur de Sud. Vous remontez au mort grâce au 4 de Pique pris par le 9. Vous jouez Cœur derechef, coupé lui aussi d'un honneur. Le 8 de Pique pris par le 10 du mort permet à la fois de purger les atouts et de remonter. Le 7 de Cœur affranchi procure la dixième levée.

Avec une couleur pleine à l'atout, il est parfois judicieux de couper « gros » afin de conserver un petit atout pour remonter au mort.

En affranchissant une couleur annexe répartie 5/1

EXERCICE

♠ A R
♥ A R 9
♦ A 8 3
♣ V 8 7 6 2

N
O E
S

♠ D V 10 9 8 7
♥ 8 4 2
♦ D 7 5
♣ 5

Vous jouez 4 Piques en Sud. Ouest entame petit Pique. Quel est votre plan de jeu ?

Quatre perdantes clignotent à l'orange, trois avec le Roi de Carreau en Est. Si les Trèfles sont répartis 4/3 (62 % de chances), vous pouvez en affranchir un. Vous aurez besoin de trois remontées pour couper 3 Trèfles et d'une quatrième pour jouer le cinquième Trèfle affranchi. Ces quatre remontées, vous les avez. Donc vous commencez cette manœuvre d'affranchissement. Si vous vous apercevez au troisième tour de Trèfle que cette couleur est 5/2 en flanc, donc inexploitable, vous l'abandonnez et tentez la Dame de Carreau à la volée. Vous aurez joué à 81 % (62 + 19, ces 19 % représentant la moitié des 38 % de chances restantes).

Avec un coup à blanc

EXERCICE

	♠ D V ♥ A 8 2 ♦ A R 8 6 5 2 ♣ 9 2	
♠ 9 7 4 3 ♥ D 10 3 ♦ D 10 4 3 ♣ D 10	N O E S	♠ 10 8 ♥ V 6 5 4 ♦ V 9 ♣ V 8 6 5 3
	♠ A R 6 5 2 ♥ R 9 7 ♦ 7 ♣ A R 7 4	

Contrat final : 6 Piques joué par Sud. Ouest entame d'un petit Pique. Comment gagner avec les Piques et les Carreaux 4/2 ?

Dès la seconde levée, jouez petit Carreau des deux mains. Ayant capturé tout retour adverse, remontez au mort avec la Dame de Pique, coupez un petit Carreau d'un petit Pique et purgez les derniers atouts. L'As de Cœur permet d'exploiter les quatre Carreaux affranchis.

Avec une coupe servant également de remontée

EXERCICE

	♠ 6 5 3 ♥ A 9 7 5 2 ♦ A 3 ♣ A 8 7	
♠ D 10 4 ♥ V 10 ♦ R D V 10 ♣ R V 10 9	N O E S	♠ V 2 ♥ D 8 6 3 ♦ 9 6 4 2 ♣ 6 4 3
	♠ A R 9 8 7 ♥ R 4 ♦ 8 7 5 ♣ D 5 2	

Vous jouez 4 Piques en Sud. Ouest entame du Roi de Carreau. À vous.

Hypothèse de nécessité : les Piques 3/2 en flanc. Vous avez quatre perdantes, ou trois avec le Roi de Trèfle en Est. Si les Cœurs sont au pire 4/2, vous pouvez les affranchir, à condition d'avoir deux remontées au mort, l'une pour couper le quatrième Cœur, l'autre pour jouer le cinquième Cœur libéré. L'une de ces remontées est l'As de Trèfle ; l'autre, moins évidente, est un petit Pique coupant le troisième petit Carreau de Sud. Duquer l'entame est le meilleur moyen de réaliser ce beau projet. Quel que soit le retour, vous dégagez l'As de Carreau, tirez deux coups d'atout, jouez Roi, As de Cœur, petit Cœur coupé, petit Carreau coupé au mort par le dernier atout, deuxième petit Cœur coupé. L'As de Trèfle sert de remontée pour jouer le cinquième Cœur affranchi. Ce coup est particulièrement satisfaisant : le troisième petit atout du mort a servi d'une part à couper une perdante, d'autre part à remonter au mort.

Double coupe

Avec quatre atouts chez le déclarant et quatre atouts au mort

Si vous avez autant d'atouts au mort que dans votre main, et si, d'autre part, vous avez un singleton dans chaque main, il faut jouer en double coupe. Cette technique permet de dédoubler vos atouts.

♥ R V 10 2
Ouest Est
♥ A D 8 5

Atout Cœur. Si vous battez atout à donf, comme dit le Petit Robert, il faudra jouer Cœur trois fois si les Cœurs sont 3/2. Vous réaliserez cinq levées à Cœur : trois atouts maîtres et deux atouts coupant chacun une perdante de la main opposée. Si vous ne donnez aucun tour d'atout, et si vous coupez quatre perdantes de votre main avec les quatre atouts du mort, et réciproquement, vous ferez huit levées.

♠ R V 9 3
♥ D 8 7 5
♦ V
♣ A D 4 3

N
O E
S

♠ A D 10 2
♥ 6 4 2
♦ A D 5 3 2
♣ V

Contrat final : 4 Piques joué par Sud. Ouest entame du 10 de Trèfle.

Faire l'impasse est trop risqué : en cas d'échec, le flanc encaissera vraisemblablement, outre le Roi de Trèfle, trois levées à Cœur pour un de chute. Avec un singleton dans chaque main, la solution est dans la double coupe.
Avant d'enclencher celle-ci, il faut compter ses levées gagnantes, alors que dans les contrats à la couleur classiques, on compte ses perdantes : 2 As mineurs plus 8 atouts séparés vous mèneront à bon port. Donc As de Trèfle, As de Carreau, petit Carreau coupé, Trèfle coupé, Carreau coupé, Trèfle coupé, Carreau coupé, Trèfle coupé et coupe du dernier Carreau avec le Roi de Pique. L'As de Pique de Sud fournit la dixième levée. Notez que la forte concentration d'honneurs à l'atout met le déclarant à l'abri d'une surcoupe intempestive.

Notez également que si Sud avait coupé un Trèfle en premier, il aurait chuté, faute d'une rentrée pour couper son cinquième Carreau.

> Quand vous enclenchez une double coupe, commencez par couper la couleur la plus longue.

En commençant par encaisser ses levées maîtresses

EXERCICE

	♠ A D 10 8 ♥ A 6 5 4 2 ♦ A ♣ R 9 7	
♠ 7 6 5 ♥ 9 8 ♦ R V 7 2 ♣ V 8 5 2	N O E S	♠ 4 3 ♥ R D V 7 3 ♦ D 9 3 ♣ D 10 4
	♠ R V 9 2 ♥ 10 ♦ 10 8 6 5 4 ♣ A 6 3	

Vous jouez le contrat optimiste de 6 Piques. Ouest entame du 9 de Cœur.
À vous.

Bénissant le ciel que le flanc n'ait pas entamé atout, vous comptez 12 levées sur vos doigts : 8 Piques en coupant 4 Cœurs d'un côté et 4 Carreaux de l'autre, plus 3 As et 1 Roi. Toutefois, si vous coupez vos cartes rouges tout de go, vous allez déchanter : un de vos adversaires aura le temps de défausser ses Trèfles sur votre avalanche de cartes rouges et vous chuterez. La solution : commencez à jouer vos Trèfles maîtres dès la deuxième levée.

En coupant gros avant de couper petit

EXERCICE

	♠ A D 8 2 ♥ A 6 5 4 2 ♦ A ♣ 10 9 7
	N O E S
	♠ R V 9 3 ♥ 10 ♦ 10 8 6 5 4 ♣ A 6 3

Contrat final : 4 Piques joué par Sud. Ouest entame du Roi de Trèfle. Comment assurer votre contrat, aucun des joueurs adverses n'ayant de singleton ?

Trois levées sont assurées par vos trois As blancs, immédiatement encaissés. Sept levées de double coupe vous suffisent : coupez un Cœur d'un côté, un Carreau de l'autre, alignant ainsi les 5 premières levées. Ensuite, vous coupez gros quatre fois, ce qui vous amène à 9 levées. La dixième est procurée par le 8 ou le 9 d'atout.

Couper deux fois petit vous aurait exposé à une surcoupe. Le flanc aurait ensuite encaissé deux Trèfles et rejoué atout pour un de chute.

Avec un coup à blanc à l'atout

	♠ 9 8 7 4 ♥ A R 8 2 ♦ A 6 5 ♣ 9 2	
♠ R V 3 ♥ D V 10 ♦ D 10 9 ♣ V 10 8 6	N O E S	♠ D 10 ♥ 9 6 5 4 ♦ V 8 4 3 ♣ D 4 3
	♠ A 6 5 2 ♥ 7 3 ♦ R 7 2 ♣ A R 7 5	

Contrat final : 4 Piques joué par Sud. Ouest entame de la Dame de Cœur.
Quelle est votre stratégie ?

Trois perdantes apparentes : deux à l'atout (à condition, bien sûr, que les Piques soient 3-2 en flanc) et une à Carreau, les Trèfles et les Cœurs perdants étant coupés par des petits atouts. Vous envisagez d'enclencher la double coupe immédiatement : As et Roi de Cœur, petit Cœur coupé en main, As et Roi de Trèfle, petit Trèfle coupé du

mort, puis vous jouez votre dernier Cœur coupé en Sud. Malheureusement, Ouest surcoupe et rejoue son dernier Trèfle, coupé par Nord et surcoupé par Est.
Ultérieurement, Ouest fera un atout de longueur et attendra tranquillement qu'une levée à Carreau concrétise la chute.
Jouer As d'atout et petit atout permet à Ouest de tirer un troisième tour d'atout, limitant à deux les coupes du déclarant (un de chute !).
La solution : faire un coup à blanc à l'atout. Vous prenez tout retour du flanc, tirez l'As de Pique et encaissez As et Roi de Carreau comme dans l'exercice ci-dessus. À ce stade, il reste un atout maître dehors. Vous mettez alors votre double coupe en branle. Le flanc surcoupe quand il veut et encaisse son Carreau : 4 Piques juste faits.

Ne pas donner la main à l'adversaire dangereux

L'adversaire dangereux est celui qui a une longue qui vous fera chuter. C'est aussi, bien souvent, l'adversaire qui, s'il est en main, vous traversera dans une couleur où vous n'avez qu'un Roi isolé.
Il y a plusieurs méthodes pour parvenir à ce résultat. Il faut parfois combiner deux de ces méthodes dans la même donne.

Avec une impasse orientée du bon côté

	♠ A V 5 ♥ A 10 2 ♦ A D 8 5 ♣ R 6 4	
♠ 2 ♥ D 9 8 6 ♦ 10 7 6 3 ♣ D 10 9 7	N O E S	♠ D 6 4 ♥ R V 4 3 ♦ 9 4 ♣ A V 3 2
	♠ R 10 9 8 7 3 ♥ 7 5 ♦ R V 2 ♣ 8 5	

Vous jouez 4 Piques en Sud sur l'entame du 8 de Cœur. Quel est l'adversaire dangereux ? Comment le neutraliser ?

Si tout va mal, vous avez quatre perdantes : un Pique, un Cœur et deux Trèfles. L'adversaire dangereux est Ouest qui, s'il prend la main, va vous transpercer à Trèfle. Il est donc logique de faire l'impasse à la Dame de Pique sur Ouest. Si elle échoue, Est, en main, ne peut renvoyer Trèfle. Vous avez donc le temps de défausser un petit Trèfle de votre main sur le quatrième Carreau maître du mort.

Toutefois, ce plan ne fonctionne que si vous avez pensé à ne pas prendre l'entame à Cœur, coupant les communications entre Ouest et Est. Sinon, en main avec la Dame de Pique, Est rend la main à Ouest à Cœur, et Ouest vous crucifie à Trèfle.

Avec une impasse de précaution

EXERCICE

	♠ 6 2 ♥ 5 4 3 2 ♦ A R D 8 ♣ 8 6 4	
O	N S	E
	♠ A R D 10 8 7 ♥ A ♦ V 6 2 ♣ R 7 2	

Vous jouez 4 Piques en Sud sur l'entame du Roi de Cœur. Quelle est votre hypothèse de crainte ? Comment jouer en fonction de cette hypothèse de crainte ?

L'hypothèse de crainte est que Est prenne la main avec un Valet quatrième à Pique et vous transperce à Trèfle avant que vous n'ayez pu défausser un Trèfle perdant sur le quatrième Carreau du mort. L'antidote s'impose : remontez au mort à Carreau et jouez le 2 de Pique vers le 10. Si Ouest prend du Valet, il n'a pas le matériel pour faire chuter : vous pourrez purger le reste des atouts et défausser un Trèfle sur un Carreau. Vous perdrez au maximum un Pique et deux Trèfles.

En coupant les communications par un laisser-passer

	♠ D V 5 2 ♥ A 6 ♦ A D 8 5 4 ♣ 6 4	
♠ R 3 ♥ R D 10 9 ♦ 10 7 6 ♣ A D 10 7	N O E S	♠ 6 4 ♥ V 8 4 3 2 ♦ 9 3 ♣ V 9 3 2
	♠ A 10 9 8 7 ♥ 7 5 ♦ R V 2 ♣ R 8 5	

Vous jouez 4 Piques en Sud sur l'entame du Roi de Cœur.

Vous avez 10 levées potentielles : 4 Piques, 5 Carreaux et l'As de Cœur. Pourtant, un risque existe : si l'impasse à Pique échoue, Ouest peut donner la main à son partenaire à Cœur. Est peut alors vous transpercer à Trèfle pour un de chute. Quand vous aurez chuté, le remède vous paraîtra évident : il suffisait de duquer le Roi de Cœur, ce qui aurait coupé la communication Ouest-Est.

EXERCICE

	♠ 10 9 6 2 ♥ R D V 2 ♦ R 5 ♣ V 10 3	
♠ D 5 4 ♥ A 10 9 8 ♦ 10 4 3 ♣ 9 8 7	N O E S	♠ 3 ♥ 6 5 4 3 ♦ D V 9 6 ♣ R D 6 4
	♠ A R V 8 7 ♥ 7 ♦ A 8 7 2 ♣ A 5 2	

Contrat final : 4 Piques joué par Sud. Ouest entame du 9 de Trèfle. Comment éviter de perdre 2 levées à Trèfle ?

L'entame du 9 photographie le mariage à Trèfle en Est. Le déclarant monte du 10 et **ne prend pas la Dame** fournie par Est. Celui-ci, en main, ne peut rejouer Trèfle sous peine de livrer deux levées dans la couleur. Il rejoue Carreau ou atout. Sud prend la main, tire deux coups d'atout, laissant traîner la Dame de Pique en Ouest, puis il joue Cœur. Ouest plonge de l'As, tire son atout maître et rejoue Trèfle. Mais le déclarant, qui a gardé le contrôle de la couleur grâce à son As, remonte au mort par le Roi de Carreau et défausse ses perdantes sur les Cœurs.

Avec une expasse

L'expasse est une manœuvre qui consiste à capturer, grâce à la coupe, un Roi placé **derrière** As-Dame-Valet. Elle nécessite un singleton dans la main opposée aux gros honneurs. L'expasse sert souvent à remettre en main l'adversaire inoffensif.

	♠ V 9 4 3 ♥ A D V 9 ♦ A V ♣ 5 4 3	
♠ 10 ♥ 5 4 3 2 ♦ R D 10 8 7 ♣ A D 10	N O E S	♠ 6 5 ♥ R 8 7 6 ♦ 6 4 3 2 ♣ V 8 7
	♠ A R D 8 7 2 ♥ 10 ♦ 9 5 ♣ R 9 6 2	

Vous jouez 4 Piques en Sud sur l'entame du Roi de Carreau.

Vous recensez quatre perdantes : une à Carreau et trois à Trèfle. Une fois les atouts adverses purgés, vous avez deux possibilités d'éliminer une perdante :
- faire l'impasse au Roi de Cœur pour défausser un Carreau perdant ;
- faire le Roi de Trèfle « à la volée » en espérant l'As de Trèfle en Est. Les deux solutions sont à 50 %. Pourtant, il y a mieux à faire que de se fier à la chance. L'impasse au Roi de Cœur est dangereuse : en cas d'échec, vous pouvez être transpercé à Trèfle pour deux de chute (un Cœur, trois Trèfles et un Carreau). L'expasse, en revanche, est en béton. Après avoir purgé les atouts, jouez le 10 de Cœur. Au lieu d'espérer le Roi en Ouest, plongez de l'As et présentez la Dame.

Deux possibilités :
- le Roi de Cœur est en Est. Vous le « forcez », c'est-à-dire que vous le capturez tôt ou tard par la coupe, remontez au mort par l'atout, et bénéficiez de deux défausses sur le Valet et le 9 de Cœur affranchis ;
- le Roi de Cœur est en Ouest. Vous défaussez le petit Carreau perdant de Sud sur la Dame de Cœur : cette manœuvre s'appelle *perdante sur perdante*. Ouest prend de son Roi et ne peut faire mieux que de jouer sa Dame de Carreau. Vous

coupez. Les deux Cœurs affranchis permettront d'escamoter deux Trèfles perdants.

> Même si une expasse échoue, elle permet souvent de défausser plusieurs perdantes.

Exercice

Vous jouez 5 Trèfles en Sud sur entame de la Dame de Pique. Pouvez-vous éviter de donner la main à Est, susceptible de vous transpercer à Carreau ?

♠ A R 4
♥ A V 10 5
♦ 7 5 2
♣ D 8 7

N
O E
S

♠ 5
♥ D 2
♦ R 9 6
♣ A R V 10 9 4 2

Résistez au mirage de l'impasse à Cœur. Fabriquez-vous une expasse artificielle à Cœur. Jouez immédiatement As, puis Roi de Pique, défaussant un des deux Cœurs de Sud. Ayant purgé les atouts en deux coups, jouez As de Cœur, puis présentez le Valet de Cœur. Si Est couvre, vous coupez en Sud, remontez au mort à l'atout et jouez le 10 de Cœur affranchi, défaussant un Carreau perdant de Sud. Si le Valet de Cœur reste maître, défaussez un Carreau perdant. Ouest prend la main avec son Roi, mais il ne vous empêchera pas de défausser un deuxième Carreau sur le 10 de Cœur.

Exercice

Ouest	Nord / Sud	Est
	♠ D 9 6 2 ♥ A 5 2 ♦ A D 10 ♣ 9 8 3	
♠ 5 4 ♥ D 10 9 8 ♦ 6 5 4 3 ♣ A D 10	N O E S	♠ V ♥ 7 6 4 3 ♦ R 9 8 7 ♣ V 7 6 4
	♠ A R 10 8 7 3 ♥ R V ♦ V 2 ♣ R 5 2	

Contrat final : 4 Piques joué par Sud. Ouest entame du 4 de Pique. Comment assurer le coup ?

Il y a quatre levées perdantes potentielles : une à Carreau et trois à Trèfle. Prenez au mort et jouez le

2 de Cœur pour le Valet de Sud. L'impasse échoue (dans les problèmes de bridge, c'est souvent le cas). Ayant pris le Valet de Cœur de la Dame, Ouest rejoue Carreau pour l'As de Nord. Vous jouez le 5 de Cœur pour le Roi, puis vous remontez au mort à Pique, purgeant ainsi le dernier atout. L'As de Cœur permet de défausser le Valet de Carreau. Ensuite vous jouez la Dame de Carreau, expassant le Roi. Si Est ne monte pas, vous défaussez un petit Trèfle. Si Ouest a le Roi de Carreau, il prend la levée, mais il doit alors soit livrer à Trèfle, soit permettre à Sud de défausser un deuxième Trèfle sur le troisième honneur Carreau. Vous aurez donc perdu un Cœur, un Carreau et un Trèfle. Le but de l'impasse à la Dame de Cœur était de préparer l'expasse au Roi de Carreau d'Est pour éviter que celui-ci ne prenne la main.

En changeant votre fusil d'épaule

EXERCICE

♠ A D 6 2
♥ A 10 2
♦ 8 4
♣ D V 6 4

N
O E
S

♠ R V 9 8 7 3
♥ 7 5
♦ R 6 2
♣ A 10

Vous jouez 4 Piques en Sud sur l'entame de la Dame de Cœur. Ayant en tête un des diagrammes précédents, vous duquez pour couper les communications. Hélas ! Est, flairant le coup, surprend la Dame d'Ouest avec son Roi et présente la Dame de Carreau qui condamne votre Roi. Comment allez-vous vous en sortir ?

Ayant perdu les trois premières levées, puis battu atout, faites non pas l'impasse au Roi de Trèfle, mais l'impasse au Valet de Cœur. Ouest ayant entamé de la Dame de Cœur a affiché son Valet. Sur l'As de Cœur, vous défausserez le 10 de Trèfle.

Cumulez vos chances de gagner

En tentant votre première chance sans compromettre la deuxième

♠ A D 7 2
♥ A D 5 2
♦ A 8 7
♣ D 7

N
O E
S

♠ R V 10 5 4 3
♥ 7
♦ R 9 2
♣ A 9 3

Contrat final : 6 Piques joué par Sud. Ouest entame de la Dame de Carreau.

Vous comptez deux perdantes (une à Carreau et une à Trèfle). Il y a deux impasses possibles pour en éliminer une : l'impasse au Roi de Cœur et l'impasse indirecte au Roi de Trèfle (en jouant petit vers la Dame de Trèfle). Si vous commencez par l'impasse à Cœur et qu'elle échoue, vous avez perdu : dès que vous jouerez Trèfle, le flanc se précipitera sur le Roi pour un de chute. Donc, commencez par l'impasse à Trèfle : ne tirez pas l'As, mais jouez le 3 vers la Dame. Si malheureusement le Roi est en Est, faites l'impasse au Roi de Cœur. Vous avez pris vos deux chances de gagner.

♠ 9 2
♥ V 10 9
♦ A V 7 2
♣ A D 8 7

N
O E
S

♠ A R D V 10 6
♥ 7 5 2
♦ R 4
♣ 6 4

Contrat final : 4 Piques joué par Sud. Le flanc encaisse la tierce majeure à Cœur et ressort à l'atout (vous n'avez plus une levée à perdre). Prenez votre meilleure chance de gagner.

Ne tirez pas à la courte paille l'impasse mineure que vous allez tenter. Éliminez les atouts adverses et jouez Roi, As de Carreau et petit Carreau coupé. Vous avez 37 % de chances de voir tomber la Dame de Carreau sèche, seconde ou troisième. Dans la négative, reportez votre jeu sur l'impasse à Trèfle. Vous aurez joué à 69 %.

EXERCICE

♠ A D 7 4
♥ A V 5 2
♦ 8 7
♣ D V 7

N
O E
S

♠ R V 10 6 5 3
♥ R 8 7
♦ A D
♣ A 3

Contrat final : 6 Piques joué par Sud. Ouest entame petit Pique et Est fournit. Vous avez dix levées de tête et le choix entre trois impasses…

Après la purge des atouts, l'impasse à Trèfle s'impose : même si elle échoue, elle vous procure une défausse.

a) L'impasse à Trèfle échoue, et Ouest rejoue Trèfle.

Prenez de l'As, jouez Roi de Cœur et As de Cœur, et défaussez votre Cœur perdant sur le Valet de Trèfle. Ensuite vous coupez de votre main le quatrième Cœur du mort. Si la Dame de Cœur est sèche, seconde ou troisième (probabilités : presque une chance sur deux) elle tombe et vous avez votre douzième levée. Si Judith résiste, faites l'impasse à Carreau en dernier recours.

b) L'impasse à Trèfle réussit. Vous maniez alors les Cœurs en sécurité : As de Cœur, Roi de Cœur et petit Cœur vers le Valet : vous avez 77 % de chances d'affranchir votre quatrième Cœur. Sinon, là encore, faites l'impasse à Carreau.

En obtenant du flanc une impasse gratuite

EXERCICE

♠ R D 10 5
♥ A 9 2
♦ A V 10
♣ D 10 6

N
O E
S

♠ A V 9 7 6 4 2
♥
♦ R 8 5 3
♣ R 5

Contrat final : 6 Piques joué par Sud. Ouest entame du Roi de Cœur. Vous avez près de neuf chances sur dix de gagner. Saurez-vous les prendre ?

Il est évident que vous devez donner l'As de Trèfle avant d'entreprendre l'impasse à la Dame de Carreau… ou au Valet de Trèfle.

Sur l'As de Cœur, défaussez un petit Trèfle et éliminez les Cœurs du mort par la coupe tout en battant atout.

```
♠ R D
♥
♦ A V 10
♣ D 10 6
     N
O        E
     S
♠ A V 9
♥
♦ R 8 5 3
♣ R
```

Voici la situation à 8 cartes. Jouez votre Roi de Trèfle devenu sec.

a) Est a l'As de Trèfle, c'est gagné :

- s'il rejoue Trèfle, il cadeaute deux défausses qui permettent d'escamoter deux Carreaux perdants de Sud ;
- s'il rejoue Carreau, il livre l'impasse ;
- s'il rejoue Cœur, vous coupez en Sud et défaussez un Carreau perdant du mort.

b) Ouest a l'As de Trèfle, c'est loin d'être perdu. Son meilleur coup est de rejouer Trèfle, ce qui vous permet de tester gratuitement l'impasse au Valet de Trèfle. Si elle rate, faites vous-même l'impasse à la Dame de Carreau, en principe sur Est, Ouest ayant déjà montré 5 points à Cœur et 5 à Trèfle.

```
♠ R D 10 5
♥ A 9 2
♦ A V 10
♣ D 7 6
     N
O        E
     S
♠ A V 9 7 6 4 2
♥
♦ R 8 5 3
♣ R 5
```

Question subsidiaire. Comment jouez-vous si vous n'avez pas le 10 de Trèfle au mort, mais une petite carte ?

Dans ce cas, faites la manœuvre de Milton Work (voir page 142) : ne prenez pas l'entame avec l'As de Cœur, mais coupez-la de votre main. Battez atout et présentez le 5 de Trèfle sous le Roi. Si l'As est en Ouest vous gagnez. En effet si Ouest plonge de l'As, la Dame de Trèfle et l'As de Cœur procurent deux défausses pour deux Carreaux. S'il ne plonge pas, vous défaussez le Roi de Trèfle sur l'As de Cœur.

Élimination et placement de main

Pour gagner une levée à coup sûr

L'*élimination et placement de main* forcent l'adversaire soit à se jeter dans la fourchette d'une couleur annexe, soit à jouer dans coupe et défausse.

♠ A V 3 2
♥ R 10 4
♦ 10 4 2
♣ 5 4 2

N
O E
S

♠ R D 9 7
♥ A V 6
♦ A R 3
♣ A R D

Contrat final : 6 Piques joué par Sud. Ouest entame du 5 de Pique.

Vous prenez et purgez les atouts adverses en trois tours (il vous en reste un dans chaque main). Vous encaissez vos trois Trèfles et jouez As et Roi de Carreau. Vous êtes à la tête de huit levées. Vous jouez alors petit Carreau des deux mains. Le flanc prend et se trouve pris dans un dilemme :
- il joue Carreau ou Trèfle. Vous coupez d'une main, défaussez un petit Cœur de l'autre et encaissez les trois dernières levées grâce à l'As et au Roi de Cœur et au dernier atout ;
- il joue Cœur. La Dame, où qu'elle soit, est prise en impasse.

Dans les deux cas, vous gagnez votre chelem. Ce plan est mis en échec si les Piques sont 4-1 en flanc. Dans ce cas, vous tirez atout à fond et faites l'impasse à la Dame de Cœur sur l'adversaire qui a le singleton à Pique : c'est lui qui a le plus de chance d'avoir une longue à Cœur, dont la Dame.

EXERCICE

	♠ V 10 9 8 6 ♥ D 8 3 ♦ R 6 ♣ R 10 9	
♠ R D ♥ A 10 9 ♦ D 8 7 5 ♣ V 4 3 2	N O E S	♠ 5 ♥ R 7 6 2 ♦ V 4 3 2 ♣ D 8 7 5
	♠ A 7 4 3 2 ♥ V 5 4 ♦ A 10 9 ♣ A 6	

Contrat final : 4 Piques joué par Sud. Ouest entame du Roi de Pique (Est fournit le 5). Comment jouez-vous ?

Prenez de votre As et jouez As de Trèfle, Roi de Trèfle, petit Trèfle coupé ; Roi de Carreau, As de Carreau, petit Carreau coupé. Les deux mineures ainsi éliminées, vous remettez Ouest en main grâce à sa Dame de Pique. Ouest doit alors soit jouer lui-même Cœur et « livrer » une levée dans cette couleur, soit jouer Trèfle ou Carreau en coupe et défausse. Dans ce cas, le déclarant coupe d'une main et défausse un Cœur perdant de l'autre.

EXERCICE

Nord
♠ A V 10 2
♥ D 9 3
♦ V 9 7 6
♣ 9 2

Ouest
♠ 8 7 6
♥ A V 8
♦ 10 8
♣ R D 10 4 3

Est
♠ 5
♥ 7 6 5 2
♦ R 4 3 2
♣ V 8 7 5

Sud
♠ R D 9 4 3
♥ R 10 4
♦ A D 5
♣ A 6

Contrat final : 4 Piques joué par Sud. Ouest entame du Roi de Trèfle (Est fournit le 8). Vous prenez, purgez les atouts adverses en trois tours et jouez le 6 de Carreau du mort pour la Dame qui reste maître. Comment gagnez-vous à coup sûr ?

Encaissez l'As de Carreau et rejouez Trèfle. Le flanc est en main. Il ne peut ni rejouer Trèfle (ce serait coupe et défausse) ni Cœur (une perdante potentielle serait escamotée). Le flanc rejoue donc Carreau, ce qui libère une levée dans la couleur et permet de défausser un Cœur perdant.

Avec la fourchette As Dame 9

Cette configuration est fréquente dans les problèmes de bridge, mais on la rencontre aussi à la table.

	♠ A V 3 2 ♥ 4 3 2 ♦ A R D ♣ 5 4 2	
	N O E S	
	♠ R D 9 7 ♥ A D 9 ♦ 10 4 2 ♣ A R D	

Contrat final : 6 Piques joué par Sud. Ouest entame du 5 de Pique.

Comme dans la donne précédente, vous prenez et purgez les atouts adverses en trois tours (il vous en reste un dans chaque main). Vous encaissez vos trois Trèfles et vos trois Carreaux. Vous êtes à la tête de 9 levées. Vous jouez petit Cœur du mort et couvrez la carte d'Est au plus juste. Ouest prend mais il doit soit jouer dans coupe et défausse, soit se jeter dans la fourchette à Cœur de Sud.

Avec deux remises en main successives

	♠ R V 10 9 8 ♥ 8 4 2 ♦ A 7 6 ♣ V 7	
♠ 2 ♥ R V 10 6 ♦ V 9 8 ♣ R D 10 9 8	N O E S	♠ 7 6 ♥ 9 5 3 ♦ D 10 5 3 ♣ 6 5 3 2
	♠ A D 5 4 3 ♥ A D 7 ♦ R 4 2 ♣ A 4	

Contrat final : 4 Piques joué par Sud. Ouest entame du Roi de Trèfle, affichant aimablement sa Dame. Comment assurez-vous votre contrat ?

Quatre perdantes, trois si l'impasse à Cœur réussit. Pour être sûr de gagner, il faut forcer Ouest à jouer Cœur dans votre fourchette As-Dame. Prenez l'entame de l'As de Trèfle, purgez les atouts et jouez As, puis Roi et enfin petit Carreau. Est prend la main pour traverser les Cœurs. Vous plongez de l'As et remettez Ouest en main en rejouant Trèfle. Ouest livre la dixième levée soit en jouant Cœur, soit en jouant dans coupe et défausse.

Avec une impasse perdante compensée par une impasse gagnante

	♠ R V 10 9 8 ♥ A 8 ♦ A 10 8 3 ♣ V 7	
♠ 7 ♥ D V 10 9 ♦ D V 7 6 ♣ R 4 3 2	N O E S	♠ 6 2 ♥ 5 4 3 2 ♦ 5 4 ♣ 10 9 8 6 5
	♠ A D 5 4 3 ♥ R 7 6 ♦ R 9 2 ♣ A D	

Contrat final : 6 Piques joué par Sud. Ouest entame de la Dame de Cœur.

Deux perdantes, une à Carreau et une à Trèfle. Avant de tenter l'impasse à Trèfle, il faut tenter l'affranchissement du quatrième Carreau. Procédure classique : jouer un gros honneur, puis faire un coup à blanc, sauf si un honneur du flanc apparaît. Pourtant, on gagne à 100 % en commençant par éliminer les Cœurs, puis en jouant le 3 de Carreau du mort vers le 9 de la main. Ouest fait la levée, mais rend la suivante soit à Carreau, soit à Trèfle, soit encore en jouant dans coupe et défausse.

En jouant perdante sur perdante

	♠ V 9 8 2 ♥ 8 7 6 5 ♦ 9 8 4 ♣ R 10	
♠ 4 3 ♥ A R D 10 9 ♦ A 5 3 ♣ 7 4 2	N O E S	♠ 5 ♥ V 3 2 ♦ D V 10 2 ♣ D V 9 8 3
	♠ A R D 10 7 6 ♥ 4 ♦ R 7 6 ♣ A 6 5	

Vous jouez 4 Piques en Sud après que Ouest a ouvert de 1 ♥. Ouest entame de l'As de Cœur et insiste du Roi. À vous.

Votre contrat est en grand danger d'être battu si l'As de Carreau est derrière le Roi, comme l'ouverture d'Ouest le laisse supposer. Purgez les atouts adverses en deux tours et coupez votre troisième Cœur. Éliminez ensuite les Trèfles en trois tours (dont une coupe par Nord). Vous êtes au mort et la situation est la suivante :

	♠ 9 ♥ 8 ♦ 9 8 7 ♣	
♠ ♥ D 10 ♦ A 5 3 ♣	N O E S	♠ ♥ ♦ D V 10 ♣ D V
	♠ 10 7 ♥ ♦ R 7 6 ♣	

L'ouverture à Cœur d'Ouest vous apprend qu'Est n'a plus de Cœur. Au lieu de jouer Carreau pour passer le Roi à la volée, jouez le dernier Cœur du mort et défaussez un Carreau perdant. En main, Ouest livre le contrat, soit en encaissant l'As de Carreau, soit en rejouant Cœur dans coupe et défausse : vous coupez du mort et défaussez un Carreau perdant de votre main.

EXERCICE

	♠ D 9 8 ♥ 7 6 3 2 ♦ A D 7 ♣ A V 5	
♠ V 4 3 ♥ A R 10 ♦ V 9 8 ♣ 9 8 3 2	N O E S	♠ 2 ♥ D V 5 4 ♦ R 5 4 3 ♣ D 10 6 4
	♠ A R 10 7 6 5 ♥ 9 8 ♦ 10 6 2 ♣ R 7	

Vous jouez 4 Piques en Sud. Ouest entame de l'As de Cœur suivi du Roi et du 10 que vous coupez en main. Vous purgez les atouts adverses en trois tours. Vous tentez alors l'impasse à Trèfle, puis l'impasse à Carreau. Toutes deux échouent.

Comment auriez-vous pu gagner à coup sûr ?

Soyez au mort après avoir joué le troisième tour d'atout et jouez votre dernier Cœur. Est est en main. Au lieu de couper, défaussez un Carreau perdant. Est est alors contraint de livrer soit l'impasse à Trèfle, soit l'impasse à Carreau.

Avec un coup à blanc

♠ A V 9 8
♥ D 10
♦ D 7 6 2
♣ A V 7

N
O E
S

♠ R D 10 7 5 4
♥ 3
♦ A 4 3
♣ R 10 6

Contrat final : 4 Piques joué par Sud. Ouest entame de l'As de Cœur, suivi du Roi. Comment gagner à 100 % ?

Ayant perdu une levée à Cœur, vous ne devez en perdre que deux dans les couleurs mineures. À cette fin, coupez le deuxième Cœur et éliminez les atouts. Jouez ensuite As de Carreau et petit Carreau des deux mains. La situation est la suivante :

	♠ 8 ♥ ♦ D 7 ♣ A V 7	
♠ ♥ V 9 8 ♦ ♣ D 5 4	N O E S	♠ ♥ 7 ♦ R 10 ♣ 9 3 2
	♠ 10 7 ♥ ♦ 3 ♣ R 10 6	

- Si Ouest est en main, il doit soit affranchir un Carreau de Nord s'il joue Carreau, soit livrer la Dame de Trèfle s'il joue Trèfle, soit encore jouer Cœur dans coupe et défausse.
- Si Est est en main, la fin de coup est exactement la même.

Perdante sur perdante

La manœuvre « perdante sur perdante » a permis de gagner les deux contrats précédents. Elle a aussi de nombreuses applications défensives.

Pour couper les communications avec l'adversaire dangereux

	♠ A V 9 8 ♥ 7 6 ♦ D 10 ♣ A R 7 3 2	
♠ 6 ♥ A D 10 9 8 ♦ A R V 7 6 ♣ V 8	N O E S	♠ 2 ♥ V 5 3 2 ♦ 9 8 5 4 2 ♣ D 10 9
	♠ R D 10 7 5 4 3 ♥ R 4 ♦ 3 ♣ 6 5 4	

Contrat final : 4 Piques joué par Sud. Ouest entame de l'As de Carreau, suivi du Roi.

Quatre perdantes : un Carreau, un Trèfle et deux Cœurs si l'As de Cœur est en Ouest. Vous pouvez éviter cette impasse indirecte à l'As de Cœur, à condition de défausser un Trèfle perdant de votre main au lieu de couper le Roi de

Carreau. Ouest rejoue atout (ou Trèfle s'il n'a pas d'atout). Vous affranchissez les Trèfles par la coupe. Si les Trèfles ne se libèrent pas (Piques 2/0 et Trèfles 4/1), il vous reste la ressource de l'impasse indirecte à l'As de Cœur.
Si vous aviez coupé le Roi de Carreau, vous auriez dû, en jouant Trèfle, rendre la main à Est qui vous aurait traversé à Cœur.

Le coup du ciseau

Exercice

	♠ 9 8 2 ♥ R 7 6 ♦ D 10 9 8 ♣ A 3 2	
♠ R 4 3 ♥ A D 10 9 8 ♦ A ♣ V 8 7 4	N O E S	♠ ♥ V 5 4 3 2 ♦ 5 4 3 2 ♣ R D 10 9
	♠ A D V 10 7 6 5 ♥ ♦ R V 7 6 ♣ 6 5	

Vous jouez 4 Piques en Sud après que Ouest a ouvert de 1 ♥ et Est a fitté à 4 ♥. Ouest entame de l'As de Carreau et rejoue petit Trèfle. À vous.

Au lieu des quatre perdantes rituelles, il n'y en a que trois : un Carreau, un Trèfle et un Pique. Toutefois l'As de Carreau semble être un singleton. Si le Roi de Pique est troisième en Ouest, celui-ci rejouera Trèfle pour donner la main à son partenaire. Est s'empressera de rejouer Carreau pour une coupe d'Ouest et la chute.
La parade : en main avec l'As de Trèfle, Nord joue le Roi de Cœur et défausse le Trèfle perdant de Sud. Ouest ne fera plus que son As de Cœur et son Roi de Pique. Si par malheur l'As de Cœur est en Est, Sud le coupe et joue As et Dame de Pique, espérant un partage 2/1 de la couleur. Cette variante de *perdante sur perdante* s'appelle coup du ciseau puisqu'elle coupe les communications entre les deux adversaires.

Pour ne pas raccourcir sa main longue

♠ A 4 3 ♥ 7 6 ♦ R D V 10 7 ♣ A 7 3	
N O E S	
♠ R D V 10 7 ♥ 4 ♦ 5 4 3 ♣ R 6 5 4	

Contrat final : 4 Piques joué par Sud. Ouest entame de l'As de Cœur, suivi du Roi.

Vous coupez de votre main et capturez les atouts adverses. Si ceux-ci sont 4/1, vous n'aurez plus d'atout quand vous entreprendrez l'affranchissement de votre longue à Carreau, et vous assisterez impuissant au défilé du bataillon des Cœurs adverses : entre un et trois de chute. Le remède : refuser de couper le deuxième Cœur et défausser un petit Trèfle. Si Ouest insiste dans la couleur, couper de la main courte, battre atout, donner l'As de Carreau et tabler.

Pour ne pas être surcoupé (transfert de coupe)

	♠ A 4 3 2 ♥ 6 5 ♦ V 7 6 5 4 ♣ V 3	
♠ 6 ♥ D V 10 9 8 ♦ R D ♣ R D 8 7 4	N O E S	♠ 9 8 5 ♥ 3 2 ♦ A 10 9 8 ♣ 10 9 5 2
	♠ R D V 10 7 ♥ A R 7 4 ♦ 3 2 ♣ A 6	

Contrat final : 4 Piques joué par Sud, Ouest ayant ouvert de 1 ♥. Ouest entame de la Dame de Cœur.

Dix levées sur table si les atouts adverses sont 2/2, les deux Cœurs perdants de Sud étant coupés au mort. Si les atouts sont 3/1, un des Cœurs perdants sera surcoupé pour un de chute. La solution : tirer un seul coup d'atout de sa main, puis jouer le Roi de Cœur et un petit Cœur. Au lieu de couper, défausser le Trèfle perdant (transfert de coupe). Ensuite, le dernier Cœur perdant sera coupé gros et le 6 de Trèfle coupé petit. Vous aurez ainsi 10 levées dans votre musette : 5 atouts de longueur, 2 atouts de coupe, 2 Cœurs et 1 Trèfle.

Mort inversé : couper de la main longue

Dans les contrats à la couleur, on cherche généralement à couper une carte perdante appartenant à la main longue avec un petit atout de la main courte. Si l'on a 5 atouts dans la main longue et 3 dans la main courte, on aura ainsi réalisé, au final, cinq atouts de longueur et un atout de coupe, soit six levées. Le mort inversé est la manœuvre inverse : en quelques occasions, ne pouvant rien couper avec les atouts de la main courte, on coupe trois perdantes appartenant à la main courte avec **trois atouts de la main longue**. Si les trois atouts de la main courte suffisent pour purger les atouts adverses, on obtiendra, là aussi, un total de six levées d'atout : trois levées de longueur et trois levées de coupe. La condition pour réaliser un mort inversé : avoir 4 remontées au mort, 3 pour effectuer les 3 coupes, et une pour jouer le dernier atout maître du mort.

Avec de gros atouts dans la main courte

	♠ R D V ♥ A 6 5 4 ♦ A 7 3 ♣ A 8 6	
♠ 9 8 5 ♥ D 10 9 8 ♦ R V ♣ V 9 5 2	N O E S	♠ 6 4 ♥ R V 7 2 ♦ D 10 9 4 ♣ D 10 3
	♠ A 10 7 3 2 ♥ 3 ♦ 8 6 5 2 ♣ R 7 4	

Contrat final : 4 Piques joué par Sud. Ouest entame du 9 de Pique sur lequel tout le monde fournit.

As de Cœur, puis petit Cœur coupé. Vous remontez au mort à l'atout et constatez avec jubilation que tout le monde fournit. Vous coupez votre deuxième petit Cœur avec le 10 de Pique et remontez avec l'As de Trèfle. Vous coupez votre dernier petit Cœur avec l'As de Pique devenu sec. Il vous reste une remontée, l'As de Carreau qui vous permet de capturer le dernier atout du flanc. Vous aurez ainsi réalisé 10 levées : 3 gros atouts du mort, 3 atouts en coupe de Sud et, par ailleurs, 3 As et 1 Roi.

Avec un coup à blanc dans une couleur d'atout anémique

Encore plus rare que la précédente, cette manœuvre se pratique quand il manque trois honneurs dans la couleur d'atout.

EXERCICE

	♠ A 8 5 ♥ V 9 ♦ A D 8 3 ♣ A 10 8 5	
♠ R D V ♥ R D 10 8 ♦ 7 6 ♣ R V 7 6	N O E S	♠ 9 4 ♥ 5 4 3 2 ♦ 10 9 4 ♣ D 9 4 2
	♠ 10 7 6 3 2 ♥ A 7 6 ♦ R V 5 2 ♣ 3	

Contrat final : 4 Piques joué par Sud. Ouest entame du Roi de Pique, ce qui contrarie votre dessein de couper un petit Cœur avec un atout du mort. Avez-vous un plan de rechange ?

Duquez le Roi de Pique et prenez la Dame qui le suit, laissant traîner un atout maître dehors. Pour atteindre un total de dix levées, il vous suffit de couper trois petits Trèfles avec trois petits Piques, qui s'ajouteront aux deux As majeurs et aux quatre Carreaux maîtres. Si le flanc coupe ou surcoupe, le troisième atout du mort sera promu et donnera la dixième levée.

Cette manœuvre de mort inversé, fondée sur un coup à blanc à l'atout, est très différente de la précédente où le déclarant disposait de tous les atouts maîtres.

Dans un contrat partiel

♠ A 8
♥ V 9 5 4
♦ 9 8 3 2
♣ A 9 8

N
O E
S

♠ R 7 6 3 2
♥ 7
♦ A R 5
♣ R 7 5 4

Contrat final : 2 Piques joué par Sud. Ouest entame de la Dame de Trèfle.

Vous avez tellement de perdantes qu'il est plus simple, pour une fois, de compter vos levées sûres : 3 As et 3 Rois, plus, sans doute, un Pique de longueur vous amènent à 7 levées. La huitième pourrait venir d'un partage à Pique ou à Trèfle. Il est beaucoup plus sûr de prendre la Dame de Trèfle en main et d'ouvrir la coupe à Cœur. Vous prenez au mort tout retour subséquent et à deux reprises, coupez un petit Cœur du mort avec un atout de la main longue. Vous ferez ainsi 8 levées : 2 As et 2 Rois mineurs, As et Roi de Pique, et 2 petits atouts de Sud réalisés en coupe.

Le coup en passant

Ce coup s'apparente à un mort inversé. Le déclarant, ayant constaté le mauvais partage des atouts, tente de réaliser tous les petits atouts de la main longue. Cette manœuvre n'est possible que si l'atout maître du flanc est placé **avant** les petits atouts du déclarant. S'il est placé après, son possesseur aura tôt fait de surcouper, privant le déclarant de la levée escomptée.

	♠ 6 5 ♥ R 5 4 3 ♦ A 7 6 2 ♣ A 7 2	
♠ 4 2 ♥ D V 10 9 ♦ R D V 10 9 ♣ D V	N O E S	♠ V 10 9 8 ♥ 8 7 2 ♦ 4 ♣ 10 8 6 5 4
	♠ A R D 7 3 ♥ A 6 ♦ 8 5 3 ♣ R 9 3	

Contrat final : 4 Piques joué par Sud, Ouest ayant ouvert de 1 ♦. Ouest entame du Roi de Carreau.

Vous prenez de l'As et jouez la tierce majeure à Pique. Les atouts s'avèrent 4/2. Par chance le Valet de Pique quatrième du flanc est en Est, c'est-à-dire placé avant votre main longue.

	♠ ♥ R 5 4 3 ♦ 7 6 ♣ A 7 2	
♠ ♥ D V 10 9 ♦ D V 10 ♣ D V	N O E S	♠ V ♥ 8 7 2 ♦ ♣ 10 8 6 5 4
	♠ 7 3 ♥ A 6 ♦ 8 5 ♣ R 9 3	

Voici la situation à neuf cartes. Vous jouez As, Roi et petit Cœur coupé, puis Roi de Trèfle, et As de Trèfle pour remonter au mort. Vous présentez alors le dernier Cœur. Si Est coupe de son Valet de Pique maître, vous défaussez une perdante et réaliserez plus tard votre dernier atout. Si Est préfère défausser, vous faites votre 7 de Pique en passant.

Notez que, par précaution, Sud doit jouer le Roi de Trèfle avant de remonter avec l'As. Quand on fait le coup en passant, il faut d'abord encaisser ses levées maîtresses de peur de se les faire couper par la suite.

Le clash

Quand l'As et le Roi d'atout sont dehors, il est souvent plus urgent d'établir sa couleur secondaire que de battre atout. Même si la manœuvre échoue, on a une chance de surcouper plusieurs fois un des adversaires jusqu'à ce que le premier coup d'atout marie l'As d'un adversaire avec le Roi de son partenaire.

	♠ V 9 6 5 ♥ D V 10 8 6 ♦ A 5 ♣ A 6	
♠ R ♥ 9 7 4 3 ♦ D V 10 9 ♣ D 10 8 7	N O E S	♠ A 3 2 ♥ A 2 ♦ 6 4 2 ♣ R 9 5 4 2
	♠ D 10 8 7 4 ♥ R 5 ♦ R 8 7 3 ♣ V 3	

Contrat final : 4 Piques joué par Sud. Ouest entame de la Dame de Carreau.

Quatre perdantes, dont un Trèfle qu'on peut éventuellement défausser sur un Cœur. Jouer atout plombe le contrat : à la vue du mort le flanc contre-attaquera Trèfle. Ayant pris l'entame du Roi de Carreau de votre main, vous vous précipitez sur les Cœurs, en les espérant 3/3. Le flanc encaisse l'As de Cœur et contre-attaque Trèfle. Vous jouez un Cœur affranchi du mort, hélas coupé par Est. Sans vous décourager, surcoupez, remontez au mort à Carreau et présentez un quatrième Cœur. Est est sans défense.

Est ne peut couper de l'As de Pique, car vous évacueriez votre Trèfle perdant. Comme il a un deuxième petit Pique, il coupe de nouveau. Vous surcoupez et jouez enfin atout : l'As embrasse le Roi. Cette étreinte s'appelle un clash. Vous aurez perdu un Cœur, un Trèfle et un Pique. Notez que, vu le gisement des Cœurs, dès qu'Est a un gros atout, sec, second ou troisième, votre contrat est assuré.

Lutter contre le raccourcissement

Quand on fait son plan de jeu, il faut envisager, et si possible pallier, une répartition 4/1 des atouts adverses.

	♠ A 6 5 ♥ A R D V ♦ 9 7 6 ♣ 9 7 2	
♠ V 9 8 4 ♥ 9 7 ♦ A R D V 10 ♣ 5 3	N O E S	♠ 2 ♥ 10 6 4 3 2 ♦ 5 4 2 ♣ D V 10 8
	♠ R D 10 7 3 ♥ 8 5 ♦ 8 3 ♣ A R 6 4	

Contrat final : 4 Piques joué par Sud. Ouest entame de la tierce majeure à Carreau.

Vous faites vos comptes : vous n'avez plus que deux perdantes à Trèfle qui s'évanouiront sur deux Cœurs maîtres. Ce n'est pourtant pas le moment d'étaler votre jeu en disant « plus 1 ! ». Il ne vous reste que quatre atouts en main. Pour capturer un éventuel Valet quatrième d'Est, vous pensez au classique maniement de sécurité : Roi de Pique puis As de Pique. Pas de chance, le Valet est en Ouest. Vous le laissez traîner et attaquer les Cœurs pour défausser vos Trèfles perdants. Ouest coupe le troisième Cœur et vous ne pourrez pas évacuer votre dernier petit Trèfle. Un de chute (2 Carreaux, 1 atout et 1 Trèfle).

Il faut remplacer le jeu de sécurité à l'atout par un autre : conserver l'As de Pique comme remontée. Tirez Roi et Dame de Pique. Si les atouts sont 4/1, stoppez la purge et jouez Cœur à fond. Le flanc coupe quand il veut. L'As de Pique vous servira à extraire le dernier atout et jouer le dernier Cœur maître.

Les contrats de manche à sept atouts

Il est frustrant d'avoir beaucoup de jeu dans une ligne mais pas d'arrêt dans une couleur, ni de beau fit dans une majeure : il faut alors se résoudre à jouer une manche en 4/3 à Cœur ou à Pique. Dans ce cas, mieux vaut ne pas perdre le contrôle de la couleur d'atout.

♠ A 10 5
♥ 4 3 2
♦ 9 7
♣ A R D 3 2
N
O E
S
♠ R D V 4
♥ 8 5
♦ A 8 6 5
♣ V 10 6

Contrat final : 4 Piques joué par Sud. Le flanc étant intervenu à Cœur, vous avez renoncé à jouer 3 Sans-Atout, votre contrat de prédilection. Ouest joue As, Roi et Dame de Cœur. Que faites-vous ?

Si vous coupez en Sud, vous n'aurez plus que 3 atouts en main. Les Piques étant, comme souvent, 4/2 en flanc, vous allez chuter de trois levées. Il faut donc défausser un Carreau sur le troisième Cœur. Si Ouest rejoue un quatrième Cœur, vous coupez maître du mort, purgez les atouts adverses et tirez vos six cartes mineures maîtresses.

Exercice

♠ 6 5 2
♥ 4 2
♦ 9 7 6
♣ A R D V 2
N
O E
S
♠ A R D 4
♥ 8 5 3
♦ A R 5
♣ 7 6 3

Contrat final : 4 Piques joué par Sud, Ouest ayant ouvert de 1 ♥. Ouest joue As de Cœur et Roi de Cœur, puis petit Carreau pour la Dame d'Est. Quel est votre plan de jeu ?

Couper un petit Cœur de Sud avec un Pique du mort, puis tirer la tierce majeure à Pique vous permet de réaliser 11 levées si les Piques adverses sont 3/3. Avec les Piques 4/2, en revanche, vous en réaliserez beaucoup moins : le flanc va couper le troisième tour de Trèfle, tuant votre mort, si on peut dire. La solution, contraire à tous les canons du bridge, est de faire un coup à blanc à l'atout. Vous ferez ainsi 3 Piques, 5 Trèfles et 2 Carreaux.

EXERCICE

♠ A 5 2
♥ D 8 5 3 2
♦ D 6
♣ 4 3 2
N
O E
S
♠ R D 4 3
♥ A
♦ A R V 7 5 3
♣ 10 6

Contrat final : 4 Piques joué par Sud. Ouest joue As, Roi et Dame de Trèfle. Coupez-vous ce troisième tour de Trèfle ?

Oui, sinon vous chutez avec les Piques 4/2 en flanc. Jouez ensuite As et Roi de Pique, conservant un petit Pique au mort comme chien de garde (tout le monde a fourni). Enfin défilez vos bons Carreaux. Le flanc coupe quand il veut et vous rend la main. Vous capturez alors le dernier atout dehors et faites le reste des levées. Vous notez avec satisfaction que 5 Carreaux auraient chuté, les Piques étant 4/2.

Lutter contre la promotion d'un atout du flanc

♠ R 9 2
♥ 9 8 4 3
♦ A D
♣ A D 10 9
N
O E
S
♠ D V 5 4 3
♥ A 5
♦ V 6 5
♣ R V 6

Contrat final : 4 Piques joué par Sud, Est ayant ouvert de 1 ♥. Ouest entame du Valet de Cœur que vous prenez de votre main. Vous avez 27 points en tout. Est, ayant ouvert, a donc tout le reste. Craignant que Est n'ait l'As de Pique sec, vous remontez au mort à Trèfle et présentez le 2 de Pique pour votre Dame, les deux adversaires fournissant petit. Et maintenant ?

Ragaillardi par le bon partage apparent des Piques, ne rejouez pas petit Pique vers le Roi du mort. Est prendrait et jouerait Cœur et Cœur, ce qui promouvrait un Pique d'Ouest. Remontez plutôt au mort à Trèfle et lobez de nouveau Est en présentant le 9 de Pique. Est plonge de l'As et joue Cœur et Cœur. Coupez gros, ratissez le dernier atout avec le Roi de Pique et jouez vos deux Trèfles maîtres, défaussant un Carreau perdant. Vous aurez perdu un Pique, un Cœur et un Carreau.

Le raccourcissement volontaire ou réduction d'atout

En de très rares occasions, on peut capturer un Roi d'atout qui paraît imprenable. Cette manœuvre ne fonctionne que si, en fin de coup, le déclarant a le même nombre d'atouts que l'adversaire à qui il reste le Roi second.

	♠ V 10 ♥ A R 9 5 4 ♦ 9 7 6 ♣ A R 2	
♠ 6 ♥ 10 6 3 2 ♦ A R D ♣ 9 8 7 5 3	N O E S	♠ R 8 5 4 ♥ D V 7 ♦ V 10 5 4 ♣ V 10
	♠ A D 9 7 3 2 ♥ 8 ♦ 8 3 2 ♣ D 6 4	

Contrat final : 4 Piques joué par Sud. Ouest entame de la tierce majeure à Carreau et rejoue Cœur pour votre Roi.

Vous avancez le Valet de Pique. Ô joie, il reste maître. Puis le 10 de Pique. Ô désespoir, Ouest ne fournit pas. Ne jetez pas votre jeu en maugréant « un de chute » sous prétexte qu'Est a conservé son Roi second, mais tentez une réduction d'atout. Jouez petit Cœur du mort que vous coupez. Remontez au mort avec le Roi de Trèfle et coupez un deuxième petit Cœur.

	Nord	
	♠	
	♥ A 9	
	♦	
	♣ A 2	
Ouest	N	**Est**
♠	O E	♠ R 8
♥ 10	S	♥
♦		♦ V
♣ 9 8 7		♣ V
	Sud	
	♠ A D	
	♥	
	♦	
	♣ D 6	

Voici la situation à quatre cartes. Vous êtes en main. Jouez le 6 de Trèfle vers l'As du mort. Vous êtes à trois cartes. Vous jouez l'As de Cœur du mort. Si Est coupe, vous surcoupez, tirez l'As d'atout et la Dame de Trèfle maîtresse. Si Est défausse, vous défaussez vous aussi. Au départ, vous aviez deux atouts de plus qu'Est. Il vous a fallu deux remontées pour vous raccourcir deux fois, plus une troisième pour forcer le Roi d'atout à deux cartes de la fin. Notez que si, une fois ses Carreaux encaissés, Ouest avait contre-attaqué Trèfle plutôt que Cœur, vous auriez chuté, faute d'une communication pour vous raccourcir. La réduction d'atout est spectaculaire, mais elle fonctionne rarement, l'adversaire long en atouts ayant tendance à couper une des remontées.

La manœuvre de Milton Work

Dans un exercice de *Élimination et placement de main*, page 88, nous avons vu qu'à Sans-Atout, jouer sous un honneur second (contre-temps) permet, dans des cas très rares, soit de libérer une couleur, soit de voler une levée. À la couleur, le contretemps, aussi appelé manœuvre de Milton Work, est plus fréquent, le flanc étant menacé de se faire couper son As s'il ne le joue pas.

♠	8 7 4
♥	A 9 5
♦	A 9 8 3
♣	D 8 3

N
O E
S

♠	D V 10 9 6 5 2
♥	R 6 3 2
♦	
♣	R 6

Contrat final : 4 Piques joué par Sud après que Ouest a ouvert de 1 Sans-Atout. Ouest entame de la Dame de Carreau.

Les enchères et l'entame donnent à Sud des indications précieuses. Ouest n'a pas le Roi de Carreau. Il a donc l'As de Trèfle pour justifier son ouverture de 1 Sans-Atout.
Sud constate qu'il a 4 perdantes inéluctables : 2 Piques, 1 Cœur et 1 Trèfle. Pourtant, l'As de Trèfle étant en Ouest, une de ces perdantes peut être escamotée. Le déclarant ne couvre pas la Dame de Carreau, n'ayant aucune défausse intéressante. Il la coupe en main et joue le 6 de Trèfle, séchant ainsi son Roi. Ouest est devant un dilemme :
- s'il plonge de l'As, il libère le Roi et la Dame de Trèfle, celle-ci permettant de défausser un Cœur perdant. Dans ce cas, l'As de Carreau permettra la défausse du deuxième Cœur perdant ;
- s'il ne plonge pas, Nord fait sa Dame et défausse le Roi de Trèfle sur l'As de Carreau. Il ne perdra plus que 2 atouts et un Cœur (le quatrième Cœur sera coupé ultérieurement).

Exercice

♠	A 8
♥	V 9 2
♦	A D 8 3
♣	10 5 4 2

N
O E
S

♠	R D V 10 3
♥	A D 10
♦	R 7
♣	A V 3

Vous jouez 6 Piques en Sud avec peu de points et peu d'atouts. Ouest a la gentillesse d'entamer du Roi de Trèfle, affichant sa Dame et vous offrant votre onzième levée (le 10 de Trèfle). Où allez-vous trouver la douzième ?

Vous prenez l'entame de votre As et battez atout. Ensuite, vous avancez non pas le Valet de Trèfle, mais le 3. Si Ouest plonge, vous avez deux Trèfles affranchis. Sur le 10, vous défausserez un Cœur perdant et, sur la Dame de Carreau, le deuxième Cœur perdant.

Si Ouest ne plonge pas, vous effacez le Valet de Trèfle sur la Dame de Carreau et vous faites l'impasse forçante à Cœur. Peu vous importe qu'elle réussisse ou qu'elle échoue.

Le squeeze à l'atout

Le squeeze à l'atout est une manœuvre extrêmement rare où le déclarant a conservé un atout **en face de la main** qui enclenche le squeeze. Soit cet atout sert à affranchir, par la coupe, une carte de la main opposée, soit il sert de rentrée pour accéder à une carte devenue maître.

	♠ 7 2 ♥ 8 7 6 ♦ A R 9 5 3 ♣ V D 6 5	
♠ 6 5 ♥ A R D 10 8 5 ♦ 6 2 ♣ 10 8 6	N O E S	♠ 9 4 3 ♥ 9 ♦ D 10 9 ♣ R V 7 4 3 2
	♠ A R D V 10 8 ♥ V 9 4 ♦ V 8 7 ♣ A	

Ouest a ouvert de 2 ♥ faible (six cartes à Cœur, moins de 10 points). Contrat final : 4 Piques joué par Sud sur l'entame de As, Roi et Dame de Cœur suivi du Dix de Trèfle.
Ouest ayant montré 9 points à Cœur, Les points restants (Dame de Carreau et Roi-Valet de Trèfle) sont en Est.

Si Sud tire ses 6 atouts, on reste à 3 cartes et Est n'est pas squeezé : selon les défausses du mort, il garde 2 Carreaux et le Roi de Trèfle ou la Dame de Carreau troisième. Donc Sud ne tire que 5 atouts. Voici la situation à 4 cartes :

	♠ ♥ ♦ A R ♣ D 6	
♠ ♥ ♦ 6 2 ♣ 8 6	N O E S	♠ ♥ ♦ D 10 9 ♣ R
	♠ 8 ♥ ♦ V 8 7 ♣	

Sud joue Carreau et coupe le 6 de Trèfle, libérant sa Dame qu'il vient quérir grâce au Roi de Carreau. Si Est a gardé 2 Trèfles et 2 Carreaux.
Le déclarant tire As-Roi de Carreau et coupe un Trèfle pour jouer son Valet de Carreau devenu maître. Le coup n'est pourtant pas à 100 %, Sud ne pouvant savoir à coup sûr combien de Carreaux et de Trèfles Est a gardés.
À noter que si on inverse les jeux d'Est et Ouest, le détenteur des honneurs mineurs est victime d'un squeeze simple : sur le sixième Pique, il doit défausser une carte mineure et Nord défausse en conséquence.

Coup gagné par Forquet dans un championnat d'Italie

	♠ R 2 ♥ A R D V 4 ♦ A 5 4 ♣ A 5 2	
♠ 6 ♥ 9 8 7 6 5 3 ♦ 9 8 7 6 ♣ 10 8	N O E S	♠ 9 8 5 4 ♥ 10 ♦ R V 10 ♣ R D V 9 7
	♠ A D V 10 7 3 ♥ 2 ♦ D 3 2 ♣ 6 4 3	

Contrat final : 7 Piques joué par Sud après une intervention à Trèfle d'Est. Ouest entame du 10 de Trèfle pris par l'As du mort. Ouest ne fournit qu'une fois à l'atout. Compte tenu du singleton affiché et du doubleton présumé d'Ouest, compte tenu aussi de l'intervention d'Est, Forquet a renoncé à espérer un bon partage des Cœurs. D'autre part il a localisé les deux Rois manquants en Est.

Ayant pris l'entame avec son As de Trèfle, Forquet a joué cinq fois Pique, défaussant deux petits Carreaux et le petit

Cœur du mort. Puis il a joué 3 Cœurs, défaussant un petit Carreau et un petit Trèfle de sa main.

	♥ V ♦ A ♣ 5 2	
♠ ♥ 9 ♦ 9 8 ♣ 8	N O E S	♠ ♥ ♦ R V ♣ R D
	♠ 3 ♥ ♦ D 3 ♣ 6	

Voilà la situation à quatre cartes. En Nord, un As, deux Trèfles perdants et le Valet de Cœur qui est la squeezante. En Sud, le dernier atout (le petit Pique), une menace (la Dame de Carreau seconde), et un Trèfle perdant. Est, l'adversaire à squeezer, possède le Roi second menacé et deux Trèfles maîtres. L'atout sert soit à accéder à la Dame de Carreau libérée, soit à couper une des deux perdantes pour affranchir la deuxième. Nord joue le Valet de Cœur et défausse son Trèfle perdant.

- Si Est défausse son Valet de Carreau, Sud joue son As de Carreau et coupe un Trèfle pour aller quérir la Dame de Carreau affranchie.
- Si Ouest défausse un gros Trèfle, Sud coupe un petit Trèfle et rentre chez lui avec l'As de Carreau pour encaisser son Trèfle affranchi.

Comme dans la donne précédente, si on inverse les jeux d'Est et Ouest, Ouest est victime d'un squeeze simple sur le sixième Pique de Sud.

Dans la gueule du loup

	♠ 10 5 2 ♥ A R 4 ♦ 9 8 6 ♣ 9 8 6 5	
♠ R D 4 ♥ 10 6 5 ♦ A D 5 ♣ D 10 7 2	N O E S	♠ 9 8 7 6 ♥ 9 8 3 ♦ R 7 4 3 ♣ 4 3
	♠ A V 3 ♥ D V 7 2 ♦ V 10 2 ♣ A R V	

Les enchères :

Ouest	*Nord*
Est	*Sud*
1 ♣	*Passe*
Passe	*2 SA*
Passe	*3 SA…*

Vous jouez 3 Sans-Atout en Sud sur l'entame du 2 de Trèfle. Vous n'avez que 24 points et l'affaire se présente mal car la neuvième levée est chimérique. Comment allez-vous tenter de cambrioler ce coup ?

Si après avoir fait la levée du Valet de Trèfle vous tirez vos quatre Cœurs, Ouest n'aura aucun mal à trouver la bonne défense pour vous faire chuter. Donc, à la deuxième levée, montez au mort à Cœur, puis jouez petit Carreau pour votre Valet. Ouest, en main avec la Dame de Carreau, pense que vous détenez quatre Carreaux par Roi-Valet-10. Il joue donc le Roi de Pique pour ouvrir la couleur. Vous duquez sans hésiter. Ouest est piégé une seconde fois : il est persuadé que si vous aviez eu As et Valet de Pique, vous auriez pris son Roi pour établir ultérieurement une deuxième levée à Pique. Ouest rejoue donc sa Dame et vous réalisez 2 Piques, 4 Cœurs et 3 Trèfles.

Baissez votre garde pour attirer l'adversaire

Le principe d'économie peut être enfreint pour piéger l'entameur.

	♠ 9 5 ♥ 10 8 ♦ R D 10 9 8 4 ♣ A R 8	
♠ R 10 8 6 4 ♥ A V 9 2 ♦ A 6 ♣ 5 3	N O E S	♠ V 7 3 ♥ R D 4 3 ♦ 7 3 ♣ 10 7 6 4
	♠ A D 2 ♥ 7 6 5 ♦ V 5 2 ♣ D V 9 2	

Contrat final : 3 Sans-Atout joué par Sud après une ouverture d'Ouest de 1 ♠, soutenue par Est au palier de 2 ♠. Ouest entame du 6 de Pique pour le 5 du mort et le Valet d'Est.

Sud prend de l'As (au lieu de la Dame) et joue Carreau. Ouest prend la main au deuxième tour de Carreau. Il rejoue petit Pique, persuadé que son partenaire a la Dame. Sud prend et aligne 11 levées. Bien joué, mais risqué. Si c'est Est qui a l'As de Carreau, Sud va exploser, chutant de 5 levées : Est-Ouest feront l'As de Carreau, 4 Piques et 4 Cœurs.

Ne pas réveiller la Dame

Ne pas monter en second est un principe de base de la défense. On peut parfois jouer sur ce réflexe pour éviter de donner la main à l'adversaire dangereux.

	♠ D 2 ♥ A 6 5 4 ♦ R 3 2 ♣ A 10 7 6	
♠ R 9 8 7 6 ♥ D 10 8 7 ♦ A 4 ♣ V 8	N O E S	♠ 5 4 3 ♥ V 3 2 ♦ D 8 7 ♣ D 5 4 3
	♠ A V 10 ♥ R 9 ♦ V 10 9 6 5 ♣ R 9 2	

Contrat final : 3 Sans-Atout joué par Sud. Ouest entame du 7 de Pique pour la Dame de Nord qui reste maître.

Le contrat semble dépendre de la position de la Dame de Carreau, que vous allez tenter de prendre en impasse en rentrant chez vous avec le Roi de Trèfle. La Dame étant mal placée, vous allez chuter.

Pour gagner, il faut présenter le 2 de Carreau du mort à la seconde levée. Il sera presque impossible à Est de plonger de la Dame pour battre le coup. Ouest prend votre Valet de Carreau de son As et n'a pas de bonne contre-attaque : vous pourrez donner la Dame de Carreau en toute quiétude.

Inciter le flanc à jouer atout

	♠ A 2 ♥ 4 3 2 ♦ A 6 ♣ 10 9 8 7 6 5	
O	N S	E
	♠ R V 10 9 8 7 ♥ A R 5 ♦ 10 8 ♣ A 2	

Pour capturer une Dame d'atout, on peut parfois ouvrir une coupe imaginaire.

Contrat final : 4 Piques joué par Sud. Ouest entame du Roi de Carreau.

Une perdante dans chaque couleur, et un choix douloureux pour trouver la Dame d'atout. Rejouez Carreau immédiatement, Ouest va peut-être jouer Pique pour vous priver d'une coupe du mort.

Faire cadeau d'une levée dans une couleur pour affranchir une autre couleur

	♠ R D 10 9 7 ♥ 8 6 ♦ V 10 5 ♣ R 8 4	
♠ 8 6 2 ♥ D V 10 9 ♦ A D 2 ♣ V 6 2	N O E S	♠ 5 3 ♥ 7 4 3 2 ♦ R 6 4 3 ♣ D 10 3
	♠ A V 4 ♥ A R 5 ♦ 9 8 7 ♣ A 9 7 5	

Contrat final : 4 Piques joué en Sud. Ouest entame de la Dame de Cœur.

Quatre levées perdantes dans les mineures semblent inéluctables. Même si les Trèfles adverses sont 3/3, le flanc encaissera ses Carreaux maîtres dès qu'il prendra la main à Trèfle. La solution : duquer la Dame de Cœur. Ouest, qui n'est pas devin, insiste à Cœur. Sud joue As et Roi de Cœur, sur lequel il défausse un Trèfle. Il joue ensuite Roi et As de Trèfle et coupe un Trèfle, affranchissant ainsi la couleur. Le déclarant purge alors les atouts et, sur son treizième Trèfle, défausse un Carreau perdant : quatre Piques cambriolés.

En flanc, inciter le déclarant à se tromper d'impasse

	♠ 9 6 ♥ A R 8 ♦ D V 10 ♣ V 9 8 7 6	
♠ A D 4 ♥ D V 10 9 ♦ 8 7 6 ♣ 5 3 2	N O E S	♠ 5 3 ♥ 4 3 2 ♦ R 9 4 3 ♣ R D 10 4
	♠ R V 10 8 7 2 ♥ 7 6 5 ♦ A 5 2 ♣ A	

Contrat final : 4 Piques joué en Sud. En Ouest, vous entamez de la Dame de Cœur prise par le Roi de Nord. Le déclarant joue le 9 de Pique du mort qu'il laisse filer.
À vous.

Si vous prenez normalement de la Dame pour rejouer Cœur, Sud va prendre sa chance de gagner son coup en faisant l'impasse à Carreau. En revanche, si vous prenez de l'As et rejouez Cœur, Sud va renoncer à l'impasse à Carreau pour refaire l'impasse à la Dame de Pique. Un de chute : deux Piques, un Cœur et le Roi de Carreau. Notez que ce stratagème est sans risque pour la défense.

Élémentaire, mon cher Culbertson !

10 coups d'anthologie et cependant logiques

Livraison différée

	♠ A 8 ♥ R 9 2 ♦ D 10 9 6 ♣ A R V 2	
♠ 9 6 4 ♥ D 10 6 5 ♦ R 8 7 2 ♣ 9 7	N O E S	♠ 5 2 ♥ A V 4 3 ♦ V 4 3 ♣ D 10 6 4
	♠ R D V 10 7 3 ♥ 8 7 ♦ A 5 ♣ 8 5 3	

Vous jouez 4 Piques en Sud avec une entame peu engageante du 9 de Trèfle. Quatre perdantes si tout va mal : deux à Cœur, une à Carreau et une à Trèfle. Quelle couleur jouer après avoir pris du Roi de Trèfle et battu atout ?

As de Carreau et petit Carreau en couvrant au plus juste la carte d'Ouest. Est est en main avec le Valet de Carreau. S'il renvoie Cœur ou Trèfle, il livre immédiatement. Il choisit donc Carreau que Sud ne coupe pas : il défausse un petit Cœur perdant. Ouest, en main avec le Roi de Carreau, s'empresse de contre-attaquer d'un honneur à Cœur. Nord monte, Est prend et rend les armes : le petit Trèfle perdant de Sud disparaîtra sur la Dame de Carreau du mort.

Prend la main qui veut

♠ A V 9 4
♥ V 8 5
♦ 8 3
♣ R V 5 4

N
O E
S

♠ R D 10 8 3 2
♥ A 10 6
♦ 7
♣ A 3 2

Vous jouez 4 Piques en Sud sur l'entame d'un petit Pique (Est fournit). Seul un coup technique très rare vous permet de jouer à 100 %.

Capturez le deuxième et dernier atout, tirez As et Roi de Trèfle et jouez petit Carreau. Le flanc prend et ne peut jouer Cœur ou Trèfle sans livrer. Il insiste donc à Carreau. Au lieu de couper, vous défaussez le petit Trèfle perdant de votre main, la position à 7 cartes devenant celle du diagramme ci-dessous.

♠ A V
♥ V 8 5
♦
♣ V 5

N
O E
S

♠ R D 8 3
♥ A 10 6
♦
♣

Le flanc joue Trèfle, ne pouvant jouer Cœur ou Carreau sans livrer immédiatement.

a) C'est Ouest qui joue un des deux Trèfles restants.

- Ce Trèfle est la Dame, Sud coupe, remonte à l'atout et joue le Valet de Trèfle devenu maître, sur lequel il défausse un Cœur perdant.
- Ce Trèfle est le petit. Nord couvre du Valet et défausse un Cœur perdant s'il reste maître. Si Est met la Dame sur le Valet, Sud coupe et défaussera un Cœur sur le 5 de Trèfle affranchi.

b) C'est Est qui joue un des deux Trèfles restants. Même scénario : Sud coupe ou défausse selon la hauteur de ce Trèfle.

Tout était mal placé, partenaire !

	♠ AV964 ♥ 654 ♦ AD3 ♣ R3	
♠ 7 ♥ 832 ♦ 10965 ♣ V9765	N O E S	♠ 5 ♥ DV1097 ♦ RV8 ♣ AD108
	♠ RD10832 ♥ AR ♦ 742 ♣ 42	

Vous jouez 4 Piques en Sud comme d'habitude, sauf que Est a ouvert de 1 ♥, affichant ainsi ses gros honneurs à Carreau et à Trèfle. Vous devez gagner, Ouest ayant entamé d'un petit Cœur. Après la purge des atouts, vous éliminez les Cœurs, en vue d'un classique « élimination placement de main ». Malheureusement Est ne peut être remis en main : dès que vous jouerez une mineure, Ouest intercalera. Alors ?

Qu'à cela ne tienne. Laissez Ouest en main à Trèfle en jouant le 2 vers le 3. Ouest ne peut jouer à la fois Trèfle et Carreau, il contre-attaque donc du 10 de Carreau. Vous plongez de l'As et rejouez le Roi de Trèfle. Est est en main et doit livrer la Dame de Carreau.

La traque du Roi de Pique

♠ 8 ♥ 864 ♦ V73 ♣ ARV652
N O E S
♠ ADV5 ♥ A75 ♦ ARD6 ♣ 43

Vous jouez 3 Sans-Atout en Sud après une ouverture d'Ouest de 3 ♥. Ouest entame du Roi de Cœur sur lequel Est ne fournit pas. Vous prenez de l'As de Cœur, tirez l'As de Trèfle en coup de sonde, rentrez chez vous par l'As de Carreau et rejouez petit Trèfle vers le Roi. Las ! Ouest ne fournit pas, si bien que les Trèfles sont inexploitables. Il semble que votre contrat dépende de la position du Roi de Pique. Pourtant votre contrat est à 100 % quelle que soit la position de ce Roi. Pourquoi ?

Ayant pris votre deuxième petit Trèfle du Roi, vous tirez 4 coups de Carreau, ce qui vous amène à un total de 7 levées. Il reste donc à Ouest 6 cartes en main, dont 5 Cœurs et un seul Pique : vous tirez votre As de Pique. Si l'unique Pique d'Ouest est le Roi, vous faites une levée de mieux. Si le Roi de Pique est en Est, vous jouez la Dame et affranchissez votre Valet : 3 Sans-Atout juste faits. Si Ouest avait défaussé 3 Cœurs pour conserver 4 Cœurs maîtres et 2 Piques, vous l'eussiez remis en main à Cœur pour qu'il vous livre la neuvième levée à Pique.

Retour à l'envoyeur

♠ 5 4 2
♥ R 8 6
♦ 7 5 4 3
♣ R V 6

N
O E
S

♠ A R D 6
♥ A 7 5 2
♦ A D
♣ A 10 7

Contrat final : 3 Sans-Atout joué par Sud. Ouest entame du 4 de Cœur pour la Dame d'Est. Chuter avec 30 points dans les deux mains serait ressenti par votre partenaire comme une provocation. Vous avez trois chances de gagner : le partage à Pique, l'impasse au Roi de Carreau et l'impasse à la Dame de Trèfle. Trouvez la quatrième chance, meilleure que les trois autres réunies.

Sur l'entame, vous avez localisé une longue à Cœur en Ouest. Prenez avec l'As. Vous tirez ensuite trois coups de Pique, sur lesquels Ouest ne fournit qu'une ou deux fois (s'il fournit trois fois, les Piques sont « ronds »). Puis vous remettez Ouest en main à Cœur. Quand il aura fait ses trois Cœurs maîtres, il vous livrera votre neuvième levée dans une de vos mineures. S'il a 5 Cœurs et 4 Piques, renoncez à la remise en main et faites l'impasse à Trèfle sur Est, marqué par une longue dans cette couleur.

Pendez-les petit et court

♠	V 10 9 5 3
♥	10 9 6 4 2
♦	D 8 3
♣	
	N
	O E
	S
♠	A D
♥	A R V
♦	A R V 9
♣	A R V 10

Contrat final : 6 Sans-Atout joué par Sud. Ouest entame du 10 de Carreau. Vous prenez habilement de chez vous pour ménager votre unique remontée. Ensuite que faire pour gagner à coup sûr ?

Si vous jouez As de Pique, puis Dame de Pique, le flanc ne prend pas : il jouera son Roi quand vous rendrez la main à Cœur pour un de chute. Les Cœurs sont plus prometteurs : vous gagnez si la Dame est seconde ; si elle est troisième, vous êtes à 11 levées et la réussite de l'impasse à Pique sera indispensable.

Pour gagner, attaquez les Piques petit et court : ne jouez pas l'As, mais la Dame. Le flanc duque. Ensuite, les Cœurs vous procurent 4 levées une fois que la Dame de Cœur a été encaissée par le flanc. Au total, 2 Piques, 4 Cœurs, 4 Carreaux et 2 Trèfles.

Petite anicroche, la Dame de Cœur, quatrième, a été conservée par le flanc. Tout n'est pas perdu : vous jouez As, Roi, puis Valet de Trèfle. Si le possesseur de la Dame de Trèfle n'a pas la Dame de Cœur, vous gagnez. Au total, vous aurez joué à 98 %.

Pour jouer à 100 %, il faut aussi attaquer les Cœurs petit et court : As, puis Valet (et non pas Roi). Si le flanc duque, vous reportez votre jeu sur le troisième tableau, celui des Trèfles. Pour la beauté du geste, jouez encore petit et court : le 10 de Trèfle plutôt que l'As… Total : 2 Piques, 3 Cœurs, 4 Carreaux et 3 Trèfles font 12.

Rentrée difficile

	♠ R D V ♥ A 6 5 ♦ R D V 2 ♣ A V 6	
♠ 10 8 4 2 ♥ R V 8 7 ♦ 8 7 ♣ R 9 8	N O E S	♠ 3 ♥ D 10 4 3 2 ♦ A 10 3 ♣ D 7 5 3
	♠ A 9 7 6 5 ♥ 9 ♦ 9 6 5 4 ♣ 10 4 2	

Contrat final : 4 Piques joué par Sud. Ouest entame du 2 de Pique, c'est-à-dire la couleur d'atout, pour le Roi de Nord. Vous insistez de la Dame, mais Est défausse. Vous faites vos comptes. Vous n'avez que trois perdantes : deux Trèfles et un Carreau. Mais vous avez un problème pour rentrer chez vous et purger le dernier atout. Si vous jouez As de Cœur puis petit Cœur coupé, vous vous retrouvez à égalité d'atout avec Ouest alors que vos Carreaux ne sont pas affranchis : le flanc pourra défiler ses Cœurs maîtres. Si vous jouez Carreau, Est duquera une fois puis offrira une coupe à son partenaire. Alors ?

Après avoir tiré la tierce à Pique de Nord, il faut faire un coup à blanc à Cœur. Le flanc prend et rejoue Cœur. Vous coupez en Sud et purgez le dernier atout, puis rejouez Carreau. Le flanc prend mais, grâce à l'As de Cœur, vous conservez le contrôle du coup. Par ailleurs cet As de Cœur vous permet de défausser un Trèfle perdant.

Qui peut le plus ne peut pas toujours le moins

	♠ 7654 ♥ AR1098 ♦ A ♣ 984	
♠ V982 ♥ 54 ♦ RDV2 ♣ RV10	N O E S	♠ 10 ♥ 7632 ♦ 108743 ♣ 653
	♠ ARD3 ♥ DV ♦ 965 ♣ AD72	

Contrat final : 6 Piques joué par Sud. Ouest entame du Roi de Carreau. Si vous avez demandé le grand chelem plutôt que le petit, vous allez jouer à la vitesse d'un T.G.V. Sur l'entame du Roi de Carreau, vous allez faire 4 atouts de longueur, 2 atouts en coupe, 5 Cœurs maîtres et 2 As mineurs, soit 13 levées… à condition que les atouts adverses soient 3/2.

Dans le cas présent, les atouts sont 4/1, et si vous jouez comme ci-dessus, vous ne réaliserez que 10 levées, Ouest coupant votre troisième Cœur.

Fort heureusement, vous ne jouez que 6 ♠. Prudemment, vous tirez votre tierce majeure à Pique, laissant traîner l'atout maître du flanc. Vous attaquez ensuite les Cœurs, Ouest coupant au troisième tour et rejouant Carreau que vous coupez avec votre dernier atout du mort. Vous êtes à la tête de 10 levées : 4 atouts de longueur, 1 atout en coupe, 4 Cœurs maîtres et l'As de Carreau. Vous faites donc l'impasse au Roi de Trèfle qui échoue. Pourtant votre contrat était sur table…

Contredisant tous les bons auteurs, vous deviez donner un coup à blanc à l'atout. Est prend la main et rejoue Trèfle. Plongez de l'As, coupez un petit Carreau, rentrez en main à l'atout, coupez votre dernier Carreau et purgez les atouts d'Ouest. Vous défilez ensuite vos Cœurs gagnants, tout en défaussant vos 3 Trèfles perdants.

Partir du bon pied

♠	A D 7
♥	10 9 8
♦	D 3 2
♣	A 6 3 2
	N
	O E
	S
♠	10 9
♥	A R D
♦	A 5
♣	R V 10 7 5 4

Contrat final : 5 Trèfles joué par Sud. Ouest entame du Valet de Carreau pour le 2 du mort, le 8 d'Est et l'As de Sud. Les atouts sont 3/0, sinon, il n'y a pas de problème. Il faut donc jouer Trèfle en partant du bon côté. Quel est ce bon côté ?

Il faut partir du Roi de Trèfle. Si Ouest fournit, la Dame sera capturée dès la deuxième levée. Malheureusement, Ouest ne fournit pas car Argine est troisième en Est. Sud tire l'As de trèfle, élimine les Cœurs, puis remet Est en main à Trèfle.

- Est rejoue carreau : il livre la Dame de Carreau qui permettra de défausser le Pique perdant.
- Il rejoue Pique ; c'est un coup digne de Gribouille.
- Il rejoue Cœur : c'est coupe et défausse (ruff and sluff, disent les Américains).

La Dame est en trompe-l'œil

	♠ 5 4 ♥ 7 4 ♦ R 7 6 5 ♣ A D 8 7 6
	N O E S
	♠ A R D V 9 8 7 ♥ A V ♦ A D 4 ♣ 9

Contrat final : 7 Piques joué en Sud après qu'Est a ouvert de 2 ♥ faible. Ouest entame du 3 de Cœur pour la Dame d'Est et votre As. Comment gagner à coup sûr, le Roi de Cœur étant affiché en Est et Est ayant moins de 4 Carreaux ?

Il y a 12 levées de tête, la treizième émanant soit d'un partage amical des Carreaux, soit de l'impasse à Trèfle, soit encore d'un squeeze. Le déclarant purge les atouts, puis teste les Carreaux. Il les joue comme un débutant : le 4 vers le Roi, puis l'As et la Dame (s'il joue les Carreaux classiquement, sans se bloquer, il devra rentrer chez lui par la coupe à Trèfle, ce qui détruira son squeeze). Constatant le mauvais partage des Carreaux, il tire tous ses atouts sauf un. La situation à trois cartes est la suivante :

	♠ ♥ ♦ 7 ♣ A D	
♠ ♥ ♦ V ♣ ? 5	N O E S	♠ ♥ R ♦ ♣ ? 4
	♠ 7 ♥ V ♦ ♣ 9	

Le ? représente soit le Roi de Trèfle, soit un petit Trèfle.
Sud joue le 7 de Pique, son dernier atout. Ouest sèche un Trèfle pour garder son Valet de Carreau, et Est sèche lui aussi un Trèfle pour garder son Roi de Cœur.

Sud tire alors les Trèfles en tête et capture le Roi. Noter que la Dame de Trèfle est un leurre : Nord aurait pu la répudier et conserver un petit Trèfle à la place.

La défense

Statistiquement, vous avez deux fois plus de chances d'être en défense que de jouer le coup. Par ailleurs défendre est plus ardu que jouer avec le mort : comme on ne connaît pas le jeu de son partenaire, il est difficile d'en tirer parti.

L'ambition de la défense est bien entendu de faire chuter l'attaque, ou, à défaut, de limiter l'ampleur de sa réussite. Vous avez deux options :

- la défense active : vous tentez de réaliser vos levées le plus vite possible. Cette option est recommandée à Sans-Atout ;
- la défense passive : vous jouez « neutre » de façon à ne pas faciliter la tâche du déclarant. Cette option est souvent la bonne à la couleur.

La séquence

En défense, toute séquence d'honneurs, par exemple, Roi-Dame-Valet, est précieuse. D'une part elle permet de ne pas « livrer », de l'autre, elle peut procurer des levées. Enfin elle est facilement lisible pour le partenaire.

Tête de séquence

Vous êtes **en premier** et vous avez Roi-Dame-Valet. Jouez la tête de séquence, donc le Roi.
Votre partenaire apprend :
1. que vous avez la carte immédiatement inférieure, c'est-à-dire la Dame, plus le Valet ou le 10. Toutefois, dans les contrats à la couleur, vous pouvez n'avoir ni le Valet, ni le 10 ;
2. que vous n'avez pas la carte immédiatement supérieure, c'est-à-dire l'As.

Avec As-Roi, vous jouez donc l'As. Vous promettez ainsi le Roi, mais, par convention, vous ne promettez pas la Dame.
Avec As-Roi-Valet, par convention, à Sans-Atout, vous entamez le Roi.
N.B. Certains auteurs jouent
- le 10 prometteur avec la séquence A V 10 x x ou R V 10 x x ;
- le 9 prometteur avec A 10 9 x x ou R 10 9 x x. A contrario, l'entame du Valet dénie tout honneur supérieur. Cette convention a l'inconvénient de trop bien renseigner le déclarant.

Plus petite équivalente

Vous êtes **en troisième**. Votre partenaire joue une petite carte dans une couleur où vous avez Roi-Dame-Valet. Jouez la plus petite équivalente de votre séquence, c'est-à-dire le Valet.
Votre partenaire apprend :

1. que vous avez peut-être la Dame, voire le Roi ;
2. que vous n'avez **sûrement** pas le 10. Au partenaire d'en tirer les conséquences s'il reprend la main.

À l'entame, jouez votre tête de séquence.
En troisième, jouez non pas la tête, mais la plus petite équivalente de votre séquence.

Honneur sur honneur

Cette manœuvre consiste à couvrir un honneur adverse avec un honneur supérieur pour affranchir une ou plusieurs cartes de son camp.

♥ D 7 3		
Ouest	Est	♥ R V 10
♥ A 8 5		

Le déclarant, qui est un tout débutant, présente la Dame de Cœur du mort : vous montez du Roi et affranchissez du même coup votre Valet et votre 10.

	♥ V 7 6	
	N	
♥ 10 9 5 4	O E	♥ R 3 2
	S	
	♥ A D 8	

Vous êtes en Est. Nord présente le Valet du mort. Montez. Votre Roi sera capturé par l'As de Sud, mais une ou plusieurs cartes de votre partenaire seront peut-être affranchies (dans le cas présent, il s'agit du 10 et du 9). Si vous ne montez pas, le déclarant fera trois Cœurs au lieu de deux grâce à sa fourchette As-Dame.

Jouer honneur sur honneur permet d'affranchir une ou plusieurs cartes de son camp.

Avec deux honneurs équivalents au mort

	♥ D V 9 3	
	N	
♥ 10 5 2	O E	♥ R 7 4
	S	
	♥ A 8 6	

Vous êtes en Est. Nord présente la Dame de Cœur. Attendez le Valet pour mettre votre Roi. Si vous montez sur la Dame, le déclarant prendra ensuite le 10 de votre partenaire en impasse.

> S'il y a deux honneurs équivalents au mort, ne montez que sur le deuxième.

Avec quatre cartes au mort dont trois honneurs

	♥ D V 10 8	
	N	
♥ 9 4	O E	♥ R 7 3 2
	S	
	♥ A 6 5	

Vous êtes en Est. Nord présente la Dame de Cœur. Ne montez ni sur la Dame, ni sur le Valet, ni sur le 10 : vous n'avez aucune chance d'affranchir une carte de votre partenaire. Par ailleurs, si le déclarant a l'As second, ou troisième comme dans le diagramme, il ne pourra pas capturer votre Roi. Ne lui offrez pas un bonus.

Vous avez un As second

	♥ V 7	
	N	
♥ 10 4 3 2	O E	♥ A 8
	S	
	♥ R D 9 6 5	

Vous êtes en Est. Après avoir ouvert de 1 ♥, le déclarant est au mort et présente le Valet de Cœur. Vous êtes tenté de jouer le 8 sans ciller. N'en faites rien. Le Valet va rester maître et le 7 de Cœur fera alors tomber votre As dans le vide. Si vous montez sur le Valet, un éventuel 10 de Cœur quatrième de votre partenaire sera affranchi.

> Avec votre As, capturez un honneur plutôt qu'une petite carte.

Vous avez une Dame. ***Au mort : un As, un Valet et deux petits***

	♥ A V 7 5	
	N	
♥ D 3 2	O E	♥ R 9 4
	S	
	♥ 10 8 6	

Vous êtes en Ouest. Sud présente le 10. Montez avec la Dame, espérant affranchir deux levées chez votre partenaire. Si vous ne montez pas, Est prendra le 10 avec son Roi, mais ce sera votre seule levée dans la couleur.

Vous avez une Dame. ***Au mort : un As et trois petits***

	♥ A 8 7 5	
	N	
♥ D 3 2	O E	♥ R 9 4
	S	
	♥ V 10 6	

Vous êtes en Ouest. Sud présente le Valet. Ne montez pas avec la Dame. Sud a vraisemblablement le 10. Si vous montez, Nord prendra et rejouera le 5 vers son 10, qu'il fera au troisième tour de la couleur. Si vous ne montez pas, Est fera la levée. Si, au deuxième tour de la couleur, Sud joue le 10, vous couvrirez, espérant le 9 chez votre partenaire.

L'appel

L'appel direct est une carte d'un rang élevé jouée par un défenseur qui indique à son partenaire son intérêt pour une couleur donnée.

♥ D 10 3		
	N	
O		E ♥ R V 8 2
	S	

Ouest entame de l'As de Cœur pour le 3 du mort.

Il faut jouer le 8 pour encourager Ouest à rejouer dans la couleur. Ce 8 implique que vous n'avez pas le 9. Si vous l'aviez eu, vous l'auriez joué plutôt que le 8.

♥ D 10 3		
	N	
O		E ♥ R V 2
	S	

Ouest entame de l'As de Cœur pour le 3 du mort.

La mort dans l'âme, il faut jouer le 2. Appeler avec le Valet serait faire un cadeau au déclarant.

> Si la carte d'appel joue un rôle, il faut la conserver et jouer celle d'un rang inférieur.

L'appel se pratique dans la couleur jouée par le partenaire, plus rarement dans la couleur jouée par le déclarant. Il se pratique aussi avec une carte défaussée.

	♠ 6 5 ♥ R D 3 2 ♦ R V 10 7 3 ♣ 6 3	
♠ A D 9 7 3 ♥ 9 8 ♦ 5 4 2 ♣ A 4 2	N O E	

Contrat final : 3 Sans-Atout joué par Sud. Vous entamez du 7 de Pique, pour le 10 d'Est, pris par le Valet de Sud. Celui-ci joue le Roi de Trèfle que vous duquez. Est, votre partenaire, met le 10, marquant ainsi un doubleton (voir le chapitre pair-impair infra). Sud insiste de la Dame de Trèfle. Que faire ?

Si vous prenez, vous serez à la devine pour trouver une reprise chez votre partenaire lui permettant de traverser les Piques de Sud. Donc duquez aussi la Dame. Sur le troisième tour de Trèfle, votre partenaire pourra appeler soit à Cœur, soit à Carreau, afin de reprendre la main.

Appelez, ma non troppo

L'inconvénient de l'appel, c'est que le déclarant le photographie lui aussi et peut en profiter pour trouver la bonne ligne de jeu, comme dans le diagramme suivant.

	♠ 6 5 ♥ A V 9 ♦ R D V 2 ♣ V 10 9 8	
♠ R D V 10 8 ♥ D 6 5 ♦ 8 7 ♣ 6 4 2	N O E S	♠ 4 3 2 ♥ 4 3 2 ♦ 10 9 3 ♣ A 7 5 3
	♠ A 9 7 ♥ R 10 8 7 ♦ A 6 5 4 ♣ R D	

Contrat final : 3 Sans-Atout joué par Sud. Ouest entame du Roi de Pique, duqué par Sud. Il insiste de la Dame, duquée également. Le troisième tour de Pique est pris par l'As de Sud, Nord défaussant le 8 de Trèfle.

Le déclarant joue alors 4 tours de Carreau. Au quatrième tour, Est appelle avec le 7 de Trèfle. Sud a sept levées de tête. Pour ses deux levées manquantes, il hésitait jusqu'alors entre l'affranchissement de deux Trèfles d'une part, l'impasse à Cœur de l'autre. L'appel intempestif d'Est à Trèfle résout son problème : il affranchira ses deux Trèfles. Est fait son As, mais c'est la dernière levée du flanc.

> N'appelez que pour mettre le contrat en danger.

Le refus, a contrario, est une petite carte jouée par un défenseur qui indique à son partenaire son désintérêt pour une couleur donnée. Les joueurs aguerris pratiquent beaucoup plus le refus que l'appel. Il appartient au partenaire d'interpréter ce refus et de trouver la couleur qui intéresse son acolyte.

Défausse italienne et défausse Lavinthal

Lors de leur première défausse, certains joueurs utilisent l'une de ces deux conventions soit pour appeler dans leur couleur de défausse, soit pour la refuser et, dans ce cas, pour appeler dans une autre couleur.

Défausse italienne

- Appel. Lors de sa première défausse, le joueur appelle dans la couleur défaussée en jetant une carte impaire (3, 5, 7, 9). En principe, plus la carte est petite, plus l'appel est impérieux. Comment appeler si l'on n'a que des cartes paires, me direz-vous ? En jetant une carte paire de haut niveau, puis, lors de la deuxième défausse, une carte paire inférieure. Cette deuxième carte marque l'appel et non pas le refus.
- Refus et appel d'une autre couleur. Lors de sa première défausse, le joueur refuse la couleur défaussée s'il jette une carte paire (2, 4, 6, 8, 10). La hauteur de cette carte indique la préférence du joueur qui défausse pour une des couleurs restantes, la couleur d'atout n'étant pas concernée. Le 2 et le 4 appellent dans la couleur la moins chère, le 8 et le 10 dans la couleur la plus chère. Le 6 est ambigu. Si l'on n'a que des cartes impaires, on refuse en jetant une carte de haut niveau, puis, au tour suivant, une carte inférieure.

Cette convention a trois inconvénients. D'abord, si l'on ne défausse qu'une fois, on ne pourra pas, si besoin est, inverser le signe par une deuxième défausse. Ensuite, elle renseigne le déclarant. Enfin ce système est binaire : ou l'on appelle dans la couleur de défausse, ou l'on appelle dans une autre couleur. Quid du joueur « défaussant » qui n'a que trois malheureuses Dames dans son jeu ? Son appel forcé en enverra sans doute une à l'abattage.

Défausse Lavinthal

Cette convention, inventée par l'Américain Henry Lavinthal dans les années 30, ne concerne que les contrats à Sans-Atout. Elle aussi donne à la première défausse du flanc un sens préférentiel. D'une part le joueur qui défausse jette une carte dans une couleur qui ne l'intéresse pas, d'autre part, la hauteur de cette carte indique au partenaire quelle couleur on préférerait qu'il joue. Cette convention a le même défaut que la précédente, puisqu'elle condamne le joueur qui défausse à appeler, même s'il n'a rien qui vaille. À cette éloquence imposée, le silence radio est bien souvent préférable.

L'appel de préférence

L'appel de préférence est une carte qu'un défenseur joue pour indiquer à son partenaire quelle couleur il doit jouer s'il est en main ou dès qu'il sera en main.

À la couleur, pour couper deux fois au lieu d'une

♠ V 10 8 4 ♥ D 6 4 ♦ R V 10 ♣ R V 2	
N O E S	♠ 7 5 2 ♥ 2 ♦ 9 6 4 2 ♣ 10 9 8 7 3

Contrat final : 4 Piques joué par Sud, Ouest étant intervenu à Cœur. Ouest entame de l'As de Cœur et rejoue le 3 pour la Dame du mort que vous coupez avec délectation. Et maintenant ?

Il faut maintenant rendre la main à Ouest pour couper un deuxième Cœur. Trèfle ou Carreau ? Devine si tu peux, et choisis si tu l'oses… En fait, c'est Trèfle qu'il faut rejouer. En choisissant le 3 de Cœur pour vous donner la coupe, Ouest a marqué sa préférence pour la couleur restante la plus « basse », c'est-à-dire Trèfle. S'il avait rejoué un 10 ou un 9, il eût sollicité un retour dans la couleur la plus chère, c'est-à-dire Carreau.

À la couleur, quand l'As de l'entameur est confronté à un singleton du mort

Nord :
♠ V 10 8 4 3
♥ R V 10 3
♦ 3
♣ R V 10

Est :
♠ 7 5
♥ A 8 7
♦ 10 6 4 2
♣ A D 8 4

Contrat final : 4 Piques joué par Sud. Ouest entame de l'As de Carreau.

Théoriquement, Est devrait jouer le 6 pour marquer son compte pair à Carreau (voir le chapitre Le pair-impair page 173). Dans le cas présent, le compte n'a pas grand intérêt à cause du singleton Carreau du mort. Il est donc remplacé par un appel de préférence : Est joue le 2 de Carreau afin d'indiquer sa préférence pour la couleur la plus « basse », à savoir Trèfle.

À la couleur, quand la carte de l'entameur est vraisemblablement un singleton

Nord :
♠ R D V 10
♥ 9 8 7
♦ 3 2
♣ R D V 10

Est :
♠ 9 8 7 6 5
♥ A 5
♦ R D V 10 6 4
♣

Sud	*Ouest*	*Nord*	*Est*
1 ♣	Passe	1 ♠	2 ♦
3 ♣	Passe	5 ♣	Passe

Ouest entame de l'As de Pique, que vous prenez pour un singleton (sinon, il aurait entamé Carreau dans votre couleur). Comme dans le diagramme précédent, le compte des Piques n'a aucun intérêt pour l'entameur. Ce qui importe, c'est que ce dernier joue Cœur : ainsi vous prendrez la main et le ferez couper un Pique. Donc, sur l'entame de l'As de Pique, jetez le 9 de Pique, marquant votre préférence pour les Cœurs. Si vous jouez paresseusement le 5 de Pique, votre partenaire jouera Carreau, dans votre couleur, et vous ne prendrez pas la main.

> Noter que la couleur d'atout ne peut pas faire l'objet d'un appel de préférence.

À la couleur, grâce à la deuxième carte

Sur l'As de l'entameur, la première carte de son partenaire marque soit son compte, soit un refus. En revanche, la deuxième carte peut indiquer une préférence.

♠ V 10 8 4 ♥ R V 10 ♦ 9 5 3 ♣ R V 10	
N O E S	♠ 7 5 ♥ A D 8 4 ♦ 10 6 2 ♣ 8 7 5 3

Contrat final : 4 Piques joué par Sud. Ouest entame de l'As de Carreau.

Est jette son 2 : il n'a ni la Dame, ni un doubleton. Ouest insiste du Roi. Est a maintenant un choix. En jouant son 10 plutôt que son 6, il indique sa préférence pour les Cœurs.

À Sans-Atout, pour faciliter la tâche du partenaire

♠ 10 5 ♥ R D V 10 5 ♦ R 8 7 ♣ R 8	
N O E S	♠ 8 6 3 ♥ 9 3 2 ♦ A 9 3 ♣ 10 7 5 3

Contrat final : 3 Sans-Atout joué par Sud. Ouest, votre partenaire, a entamé du 7 de Pique pour le 10 du mort et votre 3 qui indique votre compte.

Nord joue le Roi de Cœur pour votre 2 qui, là encore, indique votre compte. Votre partenaire duque et prend le deuxième tour de Cœur avec son As.

Jouez alors soigneusement le 9 de Cœur et non pas le 3 : votre partenaire va rejouer Carreau plutôt que Trèfle et vous pourrez transpercer le déclarant à Pique.

> Si vous avez 3 cartes ou plus, donnez votre compte au premier tour. Au deuxième, indiquez votre préférence par la hauteur de votre carte.

	♠ 10 6 5 ♥ R V 9 ♦ R V 8 7 2 ♣ 9 8	
♠ R D 9 7 3 2 ♥ A 8 7 ♦ 9 5 ♣ 6 4	N O E S	♠ V 8 ♥ D 10 2 ♦ D 10 3 ♣ 10 7 5 3 2
	♠ A 4 ♥ 6 5 4 3 ♦ A 6 4 ♣ A R D V	

Contrat final : 3 Sans-Atout joué par Sud. En Ouest, vous entamez du 7 de Pique, pour le Valet d'Est, duqué par Sud. Votre partenaire rejoue le 8 pour l'As de Sud.

Au lieu de saliver, réfléchissez à la suite du coup. Si Est prend la main, par exemple à Carreau, il va avoir tendance, au vu du mort, à vous chercher à Trèfle plutôt qu'à Cœur. Résultat, Sud va aligner 9 levées. Pour dessiller les yeux de votre partenaire, jetez le Roi de Pique sous l'As de Pique : il rejouera Cœur sans hésitation. Si vous aviez fourni la Dame plutôt que le Roi, vous auriez dénié la présence du Roi.

> Fournir une carte insolite dans une couleur commune permet au partenaire d'orienter ou de modifier la stratégie du flanc. De plus, cette carte insolite dénie tout honneur supérieur.

	♠ 6 5 ♥ 9 8 5 ♦ A D 10 8 7 ♣ R 8 3	
♠ V 10 8 7 3 ♥ A V 7 ♦ 9 5 ♣ 6 4 2	N O E S	♠ A 9 2 ♥ R 10 6 2 ♦ R 3 2 ♣ 10 7 5
	♠ R D 4 ♥ D 4 3 ♦ V 6 4 ♣ A D V 9	

Contrat final : 3 Sans-Atout joué par Sud. En Ouest, vous entamez du 7 de Pique, pour l'As d'Est, qui rejoue le 9 pour le Roi de Sud et votre 3. En main, Sud tente l'impasse à la Dame de Carreau qui échoue. Est joue son dernier Pique pour la Dame de Pique : Résultat : 3 Sans-Atout + 1. Comment le flanc pouvait-il faire chuter ?

À la deuxième levée, vous apprenez que vos Piques sont inexploitables. Pour transmettre le message à Est, sur le Roi de Pique de Sud, jetez non pas le 3, mais le Valet de Pique. Cette carte insolite demande à Est d'abandonner la couleur lorsqu'il sera en main. De plus elle dénie la présence de tout honneur supérieur au Valet. En main à la troisième levée, Ouest jouera Cœur pour deux de chute.

EXERCICE

	♠ V 9 5 ♥ R 10 8 4 ♦ 9 4 ♣ A R 9 8
♠ R D 10 8 4 ♥ A 9 2 ♦ 8 7 6 ♣ 5 3	N O E S

Contre 3 Sans-Atout joué par Sud, vous entamez classiquement du Roi de Pique (tête de séquence interrompue), qui reste maître pour le 7 de votre partenaire.

1. Où est l'As de Pique ?

2. Que rejouez-vous ?

1. L'As est chez votre partenaire. S'il était chez le déclarant, celui-ci l'eût joué pour s'assurer deux levées dans la couleur.

2. Si l'As d'Est était troisième au départ, peu importe la carte de votre retour. Mais si cet As est maintenant devenu sec ? Votre partenaire va prendre votre petit Pique et rejouer Carreau, dans la faible du mort. Sud va alors aligner neuf levées dans les mineures. Si vous retournez le 10 de Pique plutôt qu'un petit, Est comprendra votre préférence pour la couleur la plus chère, c'est-à-dire les Cœurs, et vous encaisserez deux de chute.

Le pair-impair

Selon cette convention universellement adoptée, un joueur qui joue « gros-petit », par exemple un 8 suivi ultérieurement d'un 5, indique à son partenaire qu'il a un nombre pair de cartes dans la couleur : deux, quatre, voire six. S'il joue « petit-gros », par exemple un 5 suivi d'un 8, il indique un nombre impair de cartes : trois, cinq ou sept cartes. On dit que le pair-impair donne le compte de la main.

Avec quatre cartes, le choix de la « grosse carte » n'est pas innocent. Votre partenaire a posé un As sur la table, et vous voulez marquer votre compte en jouant « gros-petit » (on dit aussi en faisant un écho). Vous avez 10 7 3 2. Ne mettez pas votre 10, vous annonceriez un doubleton. Ne mettez pas non plus votre 3, qui pourrait indiquer trois cartes (10 7 3, par exemple). Il faut donc jouer le 7.

À Sans-Atout, pour indiquer au partenaire s'il doit prendre ou duquer

Affranchir une longue de l'adversaire, ou, au contraire, lui faire cadeau d'une levée, telle est parfois l'alternative de la défense. Le pair-impair permet bien souvent à celle-ci de prendre la bonne décision.

	♦ R D V 6 3	
	N	
♦ 10 2	O E	♦ A 9 8
	S	
	♦ 7 5 4	

Contrat à Sans-Atout. Sud joue le 4 de Carreau pour le 10 d'Ouest et le Roi du mort. Grâce au pair-impair de son partenaire, Est sait que Ouest n'a que deux Carreaux. Conséquence, Sud en a trois. Est ne doit donc prendre qu'au troisième tour, sous peine d'affranchir 4 Carreaux. Si Ouest avait fourni le 2 de Carreau, il aurait affiché trois cartes dans la couleur, ou, éventuellement, une seule. Dans les deux cas, Est aurait dû monter avec l'As au deuxième tour.

À la couleur, pour couper au troisième tour

	♥ D V 5	
	N	
♥ A R 9 7 6	O E	♥ 10 2
	S	
	♥ 8 4 3	

Contrat à Pique. Ouest entame de l'As de Cœur (Sud fournira le 8). Jouez votre 10. Ouest insiste du Roi et vous coupez le troisième tour. Jouant le pair-impair, vous pouvez théoriquement avoir quatre Cœurs au lieu de deux, par exemple 10 4 3 2. Mais s'il en était ainsi, sur l'As de votre partenaire vous auriez jeté votre deuxième carte (le 4) et non pas le 10.

	♥ D V 5	
	N	
♥ 10 2	O E	♥ A R 8 7 6
	S	
	♥ 9 4 3	

Contrat à Pique. Est est intervenu à Cœur. Entamez du 10 de Cœur pour le Roi de Cœur d'Est (plus petite équivalente), suivi de l'As et d'un petit Cœur que vous coupez. Là encore, l'entame du 10 marque un doubleton. Avec 10 6 3 2 vous auriez entamé du 6 et non pas du 10.

À la couleur, pour éviter au partenaire de jouer dans coupe et défausse

Quand vous jouez dans coupe et défausse, le déclarant coupe votre carte d'une main et défausse une perdante de l'autre. Sa perdante est ainsi escamotée.

	♥ D 5	
	N	
♥ A R 8 7 6 3	O E	♥ V 10 2
	S	
	♥ 9 4	

Contrat à Pique. Ouest entame de l'As de Cœur sur lequel vous jetez votre 2. Sur le Roi, jouez votre 10. Ouest sait ainsi que vous avez trois Cœurs et se garde bien de jouer un troisième tour de Cœur : le déclarant couperait d'une main et défausserait une perdante de l'autre.

EXERCICE

	♠ R 10 8 4 3 ♥ 7 5 ♦ A 9 ♣ 9 8 7 2	
♠ 2 ♥ R V 6 3 ♦ R D 10 7 4 ♣ D V 6	N O E S	

Contrat final : 4 Piques joué par Sud, celui-ci ayant ouvert de 1 Sans-Atout et affiché quatre Piques dans sa main par le biais du Stayman. Vous entamez du Roi de Carreau pris par l'As de Nord sur lequel Est joue le 8 et Sud le 2. Le déclarant joue As et Roi de Pique sur lesquels votre partenaire fournit le 5, puis le Valet de Pique. Sud joue ensuite As, Roi et petit Trèfle, Est défaussant le 3 de Carreau au troisième tour. Vous êtes en main avec la Dame de Trèfle. Il ne vous reste que du Carreau et du Cœur. Que faire ?

Vous pouvez tirer la Dame de Carreau maîtresse et jouer Cœur en espérant un honneur chez le partenaire (essayer un troisième Carreau serait sans doute jouer dans *coupe et défausse*). Au vu de vos 12 points et des 3 points à Pique montrés par votre partenaire (le Valet et sans doute la Dame), il est douteux qu'il ait la Dame de Cœur. Le pair-impair très affûté de votre partenaire vous donne la clé du coup. Son 8 de Carreau prouve qu'il a quatre cartes dans la couleur : s'il n'en avait que deux, Sud en aurait quatre et serait donc tricolore Pique-Carreau-Trèfle, distribution incompatible avec son ouverture de 1 Sans-Atout. Pour afficher ses quatre Carreaux, Est a choisi le 8, qui ne peut être que la deuxième meilleure carte. Au vu du mort, sa meilleure carte est le Valet. Donc vous jouez Carreau « en dessous ». Est, votre partenaire, prend la main et traverse les Cœurs pour un de chute.

Quand le déclarant joue atout, pour indiquer au partenaire que l'on a trois atouts

Dans ce cas on inverse le pair-impair : avec trois atouts, on joue « gros-petit ». Ceci est logique : en jouant gros-petit avec deux atouts, on se priverait d'une possibilité de surcoupe.

Pair-impair souple : une grosse carte est dissuasive

Lorsque l'on contre-attaque, la qualité de la couleur est souvent plus importante que sa parité. Si cette couleur est 9 5 2 et si vous souhaitez que votre partenaire n'en rejoue pas, partez du 9 et non pas du 2.

Appel ou pair-impair ?

• À Sans-Atout, le rang d'une carte jouée par le partenaire de l'entameur peut être ambigu : le partenaire a-t-il appelé ou indiqué sa parité ?
Par convention :
- sur l'entame de l'As ou de la Dame, on appelle (ou on refuse)
- sur l'entame du Roi, on marque sa parité en pair-impair.

Par ailleurs, si le mort est resté maître, on marque également sa parité en pair-impair. Pour plus de détails, voir le chapitre *L'entameur a joué un honneur* page 187.

• À la couleur, si votre partenaire entame d'un As, suivi d'un Roi, vous répondez en pair-impair (voir page 173).
Après l'entame, les choses sont moins simples.

	Nord
	♠ A 9 6
	♥ V 8 2
	♦ R 4
	♣ A R D 9 8
♠ R D 10 7	
♥ 10 7 4 3	N
♦ 7 6	O E
♣ 7 6 5	S

Contrat final : 5 Carreaux joué par Sud. Vous avez entamé du Roi de Pique pour l'As du mort, le 3 d'Est et le 2 de Sud. Le déclarant joue le Roi de Carreau du mort pour l'As de votre partenaire.

a) Celui-ci joue l'As de Cœur. Quelle carte fournissez-vous ?
Le 3, carte de refus, qui dénie le Roi de Cœur. Le partenaire jouera Pique.
b) Le partenaire joue le Roi de Cœur, promettant l'As (puisque Sud ne prend pas). Quelle carte jouez-vous ?
Le 7, en pair-impair, qui affiche 4 cartes et, par voie de conséquence, le doubleton de Sud. Est encaisse l'As pour un de chute (Sud est singleton à Pique).

> En main avec As-Roi, jouez le Roi plutôt que l'As si vous voulez que votre partenaire vous donne son compte.

La défense à Sans-Atout

L'entame

Nous vous rappelons que l'entameur est le joueur placé à la gauche du déclarant et avant le mort. Dès que l'entameur a joué, le mort est étalé par le déclarant.

L'entame quand le partenaire est resté muet

Sauf avec un jeu très faible, il faut entamer offensif, c'est-à-dire dans une couleur longue que l'on espère affranchir. Quelle carte choisir ?

Avec une longue commandée par une séquence

• Avec une séquence pleine entamez la tête : avec D V 10 5 2, la Dame.
• Avec une séquence interrompue, par exemple D V 9 5 2 ou RD 10 6 5, la tête également.
• Avec As-Roi-Valet, entamez le Roi.
• Avec RD 8 7 5, entamez la **Dame**. Ainsi votre partenaire appellera s'il a le Valet et refusera s'il ne l'a pas (voir page 187).
• Avec une séquence brisée entamez la plus forte des cartes qui se suivent : avec A D V 8 3, entamez la Dame, avec R V 10 9 7, entamez le Valet.

EXERCICE

	♥ 5 4 3
♥ R D 10 9	N
	O E

Contrat à Sans-Atout joué en Sud. Vous êtes en Ouest.
1. Qu'entamez-vous ?

Le Roi (tête de séquence interrompue).

2. Est, votre partenaire, joue le 2, et Sud le 6. Rejouez-vous Cœur ?

Non. Votre partenaire sait que vous avez la Dame accompagnée soit du Valet, soit du 10. S'il avait eu l'As, il aurait pris votre Roi de son As et rejoué dans la couleur, prenant éventuellement le Valet de Sud en impasse. S'il avait eu le Valet, il l'aurait immédiatement jeté pour vous éviter toute perplexité. Conclusion : Sud a duqué avec l'As et le Valet (<u>coup de Bath</u>). Si vous tombez dans ses rets, il fera 2 levées dans la couleur.

Exercice

	♥ V 4 3	
♥ R D 10 9	N	
	O E	

Contrat à Sans-Atout joué en Sud. Vous êtes en Ouest.
1. Qu'entamez-vous ?

Le Roi, comme dans le diagramme précédent.

2. Est, votre partenaire, joue le 2, et Sud le 6. Rejouez-vous Cœur ?

Oui, jouez le 10. Si Sud avait eu l'As, il se serait précipité sur votre Roi, le Valet du mort devenant un deuxième arrêt. Donc l'As est vraisemblablement en Est.
Pourquoi Est n'a-t-il pas surpris votre Roi avec son As ? Parce qu'il aurait ainsi affranchi le Valet du mort.
Pourquoi a-t-il « refusé » avec le 2 au lieu d'appeler ? Il n'a pas refusé, il a montré sa parité (il a trois Cœurs, voire deux Cœurs seulement. Dans ce dernier cas, son As est maintenant sec) ; *cf.* le chapitre *Appel ou pair-impair ?* page 177.

Exercice

	♥ 5 4	
♥ R 10 9 8 7	N	
	O E	

Contrat à Sans-Atout joué en Sud. Vous êtes en Ouest.
1. Qu'entamez-vous ?

Le 10 (tête de séquence brisée).

2. Est, votre partenaire, joue la Dame pour l'As de Sud. Celui-ci vous remet en main dans une autre couleur. Rejouez-vous Cœur et, si oui, le Roi ou le 9 ?

Ne rejouez pas Cœur. La Dame d'Est dénie la présence du Valet. Celui-ci est donc en Sud. Ne lui en faites pas cadeau.

Vous avez une longue dépourvue de séquence

Entamez d'une petite carte, dite prometteuse, mais pas n'importe laquelle : la plupart des bridgeurs entament de la quatrième meilleure, certains en pair-impair, d'autres enfin, de la plus petite (petit prometteur).

• ***L'entame de la quatrième meilleure***, c'est-à-dire de la quatrième carte en partant de la plus forte, est la plus répandue. Ainsi avec A D 8 6 2, on entame du 6.

Le partenaire de l'entameur sait alors que celui-ci a trois cartes, ni plus, ni moins, au-dessus de sa carte d'entame. À la vue du mort et de son jeu, le partenaire de l'entameur va apprendre *le nombre de cartes supérieures à la carte d'entame* détenues par le déclarant, et ce, grâce à une règle appelée « règle des 11 ». Cette règle consiste à retrancher le chiffre de la carte d'entame de 11, le résultat indiquant le nombre de cartes supérieures à ce chiffre détenues par le mort, le partenaire de l'entameur et le déclarant.

PREMIER EXEMPLE

♥ V 3		
N		♥ R 10 9 2
O E		

Contrat final : 3 Sans-Atout joué par Sud. Ouest entame du 6 de Cœur pour le 3 du mort. Quelle carte passez-vous ?

11 – 6 (carte d'entame) = 5. Il y a 5 cartes supérieures au 6, entre le mort, le partenaire de l'entameur et le déclarant. Vous avez 4 de ces cartes sous les yeux, à savoir le Valet, le Roi, le 10 et le 9. Il est donc évident que le déclarant n'en a qu'une. Il peut s'agir du 7, du 8, de la Dame ou de l'As.

Conclusion, vous devez donc mettre le Roi, grâce auquel vous ferez le plein à Cœur si votre partenaire a l'As cinquième. Si c'est Sud qui a l'As, jouer votre Roi ne vous coûtera rien, le déclarant ne faisant qu'un seul Cœur. Sans la règle des 11, vous seriez tenté de passer le 9, ce qui serait désastreux si Sud avait la Dame seconde : il ferait une levée qu'il n'aurait jamais dû faire.

Deuxième exemple

Contrat final : 3 Sans-Atout joué par Sud. Ouest entame du 7 de Cœur (et non pas du 6, comme dans le diagramme précédent) pour le 3 du mort. Quelle carte passez-vous ?

11 – 7 (carte d'entame) = 4. Ou bien le déclarant n'a aucune carte supérieure au 7, ou bien le 7 est une fausse entame et il en a plusieurs. Dans les deux cas, il faut fournir le 9, et non pas le Roi.

Premier cas

	♥ V 3	
	N	
♥ A D 8 7 4	O E	♥ R 10 9 2
	S	
	♥ 6 5	

Le 9 va rester maître.

Deuxième cas

	♥ V 3	
	N	
♥ 8 7 5 4	O E	♥ R 10 9 2
	S	
	♥ A D 6	

Le 9 va être capturé par la Dame, mais le déclarant ne fera ensuite que l'As. Si vous jouez le Roi plutôt que le 9, vous livrez trois levées à Cœur.

Troisième exemple

	♥ V 3	
	N	
♥ 8 6 5	O E	♥ R 10 9 2
	S	
	♥ A D 7 4	

Contrat final : 3 Sans-Atout joué par Sud. Ouest entame du 8 de Cœur.

Cette entame ne peut être qu'une fausse entame, sinon la soustraction serait fausse… Donc, si le déclarant fournit le 3 du mort, il faut laisser filer le 8.

Quatrième exemple

♠ 9 8 5 ♥ 9 5 ♦ A R V 7 6 ♣ D 10 9		
	N O E S	♠ V 2 ♥ A 10 8 7 6 ♦ 5 4 ♣ R V 7 6

Contrat final : 3 Sans-Atout joué par Sud après que celui-ci a ouvert de 1 ♦.

Ouest, votre partenaire, entame du 3 de Pique, pour le 5 du mort, votre Valet et l'As du déclarant. Celui-ci joue le Roi de Cœur que vous duquez, puis la Dame, que vous prenez. Vous faites le compte des levées sûres du déclarant : 1 à Pique, 2 à Cœur et 5 à Carreau. D'autre part l'entame de votre partenaire indique qu'il n'a que quatre Piques : puisque vous avez le 2, son 3 est sa plus petite carte.

> En *Quatrième Meilleure,* l'entame du 2 affiche, par définition, une couleur de quatre cartes.

Conséquence : Sud a quatre Piques lui aussi, donc vraisemblablement un deuxième arrêt dans la couleur. Pour faire chuter, Est doit jouer Trèfle en espérant que l'As de Trèfle est chez son partenaire. Voici les 4 jeux.

	♠ 9 8 5 ♥ 9 5 ♦ A R V 7 6 ♣ D 10 9	
♠ D 10 4 3 ♥ 4 3 2 ♦ 3 2 ♣ A 5 4 3	N O E S	♠ V 2 ♥ A 10 8 7 6 ♦ 5 4 ♣ R V 7 6
	♠ A R 7 6 ♥ R D V ♦ D 10 9 8 ♣ 8 2	

Paradoxalement, bon nombre de joueurs pratiquent la *Quatrième Meilleure* sans que ni eux, ni leur partenaire en comprennent les implications. Ils sont portés à croire que cette entame est magique et qu'elle fera chuter...

> L'entame de la *Quatrième Meilleure* n'a de sens que si le partenaire connaît bien la règle des 11. Si tel n'est pas le cas, elle n'est utile qu'au déclarant.

Cinquième exemple

Contrat final : 3 Sans-Atout joué par Sud. Ouest entame du 2 de Pique.

	♠ A 10 ♥ A D 5 ♦ 9 6 3 ♣ V 10 9 4 3		
	N		
O		E	
	S		
	♠ 6 4 3 ♥ R 8 4 ♦ A R V 10 5 ♣ R D		

Le déclarant joue le 10 du mort (laisser-passer), capturé par la Dame d'Est qui rejoue le 5 pour l'As du mort.

a) L'entameur a joué le 2 *en quatrième meilleure*. Le déclarant apprend la bonne nouvelle : les Piques du flanc sont 4/4. Il joue Trèfle en sifflotant : le flanc encaisse son As de Trèfle et ses deux Piques affranchis, Nord-Sud faisant le reste.

b) L'entameur a joué le 2 en *petit prometteur.* Le déclarant est alors devant une alternative cornélienne. Si les Piques sont 4-4, il faut jouer comme en a). S'ils sont 5-3, il faut tenter l'impasse à Carreau en abandonnant les Trèfles.

• ***L'entame en pair-impair***. Selon cette convention, un joueur qui entame « gros-petit », par exemple un 7 suivi ultérieurement d'un 5, indique un nombre pair de cartes : deux, quatre, voire six. S'il entame « petit-gros », par exemple un 5 suivi ultérieurement d'un 7, il indique un nombre impair de cartes : trois, cinq voire sept cartes. Cette convention souffre des exceptions : avec R V 9 2 on entame le 2 de peur que le 9 ne joue un rôle.

• ***L'entame du petit prometteur*** est la plus simple : vous entamez de la carte la plus petite. Elle est aussi la plus discrète : le déclarant ignore si votre couleur est de 4 cartes, 5 cartes ou plus. Mais votre partenaire l'ignore aussi...

Vous avez un jeu très faible

N'entamez pas dans une longue squelettique. N'entamez pas non plus d'un Valet second : vous risquez de faire zéro levée dans la couleur au lieu de deux. Faites une fausse entame : jouez « top of nothing » dans une couleur de trois cartes, voire de deux cartes, non annoncée par le camp adverse, ni nommément, ni implicitement.

♠ V 6 ♥ 9 5 4 3 ♦ 9 6 3 ♣ V 7 6 4	N O E S

Ouest	*Nord*	*Est*	*Sud*
Passe	Passe	Passe	1 SA
Passe	2 ♣	Passe	2 ♥
Passe	3 SA	Passe	Passe…

N'entamez pas Trèfle, la couleur est sans espoir puisque Est n'a pas contré le Stayman. Cœur a été annoncé par Sud. Pique, implicitement, a été annoncé par Nord. Entamez du 9 de Carreau, la couleur « verte » (non annoncée).

Si vous entamez dans 4 petites cartes, choisissez la deuxième meilleure : avec 8 6 4 2, le 6.
Si vous entamez sous un honneur troisième, choisissez la petite carte : avec D 8 3, le 3.

Le contrat final est un chelem

Entamez le plus neutre possible. Une tête de séquence est recommandée. L'entame sous un honneur ne l'est pas.

L'entame quand le partenaire a parlé

Le partenaire a annoncé une couleur

Sauf peut-être si vous avez un singleton dans cette couleur, entamez pour lui : même si le contrat ne chute pas, au moins vous lui aurez fait plaisir. Le choix de votre carte a son importance car le partenaire a besoin de connaître votre distribution dans cette couleur : voyant le jeu du mort et le sien, il peut en déduire la distribution du déclarant. Donc entamez en pair-impair. Rappelons que si vous avez deux cartes dans la couleur (nombre pair), vous entamez la plus grosse ; si vous en avez trois (nombre impair), vous entamez la plus petite ; si enfin vous en avez quatre (nombre pair), vous entamez la seconde meilleure (et non pas la troisième meilleure).

Le partenaire a contré le contrat final

Dans la plupart des cas, le contre est informatif et non pas « au poids ». Il vise à vous faire trouver une entame qui ne serait pas votre entame naturelle.

Après la séquence	*Sud*	*Ouest*	*Nord*	*Est*
	1 SA	Passe	3 SA	Contre…

Par convention, entamez Pique.

Après la séquence	*Sud*	*Ouest*	*Nord*	*Est*
	1 ♣	Passe	1 ♥	Passe
	1 SA	Passe	3 SA	Contre…

Entamez Cœur.

Après la séquence	*Sud*	*Ouest*	1 ♠	Passe
	1 ♣	1 ♥ Passe	3 SA	Contre…
	1 SA	*Nord*	*Est*	

Entamez Pique : le contre de votre partenaire a pour but de vous dissuader d'entamer Cœur, votre entame naturelle.

Après la séquence

Sud	*Ouest*	Contre	Passe
1 ♣	1 ♠ Passe	Passe	Contre…
1 SA	*Nord*	*Est*	

N'entamez pas Pique, Est n'a pas surcontré au premier tour d'enchère. Entamez Cœur, la couleur censée être celle du mort après son Spoutnik.

Après la séquence

Sud	*Ouest*	*Nord*	*Est*
1 ♣	Passe	1 ♠	Passe
1 SA	Passe	2 ♥	Passe
2 SA	Passe	3 SA	Contre…

Nord a nommé un bicolore. Entamez Pique, dans sa première couleur. Ceci est logique : le contre a pour but de vous détourner de l'entame classique dans la deuxième couleur du mort, censée être plus faible.

Après la séquence

Sud	*Ouest*	*Nord*	*Est*
1 ♣	1 ♦	Passe	Passe
1 SA	Passe	2 SA	Passe
3 SA	Passe	Passe	Contre…

Entamez Carreau. Est, par son contre, montre un intérêt dans cette couleur plutôt que dans une majeure. Comme il n'a pas fitté à Carreau, il doit en principe y avoir un honneur second.

> Contrer « au poids » est le meilleur moyen de se faire surcontrer, puis d'étouffer avec 15 points dans la main.

Le partenaire a contré une enchère artificielle intermédiaire

Entamez Trèfle s'il s'agit d'un 2 ♣ Stayman. S'il y a eu un Texas, entamez dans la couleur annoncée par le mort.

Après l'entame, que fait le partenaire de l'entameur ?

L'entameur a joué un honneur

- Il a entamé d'un As, qui promet donc le Roi. Appelez si vous avez la Dame, sinon refusez.
- Il a entamé d'un Roi. Donnez votre compte en pair-impair. Si vous avez le Valet, jetez-le sur le Roi. Si vous avez l'As, prenez le Roi et rejouez dans la couleur.
- Il a entamé d'une Dame. Appelez si vous avez un honneur, sinon refusez.
- Il a entamé d'un Valet. Si vous avez un gros honneur, jouez-le sans hésiter, même si c'est le Roi.

	♥ 9 3	
	N	
♥ A V 10 8 6	O E	♥ R 7 2
	S	
	♥ D 5 4	

Si vous laissez filer le Valet de Cœur, vous faites cadeau de la Dame et, selon toute vraisemblance, du contrat. Donc jouez votre Roi. Si l'As est en Sud, votre sacrifice n'aura coûté aucune levée.

- Vous avez un honneur second. Jetez-le à la première levée de peur de bloquer la couleur.

L'entameur a joué un petit (quatrième meilleure ou petit prometteur)

- Il n'y a pas d'honneur au mort.

Jouez votre plus haute carte ou, s'il y a lieu, la plus petite équivalente de cette haute carte.

> En troisième position, montez. En deuxième position, en revanche, jouez petit, même si vous avez un honneur second.

• Il y a un honneur au mort et le déclarant le joue.
Montez si vous pouvez. Sinon marquez votre compte en pair-impair.

	♠ V 10 8 ♥ R D 10 2 ♦ V 9 8 5 ♣ R 7	
♠ A D 9 6 5 ♥ V 7 6 ♦ A 7 ♣ D 4 2	N O E S	♠ 4 3 2 ♥ 5 4 3 ♦ 4 3 2 ♣ V 6 5 3
	♠ R 7 ♥ A 9 8 ♦ R D 10 6 ♣ A 10 9 8	

Contrat final : 3 Sans-Atout joué par Sud après un Stayman de Nord sur lequel Sud a répondu 2 ♦. Ouest entame du 6 de Pique, pour le Valet du mort, le 2 d'Est et le 7 de Sud. Le déclarant joue Carreau, pris par l'As d'Ouest.

Ouest prend le temps de la réflexion. Est, son partenaire, a fourni le 2 de Pique à la première levée, marquant un ou trois Piques (pair-impair). S'il n'en a qu'un, Sud en a quatre, ce qui est impossible : en effet Sud n'a pas répondu 2 ♠ sur le Stayman de Nord. Conclusion : le Roi de Pique est devenu sec. Ouest défile ses quatre Piques affranchis pour un de chute.

• Il y a un honneur au mort que le déclarant ne joue pas. Faites l'impasse sur cet honneur.

♥ D 5 3		
	N O E	♥ R 10 2

Ouest entame du 6 de Cœur pour le 3 du mort. Passez le 10. Jouer le Roi promouvrait de toute façon la Dame du mort, et serait catastrophique si Sud a l'As.

> Ne faites pas d'impasse sur le partenaire ; en revanche, n'hésitez pas à en faire sur le mort.

Votre honneur est resté maître

Vous décidez de rejouer dans la couleur.
Jouez en **pair-impair du résidu**. Si vous aviez au départ A 6 2, rejouez le 6. Si vous aviez A 8 6 2, rejouez le 2.

Vous décidez de contre-attaquer (on dit aussi de switcher) parce que la couleur d'entame est sans avenir :
- vous souhaitez que votre partenaire rejoue dans cette couleur. Jouez un petit prometteur ;
- vous voulez traverser le mort au bénéfice de votre partenaire. Jouez un gros dissuasif en faisant fi du pair-impair.

♠ D 10 9 7
♥ R D 3
♦ V 9 2
♣ 10 4 3

N
O E

♠ A 2
♥ V 10 4 2
♦ 8 6 3
♣ R V 7 2

Ouest	*Nord*	*Est*	*Sud*
Passe	Passe	Passe	1 SA
Passe	2 ♣	Passe	2 ♥
Passe	2 SA	Passe	3 SA...

Ouest entame du 6 de Pique pour votre As.

Rejouer Pique serait contraire à vos intérêts.
a) Vous décidez de rejouer Carreau : jouez le 8 (et non pas le 3).
b) Vous décidez de rejouer Trèfle : jouez le 2 (petit prometteur).

Vous voulez contre-attaquer dans A D 10 x, le Valet étant au mort.

♠ D 10 9 7
♥ V 4 2
♦ R V 10 9 3
♣ 2

N
O E

♠ A 2
♥ A D 10 9
♦ 8 5 4
♣ 10 9 7 6

Contrat final : 3 Sans-Atout joué par Sud. Ouest entame du 6 de Pique pour votre As et le 3 de Sud.

Si vous jouez votre 10 de Cœur, le Valet de Cœur du mort fera sans doute la levée, et le Roi de Cœur du déclarant fera la sienne à son tour. Jouez la Dame de Cœur pour forcer le Roi de Cœur de Sud. Quand Ouest prendra la main, il traversera le Valet de Cœur de Nord pour un de chute.

Vous voulez contre-attaquer dans R V 9 x, le 10 étant troisième au mort.

♠ D 10 9 7 ♥ 10 4 3 ♦ R V 10 9 3 ♣ 2	
N O E	♠ A 2 ♥ R V 9 2 ♦ 8 5 4 ♣ 10 9 7 6

Seule différence avec la donne ci-dessus, vos cœurs sont moins beaux. Vous espérez que l'As de Cœur est chez votre partenaire.

Si vous jouez le 2, le déclarant, qui a la Dame, ne la met pas, et votre partenaire est forcé de jouer son As. Il faut donc forcer la Dame de Sud avec le Valet afin de prendre le 10 du mort en impasse au tour suivant.

Il y a une longue menaçante au mort.
Toutes affaires cessantes, attaquez-vous à la remontée qui permet de l'exploiter.

♠ D 10 9 7 ♥ A 4 2 ♦ R D V 10 3 ♣ 3	
N O E	♠ A 2 ♥ R D 10 ♦ A 5 4 ♣ V 10 9 7 6

Contrat final : 3 Sans-Atout joué par Sud. Ouest entame du 6 de Pique pour votre As et le 3 de Sud.

Vous êtes tenté de contre-attaquer Trèfle, mais neutraliser la longue à Carreau devient votre priorité. Donc vous jouez vos honneurs à Cœur jusqu'à ce que Nord mette son As. Votre As de Carreau empêchera ensuite l'exploitation de cette couleur à condition, bien sûr, que votre partenaire vous donne son compte. Vous jouerez votre As au moment opportun.

♠ D 10 9 7 ♥ A 5 ♦ R D V 10 6 3 ♣ 2	
N O E	♠ A 2 ♥ R 4 3 ♦ A 5 4 ♣ V 10 9 7 6

Le coup de Merrimac est la variante sacrificielle de cette manœuvre.
Différence avec la donne précédente : le Roi de Cœur est nu, et l'As de Cœur est second. Est sacrifie son Roi. Merrimac était le nom d'un cargo charbonnier américain échoué volontairement en 1898 dans le port cubain de Santiago pour bloquer la flotte espagnole.

Votre honneur a été capturé

Dès votre première défausse, donnez votre compte dans la couleur de l'entame en pair-impair du résidu.

	♠ 5 2 ♥ A D V 8 ♦ D V 8 7 2 ♣ D 9	
♠ A 10 8 7 6 ♥ 9 5 ♦ A 10 6 ♣ V 6 2	N O E S	♠ V 9 4 3 ♥ 7 6 4 2 ♦ 3 ♣ R 8 4 3
	♠ R D ♥ R 10 3 ♦ R 9 5 4 ♣ A 10 7 5	

Contrat final : 3 Sans-Atout joué par Sud. Ouest, votre partenaire, entame du 7 de Pique pour le 2 du mort, votre Valet et le Roi de Sud.

Avec votre vilain jeu, vous vous désintéressez de la suite du coup. Vous avez tort. Il faut que votre partenaire sache qu'il vous reste trois Piques. À cette fin, profitez du deuxième tour de Carreau joué par le déclarant pour défausser le 3 de Pique en pair-impair du résidu. Votre partenaire apprend que votre résidu à Pique est impair : trois ou un. Ce ne peut être « un » : vous auriez précieusement conservé ce petit Pique pour traverser éventuellement les Piques de Sud. Donc c'est trois. Ouest calcule que la Dame de Pique de Sud est devenue sèche. Conclusion : en main avec l'As de Carreau, Ouest table ses

Piques pour un de chute. Sans votre brillante défausse, Ouest aurait cherché une hypothétique reprise chez vous à Trèfle pour transpercer les Piques de Sud.

Exceptions à la règle « Pas d'impasse sur le partenaire »

• *Vous avez un Roi troisième.*

En troisième position, dans la couleur où votre partenaire a entamé, vous avez le Roi troisième.

- Il n'y a pas d'honneur au mort. Jouez le Roi sans hésiter.
- Il y a une force au mort, par exemple D 10 7 2. Jouez petit, là encore sans hésiter. Si vous mettez votre Roi et si le déclarant a l'As, il encaissera 3 levées sans coup férir. Si c'est votre partenaire qui a l'As, vous ferez votre Roi plus tard.

• *Vous n'avez pas de reprise.*

En de rares occasions, pour préserver votre reprise de main, vous pouvez être conduit à jouer, en troisième, non pas votre plus gros honneur, mais un honneur de rang inférieur. Gros inconvénient de cette manœuvre : votre partenaire ignore que vous avez ce gros honneur.

♠ 10 8 ♥ A R 8 7 ♦ R V 10 ♣ 10 9 5 3	
N O E S	♠ A D 9 7 6 ♥ 10 9 5 ♦ 5 4 ♣ 7 6 2

Contrat final : 3 Sans-Atout joué par Sud, après une intervention de Ouest à Carreau et de vous-même à Pique. Votre partenaire entame du 3 de Pique pour le 8 de Nord.

Si vous prenez de l'As, Sud ne jouera son Roi qu'au troisième tour de la couleur et vos Piques seront enterrés. En revanche, si vous passez la Dame, Sud, ne sachant pas où est l'As, est forcé de prendre immédiatement. Mais il faudra que Ouest ait une belle confiance en vous pour rejouer Valet de Pique et Pique quand il prendra la main.

EXERCICE

		♠ 5 2 ♥ A 9 8 ♦ D V 8 7 2 ♣ R 9 8		
♠ 7 6 ♥ D 5 4 2 ♦ R 6 3 ♣ D 7 3 2	O	N S	E	♠ R D 10 9 4 3 ♥ V 7 6 ♦ A 5 ♣ V 4
		♠ A V 8 ♥ R 10 3 ♦ 10 9 4 ♣ A 10 6 5		

Contrat final : 3 Sans-Atout joué par Sud après que vous êtes intervenu à Pique. Ouest entame du 7 de Pique pour le 2 du mort. À vous.

Si vous jouez la Dame, (plus petite équivalente), Sud va duquer. Vous insistez dans la couleur et Sud prend. Quand Ouest sera en main avec son Roi de Carreau, il n'aura plus de Pique pour forcer le deuxième arrêt à Pique de Sud.
La solution : prendre le 7 de Pique avec le 9 pour forcer Sud à ne pas duquer la première levée (s'il le fait, il n'a plus qu'un arrêt dans la couleur).

Exceptions à la règle « On ne monte pas en second »

	♥ A 10 8 2 N	
♥ D V 3	O	E
	S	

Intercaler avec le petit mariage Sans-Atout ou Atout Cœur.
Vous êtes en Ouest. Sud joue le 7 de Cœur de sa main. Il faut monter. Si vous fournissez petit, le déclarant passera sans doute le 10 (coup à blanc ou coup de sécurité). Dans ce cas, vous ne ferez aucune levée à Cœur s'il a le Roi en main. Seul risque de votre manœuvre : la présence, chez votre partenaire, du Roi sec, qui, de mauvais cœur, embrasserait votre Valet.

	♥ A 10 8 2	
	N	
♥ R V 3	O E	
	S	

Sans-Atout ou Atout Cœur. Même scénario, sauf que vous avez le Roi au lieu de la Dame. Fournissez petit « dans la foulée ». Le déclarant, qui a sans doute la Dame, est à la devine. Vous ferez une levée dans la couleur s'il passe le 10, et deux s'il passe l'As. Laissez-lui une chance de se tromper.

Quand le mort n'a pas de reprise

Se jeter dans la gueule du loup est parfois indispensable pour « tuer » le mort.

	♠ 5 2 ♥ A V 10 9 2 ♦ 8 7 2 ♣ 10 9 8	
♠ D V 10 3 ♥ R 8 7 ♦ R 10 5 ♣ D 6 5	N O E	

Contrat final : 3 Sans-Atout joué par Sud après une ouverture de 2 Sans-Atout. Vous avez entamé de la Dame de Pique prise par l'As de Sud qui rejoue le 5 de Cœur.

Si vous jouez un petit de routine, Nord passe le Valet pris par la Dame d'Est, votre partenaire. Bien entendu, celui-ci rejoue Pique. Sud plonge du Roi, prend votre Roi de Cœur en impasse et aligne 9 levées : 2 à Pique, 4 à Cœur et 3 dans les mineures. En revanche, si vous montez du Roi de Cœur dès la seconde levée, le déclarant ne réalise qu'un seul Cœur au lieu de 4, la Dame étant troisième en Est. Si Sud l'avait eue, il aurait fait une impasse forçante.

Pour préserver la reprise du partenaire

	♠ 8 4 ♥ R D 5 2 ♦ V 10 8 ♣ R 9 8 7	
♠ D V 10 6 5 ♥ 7 6 ♦ D 3 2 ♣ D 4 2	N O E S	♠ 9 3 2 ♥ V 10 4 3 ♦ A 7 ♣ V 6 5 3
	♠ A R 7 ♥ A 9 8 ♦ R 9 6 5 4 ♣ A 10	

Contrat final : 3 Sans-Atout joué par Sud. Ouest entame de la Dame de Pique, pour le 4 du mort, votre 2 et le 7 de Sud. Ouest insiste du Valet capturé par l'As de Sud qui monte au mort à Cœur. Il présente le Valet de Carreau du mort.

Vous êtes tenté de jouer petit, pour permettre à Ouest de faire sa Dame. C'est exactement ce que souhaite le déclarant, afin de désarmer la main dangereuse. Donc vous devez plonger de l'As et détruire le dernier arrêt à Pique de Sud. Ouest prendra ultérieurement la main à Carreau et tirera ses deux Piques affranchis pour un de chute.

Le coup à blanc

Dans le jeu avec le mort, nous avons vu que le coup à blanc peut pallier le manque de remontées. De même, en défense, il peut pallier le manque de reprises.

	♠ V 10 8 ♥ R D V 10 ♦ V 9 8 5 ♣ R 7	
♠ A 9 7 6 5 ♥ 7 6 2 ♦ 4 3 ♣ D 4 2	N O E S	♠ R 3 2 ♥ 5 4 3 ♦ A 7 2 ♣ V 6 5 3
	♠ D 4 ♥ A 9 8 ♦ R D 10 6 ♣ A 10 9 8	

Contrat final : 3 Sans-Atout joué par Sud. Ouest entame du 6 de Pique, pour le 10 du mort, le Roi d'Est et le 4 de Sud. Est rejoue le 3 de Pique pour la Dame de Sud.

Ouest doit duquer, sa Dame de Trèfle étant une reprise très aléatoire. Dès qu'Est reprend la main avec l'As de Carreau, il rejoue Pique pour un de chute. Si Ouest met son As de Pique à la seconde levée, le déclarant aligne 10 levées.

Le laisser-passer

Le laisser-passer permet au déclarant de couper les communications entre les défenseurs. Cette arme peut également servir au flanc pour couper les communications du déclarant avec le mort.

	♠ R V 10 8 5 ♥ A 8 6 ♦ 9 8 ♣ 9 8 4	
♠ 9 7 3 ♥ D 10 5 ♦ D V 10 5 4 ♣ D 6	N O E S	♠ A D 2 ♥ V 7 4 ♦ 7 6 2 ♣ V 10 5 3
	♠ 6 4 ♥ R 9 3 2 ♦ A R 3 ♣ A R 7 2	

Contrat final : 3 Sans-Atout joué par Sud. Ouest entame de la Dame de Carreau, laissée passer par Sud et insiste du Valet pris par l'As de Sud. Celui-ci joue le 4 de Pique pour le 3 d'Ouest, qui marque ainsi son tripleton et, par voie de conséquence, le doubleton de Sud. Tout heureux que l'impasse échoue, vous prenez le 10 de Pique du mort avec votre

Dame et rejouez votre dernier Carreau. Sud prend du Roi et rejoue Pique. En main avec l'As, vous contre-attaquez Trèfle pour l'As de Sud, qui aligne neuf levées : 3 à Pique, 2 à Cœur, 2 à Carreau et 2 à Trèfle.

Si vous aviez duqué le 10 de Pique, Sud aurait chuté de une ou deux levées, les Piques de Nord s'avérant inaccessibles.

L'appel de Smith

L'appel de Smith a été inventé par l'Anglais Lyons, mais c'est son compatriote Smith qui l'a décrit dans un numéro de *Bridge World Magazine* de 1963. L'appel de Smith consiste à jouer une carte qui, à la première occasion, indique au partenaire si on a, ou si on n'a pas, un honneur important dans la couleur de l'entame. Quand il prend la main, le partenaire sait ainsi s'il doit insister ou non dans cette couleur d'entame.

	♠ 8 4 ♥ 10 8 7 5 ♦ A R D V ♣ D V 10	
♠ A 10 7 6 5 ♥ D 6 2 ♦ 4 3 ♣ R 4 2	N O E S	♠ D V 2 ♥ R V 9 4 ♦ 10 7 2 ♣ 6 5 3
	♠ R 9 3 ♥ A 3 ♦ 9 8 6 5 ♣ A 9 8 7	

Contrat final : 3 Sans-Atout joué par Sud. Ouest entame du 6 de Pique, pour le 4 du mort, le Valet d'Est et le Roi de Sud. Celui-ci monte au mort avec l'As de Carreau et présente la Dame de Trèfle. Ouest prend et se retrouve devant une alternative :

- si la Dame de Pique est chez son partenaire, il doit jouer Pique et encaisser quatre Piques pour un de chute ;

- si la Dame de Pique est en Sud, rejouer Pique donne au déclarant sa neuvième levée.

L'appel de Smith pratiqué par Est ôte Ouest de ce doute : sur l'As de Carreau du mort, Est a jeté le 10. Cette carte n'est pas une indication de pair-impair, au vu des Carreaux du mort. Elle manifeste l'intérêt d'Est pour les Piques, couleur d'entame.

	♠ 8 4 ♥ 10 8 7 5 ♦ A R D V ♣ D V 10	
♠ A 10 7 6 5 ♥ D 6 2 ♦ 4 3 ♣ R 4 2	N O E S	♠ V 9 2 ♥ A V 9 4 ♦ 10 7 2 ♣ 6 5 3
	♠ R D 3 ♥ R 3 ♦ 9 8 6 5 ♣ A 9 8 7	

Seule différence entre ce diagramme et le précédent : Sud est plus musclé à Pique et moins à Cœur.

À la deuxième levée, sur l'As de Carreau du mort, Est fournit le 2 : il dissuade son partenaire d'insister à Pique. Ouest rejoue Cœur. Est prend et transperce le déclarant à Pique : deux de chute.

> Un appel « inutile » dans une couleur du déclarant incite l'entameur à insister ultérieurement dans sa propre couleur. Un « refus » l'en dissuade.

La défense à la couleur

L'atout, option choisie par le déclarant, complique la tâche de la défense. D'une part celle-ci ne peut guère espérer affranchir sa longue, si elle en a une. D'autre part la défense doit contrecarrer les plans du déclarant sans savoir si celui-ci compte couper de sa main courte, affranchir une couleur annexe, ou encore jouer en double coupe. Avant d'entamer, il faut donc avoir en mémoire les enchères du camp du déclarant.

Il y a deux sortes de défense :

La défense active

Vous avez trois options :

- Affranchir un ou plusieurs de vos honneurs.
- Tenter de couper, ou de faire couper votre partenaire, avant que le déclarant ne purge les atouts.
- Contrarier le plan de coupe du déclarant en jouant vous-même atout.

La défense passive

Vous avez une distribution régulière, sans séquence, et vous manquez d'informations sur la distribution de l'attaque. Entamez « neutre » et laissez le déclarant résoudre ses problèmes tout seul.

Si vous avez livré une levée à l'entame et si vous vous retrouvez en main, n'allez pas en livrer une deuxième dans une autre couleur : insistez dans la couleur de l'entame si elle est devenue neutre. Par ailleurs l'entame neutre est souvent recommandée dans les contrats de chelem.

L'entame quand le partenaire est resté muet

Vous avez une séquence

• Avec une séquence pleine ou interrompue, entamez la tête.
• Avec D V x x x, entamez la Dame (à Sans-Atout, vous entameriez petit).
• En revanche avec une séquence brisée longue, comme R V 10 9 7, n'entamez pas dans la couleur : vous risqueriez de ne jamais faire votre Roi.
• Avec As et Roi secs, jouez d'abord le Roi. Sur l'As, qui indique votre souhait de couper le troisième tour de la couleur, le partenaire pourra peut-être vous indiquer une préférence grâce au rang de sa carte.
• Avec As et Roi et un singleton, jouez d'abord le Roi, puis l'As et enfin le singleton. A contrario, si vous entamez l'As (qui promet le Roi), puis jouez un petit d'une autre couleur, ce petit ne peut être un singleton.

Vous avez un singleton

Entamez-le. Même si votre partenaire n'a pas l'As, il a peut-être l'As d'atout comme reprise. Bien entendu, si vous avez gros jeu, évitez cette entame : votre partenaire est blanc. Évitez-la aussi si elle vous amène à couper « avec votre argent » : c'est le cas si vous avez par exemple D V x à l'atout.

Vous n'avez ni séquence ni singleton

Entamez en **pair-impair** : le partenaire doit connaître votre compte.

<u>Le camp du déclarant a nommé une seule couleur, la couleur d'atout</u>.

Procédez par élimination : **évitez** d'entamer

• sous un As. Mieux vaut entamer l'As lui-même : c'est l'entame « périscopique » ;
• sous un Roi long (voir supra *Vous avez une séquence*). Sous un Roi troisième, l'entame est moins pernicieuse ;
• un singleton à l'atout. Ayez une pensée pour la Dame troisième ou quatrième de votre partenaire… ;
• un doubleton, surtout s'il est commandé par un Valet.

Cependant, l'entame du doubleton est envisageable avec un jeu très faible, ou un jeu dont les trois autres couleurs comportent des fourchettes.

EXERCICE

Les enchères ont été

Ouest	*Nord*	*Est*	*Sud*
Passe	Passe	Passe	1 ♥
Passe	3 ♥	Passe	4 ♥…

Trouvez l'entame avec les jeux suivants (les solutions sont au-dessous)

♠A V 7 6 ♥D 6 2 ♦R 10 3 ♣9 6 2	♠A V 7 6 ♥7 6 2 ♦R 10 3 ♣R V 2	♠A 6 ♥R 6 ♦D 10 8 4 3 ♣D 7 6 2	♠ D 10 6 ♥ R 6 5 2 ♦ 10 3 ♣ A 9 4 2	♠R 7 6 ♥7 ♦D 8 7 4 3 ♣D 8 7 4
Pique, Cœur et Carreau étant « filants », entamez du 2 de Trèfle en pair-impair.	6 de Cœur, en pair-impair inversé. Les trois autres couleurs sont filantes.	3 de Carreau, en pair-impair. Un simple Valet chez votre partenaire fera votre bonheur.	Par élimination, l'entame du doubleton à Carreau s'impose.	L'entame du singleton d'atout est proscrite. Entre deux couleurs de force équivalente, choisissez la plus longue. Donc le 3 de Carreau.

Outre la couleur d'atout, le camp du déclarant a nommé une autre couleur, par exemple Carreau. N'entamez pas dans cette couleur : si les Carreaux sont dans la main du déclarant vous ferez prendre les honneurs de votre partenaire en fourchette. Si les Carreaux sont au mort, vous contribuerez à affranchir la couleur.

• Vos propres Carreaux sont sans histoire. Entamez dans une troisième couleur qui permette à votre camp de faire des levées.
• Vous avez des gros Carreaux derrière les Carreaux nommés par le déclarant. Entamez atout.

Outre la couleur d'atout, le camp du déclarant a nommé deux autres couleurs. Entamez atout pour contrecarrer un jeu de double coupe éventuel.

EXERCICE

Les enchères ont été

Ouest	*Nord*	*Est*	*Sud*
Passe	Passe	Passe	1 ♥
Passe	2 ♥	Passe	3 ♦
Passe	4 ♥…		

Trouvez l'entame avec les jeux suivants (les solutions sont au-dessous)

♠ V 10 9 7 ♥ R 6 2 ♦ D 10 3 ♣ D V 2	♠ D 8 7 6 ♥ 7 6 2 ♦ R 10 7 3 ♣ A 6	♠ D 9 6 5 3 ♥ R 6 ♦ D 10 8 ♣ D 9 6
Pique est moins filant que Trèfle. Entamez le Valet de Pique.	Le déclarant va couper des Carreaux, donc entamez atout. L'entame de l'As de Trèfle est fortement déconseillée.	Impossible d'entamer Cœur ou Carreau. Jouez Pique, couleur plus longue que Trèfle (le 3 en pair-impair).

L'entame quand le partenaire a parlé

Comme à Sans-Atout, vous entamez en principe dans sa couleur, en pair-impair.

Après l'entame, que fait le partenaire de l'entameur ?

L'entameur a joué un honneur

Il a entamé d'un As, qui promet le Roi :
- appelez si vous avez la Dame. Sinon, donnez votre compte en pair-impair ;
- vous avez la Dame seconde. Ne la jetez pas, jouez petit ;
- vous avez la Dame et le Valet. Jetez la Dame sous l'As. Le partenaire pourra vous donner la main grâce à votre Valet s'il veut que vous traversiez le déclarant dans une autre couleur ;
- vous avez quatre petites cartes dans la couleur. Modulez votre pair-impair : ne jouez pas la plus forte, votre partenaire croirait que vous avez un doubleton. Ne jouez pas la troisième meilleure, qui serait peu lisible : le partenaire ne saurait si vous avez trois ou quatre cartes. Jouez la deuxième meilleure.

L'entameur a joué une grosse carte dans votre longue, marquant un singleton ou un doubleton

• Vous avez l'As et le Roi : jouez le Roi, puis l'As et offrez une coupe à votre partenaire avec, éventuellement, un appel de préférence.

• Vous avez l'As mais pas le Roi. Le doubleton étant plus vraisemblable que le singleton, ne jouez pas votre As si vous n'avez pas de reprises annexes, mais appelez : vous augmentez vos chances de faire couper ultérieurement votre partenaire.

L'entameur a affiché un doubleton, mais le déclarant aussi

Ne rejouez pas immédiatement un troisième tour dans la couleur : le déclarant, au lieu de se faire surcouper, va défausser une perdante.

	♠ A 10 9 ♥ V 8 7 5 ♦ R D 4 ♣ R 9 8	
♠ D 7 6 ♥ 4 2 ♦ V 10 9 3 ♣ D 7 3 2	N O E S	♠ V 5 ♥ A R D 9 6 ♦ 8 5 2 ♣ V 10 4
	♠ R 8 4 3 2 ♥ 10 3 ♦ A 7 6 ♣ A 6 5	

Contrat final : 4 Piques joué par Sud après que vous êtes intervenu à Cœur. Ouest entame du 4 de Cœur.

Vous encaissez le Roi et l'As de Cœur. Si vous rejouez petit Cœur, Sud défausse un Trèfle perdant et Ouest coupe avec son argent : il ne fera pas sa Dame de Pique. Si vous jouez la Dame de Cœur plutôt que petit Cœur, Sud coupe, Ouest surcoupe, mais le Valet de Cœur est affranchi pour la défausse d'un Trèfle. Dans les deux cas, 4 Piques juste faits.

Il fallait rejouer neutre (Trèfle par exemple) et Sud chutait naturellement, perdant deux Cœurs, un atout et un Trèfle.

> Ne mettez pas le déclarant en surcoupe s'il peut défausser une perdante au lieu de couper.

L'entameur a entamé atout dans votre As troisième

Ne jouez pas As et petit atout, vous n'aurez peut-être pas l'occasion de reprendre la main pour donner un troisième tour d'atout. Duquez et attendez que le déclarant ou votre partenaire rejoue atout pour plonger et rejouer petit.

Le laisser-passer

Le laisser-passer peut être bénéfique si on a une fourchette dans laquelle on ne peut pas rejouer.

	♠ A D 8 4 ♥ 7 6 5 ♦ A D V 9 4 ♣ 8	
♠ 7 6 ♥ A V 8 4 ♦ 8 6 3 ♣ R D V 10	N O E S	♠ R 5 ♥ 9 3 2 ♦ R 5 2 ♣ 9 7 4 3 2
	♠ V 10 9 3 2 ♥ R D 10 ♦ 10 7 ♣ A 6 5	

Contrat final : 4 Piques joué par Sud. En Ouest, vous avez entamé du Roi de Trèfle, pris par l'As de Sud qui tente immédiatement l'impasse au Roi d'atout. Celle-ci échoue. Est, votre partenaire, contre-attaque du 9 de Cœur pour le Roi de Sud. Que faites-vous ?

Si vous prenez, vous ne pouvez rejouer Cœur : en contre-attaquant d'un 9 dissuasif, Est a clairement montré qu'il n'avait ni la Dame, ni le 10. Donc vous rejouez Trèfle. Sud coupe au mort, purge les atouts et tente l'impasse au Roi de Carreau. Nouvel échec, mais le déclarant fait le reste, défaussant son Cœur perdant sur les Carreaux affranchis.
Pour faire chuter, il faut duquer le Roi de Cœur tout en appelant du 8, ce qui permet ensuite à Est de traverser les deux Cœurs restant en Sud.

> Parfois, si on ne sait pas quoi rejouer, le mieux est de ne pas prendre la main. Encore faut-il le faire dans la foulée.

L'uppercut

En coupant gros, vous promouvez parfois un atout de votre partenaire.

	♠ A R 10 9	
	♥ V 7 5	
	♦ D 6 4	
	♣ R 9 8	
♠ D 7	N	♠ V 5
♥ 4 2	O E	♥ A R D 9 6
♦ V 10 9 3	S	♦ 8 5 2
♣ D 7 6 3 2		♣ V 10 4
	♠ 8 6 4 3 2	
	♥ 10 8 3	
	♦ A R 7	
	♣ A 5	

Contrat final : 4 Piques joué par Sud après que vous êtes intervenu à Cœur en Est. Ouest entame du 4 de Cœur.

Vous encaissez la Dame, le Roi et l'As de Cœur. Si vous jouez un quatrième tour de Cœur en coupe et défausse, Ouest coupera de sa Dame de Pique, surcoupée de l'As du mort : vous ferez votre Valet pour un de chute. Si Ouest, distrait, coupe petit, il n'y a pas de promotion d'atout.

La promotion d'atout par refus de la surcoupe

	♠ 8 6 4 3 2	
	♥ 7 6 5 3	
	♦ D 6	
	♣ R 9	
♠ R 10 9	N	♠ 5
♥ 4 2	O E	♥ A R D V 9
♦ V 10 9 3	S	♦ 8 5 2
♣ D 7 6 3		♣ V 10 4 2
	♠ A D V 7	
	♥ 10 8	
	♦ A R 7 4	
	♣ A 8 5	

Contrat final : 4 Piques joué par Sud après que vous êtes intervenu à Cœur en Est. Ouest entame du 4 de Cœur.

Vous encaissez le Valet et la Dame de Cœur et insistez du Roi. Sud coupe de la Dame de Pique. Ouest doit résister à la tentation de surcouper : il défausse tranquillement. « Timeo Danaos » dira (peut-être) le déclarant avant de perdre deux atouts au lieu d'un.

La marque

La marque des points en partie libre est différente de la marque des points utilisée en tournoi.

En partie libre, le but est de remporter deux manches. Une manche est gagnée lorsqu'un camp a marqué 100 points, en une ou plusieurs donnes. En partie libre, le gain d'une manche doit être la priorité.
Le gain d'une partie (ou robre) en deux manches « sèches » rapporte une prime de 700 points en plus de la valeur des deux manches. Cette prime est réduite à 500 points si la partie est remportée par deux manches à une. Le camp qui gagne une manche est dit vulnérable. Un camp vulnérable qui gagne un chelem obtient une prime supérieure à celle qu'obtient un camp non vulnérable : 750 points au lieu de 500 pour un petit chelem, et 1 500 points au lieu de 1 000 pour un grand chelem.
En revanche, en cas de chute, un camp vulnérable subit une pénalité plus forte qu'un camp non vulnérable, surtout si le contrat est contré.
Contrer une partielle fait courir un risque. Si vous contrez 2 Piques et que le contrat est gagné, le camp contré encaisse 60 points × 2 = 120 points, c'est-à-dire la manche.
Chaque levée de mieux n'apporte qu'une plus-value dérisoire : 20 points dans un contrat mineur, 30 points dans un contrat majeur ou à Sans-Atout. Assurez donc votre contrat sans prendre de risques.

En tournoi, la part de chance est réduite : chaque paire d'une ligne joue les mêmes donnes que les autres paires de cette ligne. Toutes les donnes sont indépendantes les unes des autres. Les manches ne peuvent être gagnées qu'en une seule fois et non par addition de partielles.
Dans les tournois par paires, il faut tenter de faire mieux que les autres. Les levées de mieux sont donc très importantes. Être la seule paire à réaliser le top en faisant une levée de mieux au contrat de 2 ♠ rapporte autant que de gagner un grand chelem surcontré.
Dans les tournois par quatre, où votre paire est associée à une autre, le gain des manches et des chelems est privilégié. Il faut donc, d'une part ne pas empailler ; d'autre part, assurer ses contrats sans prendre de risques inutiles.

La marque tournoi

La marque tournoi est un peu différente de la marque de la partie libre. Chaque partielle gagnée est récompensée par une prime de 50 points, dite « de bien joué ». Ainsi 1 Sans-Atout juste fait rapporte 40 + 50 = 90 points. En partie libre, en revanche, la prime « de bien joué » n'est accordée que pour un contrat contré ou surcontré et gagné.
D'autre part les primes de manche sont, elles aussi, différentes des primes accordées en partie libre.

Contrats demandés, non contrés, et réussis		Non Vulnérable	Vulnérable	Chaque levée suppl.
Partielles	1 ♣ ou 1 ♦	70	70	+ 20
	1 ♥ ou 1 ♠	80	80	+ 30
	1 Sans-Atout	90	90	+ 30
	2 ♣ ou 2 ♦	90	90	+ 20
	2 ♥ ou 2 ♠	110	110	+ 30
	2 Sans-Atout	120	120	+ 30
	3 ♣ ou 3 ♦	110	110	+ 20
	3 ♥ ou 3 ♠	140	140	+ 30
	4 ♣ ou 4 ♦	130	130	+ 20
Manches	3 Sans-Atout	400	600	+ 30
	4 ♥ ou 4 ♠	420	620	+ 30
	4 Sans-Atout	430	630	+ 30
	5 ♣ ou 5 ♦	400	600	+ 20
	5 ♥ ou 5 ♠	450	650	+ 30
	5 Sans-Atout	460	660	+ 30
Chelems	6 ♣ ou 6 ♦	920	1 370	+ 20
	6 ♥ ou 6 ♠	980	1 430	+ 30
	6 Sans-Atout	990	1 440	+ 30
	7 ♣ ou 7 ♦	1 440	2 140	
	7 ♥ ou 7 ♠	1 510	2 210	
	7 Sans-Atout	1 520	2 220	

Observations

- Demander et réussir 3 ♠ rapporte 140 points, c'est-à-dire pas un point de plus que 1 ♠ + 2. Donc, si vous devez vous arrêter à une partielle, demandez-la au palier le plus bas possible. Ne courez pas de risques inutiles.
- En tournoi par paires, demander et réussir 5 ♣ ou 5 ♦ rapporte 400 points contre 420 points pour 4 ♥ et 430 points pour 3 SA + 1. Donc, ne demandez une manche mineure que si aucune manche à Sans-Atout ou en majeure n'est envisageable.

Contrats contrés et réussis	**contrés non v.**	**contrés vulnér.**	**surc. non v.**	**surc. vuln.**	**chaque levée de mieux**
1 ♣ ou 1 ♦	140	140	230	230	contrée non
1 ♥ ou 1 ♠	160	160	520	720	vulnérable
1 Sans-Atout	180	180	560	760	100
2 ♣ ou 2 ♦	180	180	560	760	
2 ♥ ou 2 ♠	470	670	640	840	contrée
2 Sans-Atout	490	690	680	880	vulnérable
3 ♣ ou 3 ♦	470	670	640	840	200
3 ♥ ou 3 ♠	530	730	760	960	
3 Sans-Atout	550	750	800	1 000	surcontrée
4 ♣ ou 4 ♦	510	710	720	920	non vulnérable
4 ♥ ou 4 ♠	590	790	880	1 080	200
4 Sans-Atout	610	810	920	1 120	
5 ♣ ou 5 ♦	550	750	800	1 000	surcontrée
5 ♥ ou 5 ♠	650	850	1 000	1 200	vulnérable
5 Sans-Atout	670	870	1 040	1 240	400
6 ♣ ou 6 ♦	1 090	1 540	1 380	1 830	
6 ♥ ou 6 ♠	1 210	1 660	1 620	2 070	
6 Sans-Atout	1 230	1 680	1 660	2 110	
7 ♣ ou 7 ♦	1 630	2 330	1 960	2 660	
7 ♥ ou 7 ♠	1 770	2 470	2 240	2 940	
7 Sans-Atout	1 790	2 490	2 280	2 980	

Les pénalités sont les mêmes, que le contrat soit à la couleur ou à Sans-Atout.

Contrats chutés	**non contrés non v.**	**non contrés vuln.**	**contré non v.**	**contré vuln.**	**surc. non v.**	**su vuln.**
1 de chute	50	100	100	200	200	400
2 de chute	100	200	300	500	600	1 000
3 de chute	150	300	500	800	1 000	1 600
4 de chute	200	400	800	1 100	1 600	2 200
5 de chute	250	500	1 100	1 400	2 200	2 800
6 de chute	300	600	1 400	1 700	2 800	3 400
Pour chaque levée de chute supplémentaire	50	100	300	300	600	600

Si vous faites une défense contre une manche demandée par le camp adverse, vous pouvez chuter

- de 3 dans la position *non vulnérable contre vulnérable* ;
- de 2 à égalité de vulnérabilité ;
- de 1 dans la position *vulnérable contre non vulnérable.*

Tableau des forces combinées

Pour avoir une chance raisonnable de gagner un contrat, voici le nombre de points qu'il vous faut en tout :

Contrats à Sans-Atout	
Partielles	1 Sans-Atout : 21 ou 22 points d'honneurs 2 Sans-Atout : 23 ou 24 points d'honneurs
Manche	3 Sans-Atout : de 25 à 32 points d'honneurs
Petit Chelem	6 Sans-Atout : de 33 à 36 points d'honneurs
Grand Chelem	7 Sans-Atout : de 37 à 40 points d'honneurs
Contrats à la couleur	
Partielles	1 à la couleur : 20 - 22 points DH 2 à la couleur : 23 ou 24 points DH 3 à la couleur : 25 ou 26 points DH 4 en mineure : 27 - 29 points DH
Manche majeure	4 ♥ ou 4 ♠ : 27 - 29 points DH
Manche mineure	5 ♣ ou 5 ♦ : 30 - 32 points DH
Petit Chelem	6 à la couleur : 33 - 36 points DH
Grand Chelem	7 à la couleur : 37 points DH et plus

Les enchères

LES ENCHÈRES À DEUX

Les ouvertures

Ouvertures au palier de 1

Les ouvertures les plus fréquentes sont **les ouvertures au palier de 1**.

• L'ouverture de **1** ♥ ou de **1** ♠ nécessite au moins 12 points et un minimum de cinq cartes dans cette majeure (d'où le nom du système : *Majeure cinquième*).

• Si vous avez un bicolore 5-5 (ou 6-6), commencez par annoncer la couleur la plus chère.

Exception. Si vous avez 5 Piques et 5 Trèfles et plus de 17 points, ouvrez de **1** ♣. Avec la même distribution et moins de points, ouvrez normalement de **1** ♠.

• L'ouverture de **1 Sans-Atout** se fait avec des mains de 15 à 17 points régulières, c'est-à-dire sans singleton, sans majeure cinquième et sans couleur sixième. Ces mains sont donc 5-3-3-2, 4-4-3-2 ou 4-3-3-3.

• Si vous n'avez ni majeure cinquième, ni jeu régulier de 15 à 17 points, il vous reste l'ouverture de **1 en mineure** (la plus fréquente). À égalité de longueur entre les 2 mineures, ouvrez de **1** ♦ sauf avec 3 Trèfles et 3 Carreaux. Dans ce cas, ouvrez de **1** ♣.

Récapitulatif : ouvertures au palier de 1		
1 SA :	de 15 à 17 points **réguliers** (sans singleton, ni chicane, ni majeure 5ᵉ).	*Avec toutes les mains régulières de 15 à 17 points : 5-3-3-2, 4-4-3-2 ou 4-3-3-3.*
1 ♠ :	de 12 à 19 points et au moins cinq cartes à Pique.	*En cas d'égalité de longueur avec une autre couleur, ouvrez la plus chère des deux.*
1 ♥ :	de 12 à 19 points et au moins cinq cartes à Cœur.	*Avec 5 Cœurs et 5 Piques, ouvrez de* 1 ♠.
1 ♦ :	de 12 à 19 points sans majeure 5ᵉ, et une main plus longue à Carreau qu'à Trèfle (avec 3-3 on ouvre de 1 ♣).	*Avec une main régulière, deux zones seulement : 12-14 ou 18-19 points (en effet, avec 15-17, on ouvre de 1 Sans-Atout).*
1 ♣ :	de 12 à 19 points sans majeure 5ᵉ, et une main plus longue à Trèfle qu'à Carreau (avec 4-4 ou 5-5, on ouvre de 1 ♦).	

Exercices

Comment ouvrez-vous chacune de ces mains ?

♠ A R 3 2	♠ R V 5 4	♠ R V 10 6 5
♥ 5 4 3 2	♥ R D 6 2	♥ A R D 9 2
♦ R D 2	♦ A 6 2	♦ V 4
♣ V 5	♣ R V	♣ 6

1 ♦.
13 points et pas de majeure 5ᵉ. Ouvrez de la mineure la plus longue (la distribution 4-4-3-2 ci-dessus est la seule où l'on ouvre de 1 ♦ avec 3 cartes seulement).

1 SA.
17 points et toujours pas de majeure 5ᵉ, mais un jeu régulier. Votre partenaire aura l'occasion de faire un Stayman ou un Texas (voir pages 225 et 226).

1 ♠.
14 points et 2 majeures 5ᵉ. Ouvrez de 1 ♠ et non de 1 ♥. Votre partenaire, s'il est faible, pourra revenir à 2 ♠ sur votre redemande de 2 ♥.

♠ R 6 5 3 ♥ D V 6 4 ♦ A ♣ A D 9 8	♠ 4 ♥ R D 8 7 3 ♦ A 8 ♣ D V 10 9 3	♠ R D 9 8 6 ♥ A R 2 ♦ D 6 2 ♣ R 8

1 ♣.
16 points, mais la distribution 4-4-4-1 n'est pas régulière, donc 1 SA est proscrit.
Reste la mineure la plus longue, Trèfle.

1 ♥.
12 points, le minimum requis pour ouvrir, mais avec deux belles couleurs 5e. À égalité de longueur, ouvrir de *la plus chère.*

1 ♠.
17 points et une main régulière. Mais l'ouverture de 1 SA est déconseillée avec une majeure 5e.

N'ouvrez pas de 1 Sans-Atout avec un singleton (ou à plus forte raison avec une chicane), ni avec une majeure cinquième[1].

Ouvertures au palier de 2

Sur les cinq ouvertures **au palier de 2**, deux sont faibles : 2 ♥ et 2 ♠, et les trois autres sont très fortes : 2 ♣, 2 ♦ et 2 SA.

• Le **2 majeur faible**, convention gênante pour l'adversaire, a fait son apparition en France dans les années 1980. L'ouverture de 2 ♠ ou 2 ♥ se fait avec six cartes dans la couleur et moins que l'ouverture (entre 6 et 10 points). Il y a aussi deux autres conditions pour pouvoir ouvrir d'un deux faible :
- avoir une couleur robuste (avec au moins deux honneurs) ;
- ne pas détenir l'autre majeure quatrième, car on risque de passer à côté d'un fit. En revanche une mineure quatrième est tolérée.

1. Certains joueurs croient bon d'ouvrir de 1 SA avec 15-17 points et une majeure cinquième pour s'éviter un problème lors de la redemande.

• L'ouverture de **2 SA** montre une main régulière de 20 ou 21 points, sans une belle majeure cinquième.

Quant aux ouvertures de **2 ♣** et **2 ♦**, elles sont conventionnelles et non pas naturelles :

Le **2 ♣ fort indéterminé** montre un jeu fort
- à Sans-Atout (22 ou 23 points) ;
- avec un unicolore de 22 ou 23 points (18 à 21 points suffisent si la couleur est sixième ou plus) ;
- avec un beau bicolore majeur au moins 5-5.

• Le **2 ♦ forcing de manche** est l'enchère la plus forte du bridge : elle promet soit une main d'au moins 24 points d'honneurs, soit une main avec très peu de perdantes.

> Les réponses aux ouvertures au palier de 2 sont codifiées. Vous les trouverez pages 230 et suivantes.

Récapitulatif : ouvertures au palier de 2		
2 ♠ ou **2 ♥** :	de 6 à 10 points avec une couleur solide.	*Soyez strict sur ces ouvertures car elles doivent gêner l'adversaire, pas le partenaire !*
2 SA :	20 ou 21 points réguliers (sans majeure 5e).	*Votre partenaire fera peut-être un Stayman ou un Texas.*
2 ♣ :	22 ou 23 points (main régulière, ou unicolore, ou bicolore majeur).	*Si votre unicolore a six belles cartes, vous pouvez avoir moins de 22 points.*
2 ♦ :	toutes les mains fortes d'au moins 24 points.	*Votre partenaire ne vous laissera pas tomber avant la manche.*

Exercices

Comment ouvrez-vous chacune de ces mains ?

♠ D 7 5 4 3 2	♠ R D 8	♠ V 6 5
♥ A 10	♥ R D 6 2	♥ A R V 6 4 2
♦ R 2	♦ A R 2	♦ 8 5 4
♣ 6 5 2	♣ R V 9	♣ 6

Passe.
9 points et une couleur anémique. Il est temps de passer, vous annoncerez peut-être vos Piques plus tard…

2 SA.
21 points avec un jeu régulier sans majeure cinquième.

2 ♥.
9 points, des Cœurs superbes et 3 cartes à Pique seulement.

♠ A R 6 5 3	♠ A 4	♠ A R V 9 5 2
♥ A D V 6	♥ R D V 10 8 7	♥ V 5 3 2
♦ A D V	♦ A 8	♦ 2
♣ A	♣ R D 3	♣ 8 3

2 ♦.
25 points, soit de quoi jouer la manche à soi tout seul. Avec tout ce jeu, l'ouverture de 1 ♠ pourrait en rester là.

2 ♣.
19 points et une belle couleur 6e. Ouvrez de 2 ♣, votre partenaire dira 2 ♦ (relais) sur lesquels vous direz 2 ♥.

Passe.
9 points avec six beaux Piques. Vous ne pouvez pas ouvrir de 2 ♠ avec quatre cartes à Cœurs et vous n'avez pas assez de jeu pour ouvrir de 1 ♠.

Ouvertures au palier de 3 et 4

Toutes les ouvertures au palier de 3 et de 4 sont des barrages, c'est-à-dire des enchères faites avec des mains de 10 points d'honneurs maximum. Ces mains ne doivent pas comporter plus d'un As.

Ouvertures au palier de 3

• Les ouvertures en mineure (3 ♣ et 3 ♦) indiquent une couleur septième et doivent être constructives. Elles nécessitent au moins deux des trois honneurs parmi l'As, le Roi et la Dame. Le partenaire pourra ainsi décider si 3 SA est un pari raisonnable.

• Les ouvertures en majeure (3 ♥ et 3 ♠) indiquent, elles aussi, des couleurs septièmes, mais la qualité de la couleur est moins importante qu'en mineure. En effet la manche sera beaucoup plus souvent déclarée en majeure qu'à Sans-Atout. Elles sont très gênantes pour l'adversaire qui devra, la plupart du temps, enchérir au palier de 4.

• L'ouverture de 3 SA promet une mineure maîtresse, en général septième, sans As ou Roi annexe. Si le partenaire est faible, il « dégagera » à 4 ♣, enchère que l'ouvreur rectifiera éventuellement à 4 ♦.

Ouvertures au palier de 4

Rappelons qu'elles ne doivent pas comporter plus d'un As.

• Les ouvertures en mineure (4 ♣ et 4 ♦) indiquent une couleur huitième. Tous les points doivent être concentrés dans la couleur d'ouverture.

• Les ouvertures en majeure (4 ♥ et 4 ♠) indiquent une couleur huitième (éventuellement une couleur septième affranchie).

Récapitulatif : ouvertures au palier de 3		
3 ♣ ou **3 ♦** :	7 cartes commandées par 2 gros honneurs et moins de l'ouverture.	*Le but est de gêner l'adversaire, mais aussi d'aiguiller le partenaire vers le contrat de 3 SA.*
3 ♥ ou **3 ♠** :	7 cartes, mais la couleur peut être moins belle que pour 3 ♣ ou 3 ♦.	*Attention, n'ouvrez pas de 3 dans une majeure si vous détenez l'autre majeure 4e.*
3 SA :	7 cartes maîtresses dans une mineure et ni As ni Roi dans une couleur annexe.	*Votre partenaire enlèvera 3 SA pour dire 4 ♣ s'il est trop faible dans les autres couleurs. Revenez alors à ♦ s'il y a lieu.*
4 ♣ ou **4 ♦** : **4 ♥** ou **4 ♠** :	couleur 8e. couleur 8e (ou 7e affranchie).	*Soyez prudent. Au palier de 4, vous risquez d'être contré.*

EXERCICES

Comment ouvrez-vous chacune de ces mains ?

♠ A D 10 9 8 7 5	♠ V 2	♠ V 6
♥ V 10 5 2	♥ 6 2	♥ A R D V 6 4 2
♦ 2	♦ A R V 10 9 8 2	♦ 9 5 3
♣ 6	♣ 9 8	♣ 8

Passe.
7 points et une belle couleur. L'idéal pour ouvrir de 3 ♠ ? Non, car les 4 cartes à Cœur pourraient vous faire passer à côté d'un bon contrat à Cœur.

3 ♦.
9 points et 7 Carreaux par As et Roi. Vous avez tout dit.

4 ♥.
11 points et les Cœurs maîtres. Mettez tout de suite vos adversaires au pied du mur.

♠ 6 5 3	♠ A 4	♠ R D 10 9 7 5 2
♥ V 6	♥ V 9 8 7 6 3 2	♥ 2
♦ A R D 10 6 5 4	♦ 10	♦ R 8 2
♣ 10	♣ D 7 3	♣ 8 5

3 SA.
10 points, et les Carreaux quasiment maîtres. C'est le moment d'élever le débat.

Passe.
7 points, mais ces Cœurs sont vraiment trop maigres. Attendez l'enchère de votre partenaire.

3 ♠.
8 points avec sept beaux Piques, un barrage s'impose.

Réponses à l'ouverture

Réponses à l'ouverture de 1 à la couleur :

- le changement de couleur ;
- la réponse à Sans-Atout ;
- le soutien.

Le changement de couleur

Il se fait à partir de 5 points et décrit au moins 4 cartes dans la couleur nommée. Au palier de un, 5 points suffisent, alors que pour faire un changement de couleur au palier de deux, il en faut au moins 11. Ces annonces sont toutes forcing puisque la force du jeu n'est pas limitée, donc l'ouvreur ne devra en aucun cas passer. En revanche, le répondant ne s'engage pas à reparler s'il a enchéri au palier de un.

> Même si vous avez ouvert faible, ne passez jamais sur la première enchère de votre partenaire, sauf s'il a déjà lui-même passé.

Si vous détenez plusieurs couleurs longues :

• annoncez d'abord la plus longue, sauf si le palier requis ne le permet pas ;
• à égalité de longueur (4-4), annoncez la plus économique ;
• à égalité de longueur (5-5 ou plus), annoncez la plus chère ;
• entre 5 et 10 points, privilégiez votre majeure plutôt que les Carreaux. Exemple : sur 1 ♣, avec 5 Carreaux et 4 Piques, dites 1 ♠ et non pas 1 ♦ si vous avez moins de 11 points ;
• sur l'ouverture de 1 ♣, si vous avez au moins 13 points avec un fit à Trèfle sans majeure quatrième, faites l'enchère de 1 ♦, que vous ayez des Carreaux ou non.

Si vous avez 16 points et plus, avec une belle couleur sixième, annoncez cette couleur avec saut, cette enchère étant bien entendu forcing de manche. Exemple: sur 1 ♥, avec ♠ A D V 10 9 7, ♥ A 8, ♦ R 8 2 et ♣ R 8, dites 2 ♠.

La réponse à Sans-Atout

C'est une réponse non forcing qui décrit une zone de points donnée :

• 1 SA promet de 6 à 10 points, sans couleur annonçable, et moins de trois cartes dans la majeure de l'ouvreur (si celui-ci en a nommé une)

• 2 SA, **sur une ouverture mineure**, promet 11 points ou 12 points sans majeure au moins quatrième et sans belle mineure cinquième.

• 2 SA, **sur une ouverture majeure**, est un **2 SA fitté**.

Donc, sur une ouverture de 1 ♥ ou 1 ♠, la réponse de 2 SA est exclusivement utilisée pour décrire les mains régulières de 10-11 points **avec un fit troisième** (les mains de même force mais avec un fit quatrième restent annoncées par un saut dans la couleur de l'ouvreur). Ce 2 SA conventionnel est bien entendu forcing pour un tour.

Exemples :

Main n° 1	Main n° 2
♠ R 8 3	♠ R D 5
♥ D 9 7	♥ 8
♦ V 5 2	♦ R V 5 2
♣ R D 8 7	♣ V 9 7 6 2

Sur l'ouverture de 1 ♠, dites 2 Sans-Atout, même avec la deuxième main : celle-ci est excentrée, mais la mineure est de mauvaise qualité.

L'ouvreur peut alors

- revenir à 3 ♠ avec une ouverture minimum ;
- annoncer directement la manche à ♠ avec une bonne main ;
- transiter par 3 ♣ ou 3 ♦, demandant à son partenaire d'aller à la manche s'il n'a pas trois perdantes immédiates dans la mineure en question ;
- proposer 3 Sans-Atout avec une distribution 5-3-3-2 et des honneurs dans les couleurs courtes.

A contrario, la séquence 1 ♥ - 2 ♣ - 2 ♥ - 3 ♥ est forcing, avec ambition de chelem. S'il avait eu un jeu moins fort, le répondant aurait dit 2 Sans-Atout au lieu de 2 ♣.

Autrefois, sur une ouverture de 1 ♥ ou 1 ♠, l'enchère de 2 SA annonçait 11 points d'honneurs sans fit. Mais elle faisait double emploi avec une réponse de 2 ♣ ou 2 ♦ suivie de 2 SA.

Le soutien

On ne peut parler de soutien que lorsqu'un fit a été trouvé. Dans ce cas, les points d'honneurs sont revalorisés en fonction de la distribution : on ajoute 1 point pour un doubleton, 2 points pour un singleton et 3 points pour une chicane. On ajoute également 1 point pour les atouts supplémentaires (à partir du neuvième). Les points ainsi revalorisés sont appelés points DH (Distribution-Honneur).

• Le soutien dans une couleur majeure

À partir de 3 cartes (l'ouverture en promet 5) et de 6 points, il faut soutenir une couleur majeure au palier de 2, 3 ou 4 (ce soutien n'est pas forcing) :

- 1 ♥ - 2 ♥ indique 6-10 DH et au moins **3** cartes à Cœur. Avec 6 points, 4 Piques et 3 petits Cœurs, dites 2 ♥ et non pas 1 ♠. D'une part, c'est peut-être votre dernière chance d'exprimer votre soutien, de l'autre, votre enchère de 2 ♥ gênera plus le flanc que l'enchère de 1 ♠.
- 1 ♥ - 3 ♥ indique 11 ou 12 DH et au moins **4** cartes à Cœur.
- 1 ♥ - 4 ♥ indique 13 ou 14 DH (mais pas plus de 11 points d'honneurs) et au moins **4** cartes à Cœur. Avec plus de 11 points d'honneurs, il faut transiter par une autre couleur.

• Le soutien dans une couleur mineure

Plus rare que le soutien majeur, il se fait au palier de 2 ou 3 (exceptionnellement 4 ou 5), car on lui préfère le Sans-Atout.

- 1 ♣ - 2 ♣ indique 6-10 DH et au moins **5** cartes à Trèfle (à Carreau, on peut n'en avoir que 4 car l'ouverture est rarement dans 3 cartes).
- 1 ♦ - 3 ♦ indique 11 ou 12 DH et au moins **4** cartes à Carreau.

Récapitulatif : réponses à l'ouverture de 1 à la couleur	
Changements de couleur	*Ils sont tous forcing au palier de 1. Il faut au moins 5 points et une couleur au moins 4ᵉ. Au palier de 2, il faut au moins 11 points et une couleur au moins 4ᵉ.*
Réponses à Sans-Atout *1 SA :* Sur une ouverture mineure *2 SA :* Sur une ouverture majeure *2 SA fitté :*	*Elles ne sont pas forcing.* *6-10 H ; pas de couleur à annoncer.* *11-12 H ; pas de majeure quatrième.* *10 à 11 H ; fit dans la majeure avec 3 cartes.*
Soutiens *En majeure :* *En mineure :*	*Ils ne sont pas forcing.* *au moins 3 cartes au palier de 2 et 4 cartes au palier de 3 et 4.* *au moins 4 cartes pour les Carreaux et 5 pour les Trèfles.*

Exercices

Que répondez-vous sur 1 ♣ avec chacune de ces mains ?

♠ A 6 5 3 ♥ R V 3 2 ♦ 3 2 ♣ V 8 5	♠ R 6 5 ♥ 10 3 2 ♦ D 6 5 ♣ D V 4 3	♠ V 10 8 5 4 ♥ A R 10 2 ♦ 10 6 4 ♣ 9

1 ♥.
9 points, 4 Cœurs et 4 Piques. Priorité à la moins chère des deux majeures.

1 SA.
8 points, 4 Trèfles seulement et ni 4 Cœurs ni 4 Piques.

1 ♠.
8 points, 5 Piques et 4 Cœurs. Annoncez toujours la majeure la plus longue.

Que répondez-vous sur 1 ♥ avec chacune de ces mains ?

♠ R V 10 9 ♥ 10 2 ♦ V 10 5 4 3 ♣ 10 9	♠ V 6 2 ♥ D ♦ D V 9 8 7 2 ♣ D 8 3	♠ V 9 6 5 2 ♥ 9 7 ♦ D 6 3 2 ♣ 10 9

1 ♠.
5 points, le minimum requis. Annoncez votre majeure.

1 SA.
8 points, et donc pas assez pour annoncer vos Carreaux.

Passe.
3 points seulement, ce n'est pas le moment d'annoncer vos Piques.

Que répondez-vous sur 1 ♠ avec chacune de ces mains ?

♠ 4 3 2 ♥ A 10 9 8 4 ♦ V 4 3 ♣ 3 2	♠ - ♥ R D V 6 4 ♦ D 6 4 3 ♣ 10 9 5 3	♠ A 10 8 3 ♥ R V 10 4 ♦ D 3 2 ♣ 9 8

2 ♠.
6 points de soutien, de quoi fitter au palier de deux.

1 SA.
8 points, pas assez pour dire 2 ♥. Tant pis pour la chicane.

3 ♠.
11 points de soutien avec le doubleton et 4 cartes à Pique.

Si votre ouverture est sans plus-values et si le flanc intervient, passez. Laissez votre partenaire s'exprimer.

Réponses à l'ouverture de 1 Sans-Atout

Votre partenaire a ouvert de 1 SA. Vous savez qu'il a entre 15 et 17 points.

Votre réponse correspond à quatre zones de points distinctes.

- 0-7 points, pas d'espoir de manche. Enchères possibles : Passe, Texas ;
- 8 points, espoir de manche. Enchères possibles : 2 ♣ Stayman, Texas ou 2 SA ;
- 9-17 points, certitude de manche. Enchères possibles : 2 ♣ Stayman, Texas, 3 SA, et, avec de 14 à 17 points : 3 ♦, 3 ♥, 3 ♠ et 4 SA ;
- 18 points et plus, certitude de petit chelem.

Enchères possibles : 2 ♣ Stayman, Texas, 3 ♦, 3 ♥, 3 ♠, 6 SA ;

- à partir de 22 points, 7 SA.

Le 2 ♣ Stayman

Cette convention permet de trouver les fits 4-4 en majeure et ne doit être utilisée qu'avec au moins 8 points et une ou deux majeures quatrièmes. En disant 2 ♣, le répondant pose une question à laquelle l'ouvreur peut répondre par quatre enchères seulement :

Sud	Nord	Sud
1 SA	2 ♣ : Avez-vous une majeure quatrième ?	- 2 ♦ : Non - 2 ♥ : J'ai 4 cartes à Cœur - 2 ♠ : J'ai 4 cartes à Pique - 2 SA : J'ai 4 cartes à Cœur et 4 à Pique.

Le Texas

Autre convention très utilisée, le Texas est un transfert destiné à faire annoncer et jouer un contrat à la couleur par l'ouvreur de 1 SA et non pas par le répondant. Ainsi la main forte reste cachée et reçoit l'entame.

Sud	Nord	Sud
1 SA	2 ♦ : J'ai au moins 5 Cœurs	- 2 ♥ : J'obéis - 3 ♥ : Je suis fitté avec 4 Cœurs et j'ai un beau Sans-Atout.
	2 ♥ : J'ai au moins 5 Piques	- 2 ♠ : J'obéis - 3 ♠ : je suis fitté avec 4 Piques et j'ai un beau Sans-Atout.
	2 ♠ : J'ai au moins 6 Trèfles	- 3 ♣ : J'obéis - 2 SA : J'ai désobéi car j'ai 3 Trèfles dont un ou deux gros honneurs et un beau Sans-Atout.
	3 ♣ : J'ai au moins 6 Carreaux	3 ♦ : J'obéis, même si j'ai un très beau jeu fitté à Carreau.

<u>Exceptions au Texas</u>

• Avec 5 cartes à Pique et 8 points, faites un 2 ♣ Stayman et, sur la réponse de 2 ♦ ou 2 ♥, dites 2 ♠.

Selon les conventions, ce Stayman peut se faire soit avec une main régulière (comme dans le diagramme ci-dessous), soit avec une main irrégulière, c'est-à-dire avec un singleton.

N

♠ R D V 7 2
♥ 9 6 5
♦ V 2
♣ V 10 3

Sud	Nord
1 SA	2 ♣
2 ♦ (ou 2 ♥)	2 ♠

L'ouvreur de 1 Sans-Atout sait que vous avez 5 Piques et 8 points. S'il n'a pas l'As de Pique, votre jeu ne vaut rien à Sans-Atout. Selon son jeu, l'ouvreur peut donc passer, fitter à Pique, ou annoncer 3 Sans-Atout.

Le Chassé-croisé

Avec 5 cartes dans une majeure et 4 dans l'autre, faites un Stayman et non pas un Texas : dites 2 ♣. Si le partenaire répond 2 ♦ (pas de majeure), vous décrirez un 5-4 majeur en jumpant dans la majeure quatrième. Cette enchère de transfert permet de faire jouer le coup par l'ouvreur (la main forte), si celui-ci a 3 cartes dans la majeure cinquième que vous avez annoncée implicitement. S'il n'a pas ces 3 cartes, il conclura à 3 Sans-Atout.

	♠ R V 8 7 2 ♥ D V 10 5 ♦ 3 ♣ R 4 2
O	N / S	E
	♠ A D 10 ♥ R 7 ♦ R 9 5 ♣ A 9 7 6 5

Sud	*Nord*
1 SA	2 ♣
2 ♦	3 ♥
4 ♠...	

3 Sans-Atout chute sur l'entame à Carreau. 4 Piques joué par Nord peut chuter si les Piques sont 4/1 et si l'As de Carreau est mal placé.

4 Piques joué par Sud est en béton.

Le chassé-croisé est forcing de manche. Si vous avez un 5-4 majeur et 8 points, ne faites pas un chassé-croisé. Faites un Stayman et, sur la réponse de 2 ♦ de l'ouvreur, dites 2 ♥ ou 2 ♠ dans votre couleur cinquième.

• 1 SA - 4 ♦

Cette enchère demande à l'ouvreur de nommer sa majeure la plus longue pour jouer la manche à Cœur ou à Pique, sans ambition de chelem. Elle se fait avec des mains au moins 5/5 et allant de 4 à 9 points.

• 1 SA - 4 ♥ (ou 4 ♠)

Enchère naturelle avec une couleur au moins sixième. Elle a l'avantage soit de barrer les adversaires qui pourraient trouver une bonne défense, soit de protéger un honneur à l'entame (A D secs, R x, D x x, etc.).

> Si vous avez de 9 à 15 points sans majeure quatrième ni mineure au moins sixième et si votre jeu est régulier, concluez directement à 3 SA.

Les enchères avec ambition de chelem

• 1 SA - 3 ♦ (ou 3 ♥ ou 3 ♠)

Cette enchère, qui promet au moins 6 belles cartes, est illimitée en points. Elle se fait avec une main supérieure à la zone de manche. L'ouvreur de 1 SA pourra :

- « freiner » à 3 SA ou à la manche majeure ;
- poursuivre le dialogue en annonçant un contrôle (As ou Roi) pour aller éventuellement au chelem.

• 1 SA - 4 ♣

Cette enchère de 4 ♣ promet une main de 14 ou 15 points avec cinq Trèfles et quatre Carreaux (ou l'inverse) et deux cartes dans chacune des majeures. L'ouvreur de 1 SA pourra :

- « freiner » à 4 SA ou à la manche mineure ;
- avec au moins une mineure quatrième, exprimer son intérêt pour le chelem en annonçant un contrôle (As ou Roi) dans une majeure.

Le 4 Sans-Atout « quantitatif »

Si le répondant a 16 ou 17 points, il faut qu'il sache si l'ouvreur est au maximum de son ouverture (16 ou 17 points lui aussi). Le petit chelem n'est jouable à Sans-Atout que s'il y a au moins 33 points d'honneurs dans la ligne. L'enchère de 4 Sans-Atout, directe ou après un Stayman ou un Texas, demande à l'ouvreur de 1 SA de déclarer le chelem s'il est maximum.

Récapitulatif : réponses à l'ouverture de 1 Sans-Atout	
de 0 à 7 points :	Passe ou Texas, soit avec une majeure 5ᵉ et plus, soit avec une mineure 6ᵉ et plus
8 points :	- 2 ♣ avec une ou deux majeures 4ᵉ - 2 ♣ avec cinq Piques - Texas avec une majeure au moins 5ᵉ - 2 SA avec un jeu sans majeure au moins 4ᵉ
de 9 à 15 points :	- 2 ♣ avec une ou deux majeures 4ᵉ - Texas avec une majeure au moins 5ᵉ - 3 SA avec un jeu sans majeure au moins 4ᵉ ; avec une majeure 4ᵉ et un jeu 4-3-3-3, on dit aussi 3 SA
de 16 à 17 points :	- 2 ♣ avec une ou deux majeures 4ᵉ, suivi de 4 SA si aucun fit majeur n'est trouvé - Texas avec une majeure au moins 5ᵉ, suivi de 4 SA - 4 SA sans majeure au moins 4ᵉ
de 18 à 19 points :	- 2 ♣ Stayman ou Texas - 3 ♦, 3 ♥, 3 ♠ avec une belle couleur sixième - 6 SA

EXERCICES

Que répondez-vous sur 1 SA avec chacune de ces mains ?

♠ R 10 3	♠ 2	♠ R 10 6 4
♥ D V 2	♥ V 6 2	♥ D V 6 2
♦ D 3 2	♦ R V 10 9 8 2	♦ 9
♣ 10 8 7 5	♣ 9 8 5	♣ 10 8 6 3

2 SA.
8 points et pas de majeure quatrième. Proposez la manche à votre partenaire qui dira Passe avec 15 ou 16 points et 3 SA avec 17 points.

3 ♣.
5 points mais six beaux Carreaux. C'est le moment de se servir du Texas car le contrat est sûrement meilleur à Carreau qu'à Sans-Atout (manque de remontées).

Passe.
6 points et les deux majeures quatrièmes. C'est insuffisant pour Stayman. En effet, si l'ouvreur répondait 2 ♦, vous seriez obligé de dire 2 SA, puis embarqué dans une manche sans doute infaisable.

♠ R D 10 ♥ A V 6 ♦ R V 5 ♣ D 10 4 2	♠ V 10 9 7 2 ♥ 10 9 3 2 ♦ 10 ♣ 10 7 3	♠ R V 10 2 ♥ 4 2 ♦ D 8 6 2 ♣ A 8 5

4 SA.
16 points sans majeure au moins quatrième. L'ouvreur demandera le petit chelem s'il est maximum.

2 ♥.
1 point, mais 5 Piques et 4 Cœurs. Ne faites pas un Stayman mais un Texas. Si vous dites 2 ♣ et que vous entendez 2 ♦, c'est la catastrophe.

2 ♣.
10 points : le Stayman s'impose. Si le partenaire vous répond autre chose que 2 ♠, concluez à 3 Sans-Atout, en espérant qu'il tient les Cœurs.

Avec moins de 8 points, passez, sauf si vous avez une majeure au moins cinquième, ou une mineure au moins sixième. Dans ce cas, faites un Texas.

Réponses aux ouvertures au palier de 2

Réponses au 2 majeur faible

• Le soutien prolonge le barrage. C'est une enchère d'arrêt.
• Le changement de couleur montre une main d'au moins 16 points, avec une bonne couleur cinquième ou sixième. Il est forcing pour un tour.
• 3 Sans-Atout est une conclusion à la manche.
• 2 Sans-Atout est un relais avec ambition de manche ou de chelem, sur lequel l'ouvreur :
- répète sa couleur (enchère minimale non forcing) ;
- annonce une nouvelle couleur, avec une force annexe, au palier de 3 ;
- dit 3 Sans-Atout avec une belle couleur sixième (A R D x x x ou A R V 10 x x) ;
- saute au palier de 4 pour un singleton ou une chicane et une main maximale sans As ou Roi annexe ; la séquence 2 ♥ - 2 SA - 4 ♥ indique que la courte est à Pique.

Réponses classiques au 2 Sans-Atout

• 3 ♣ est un Stayman.

Comme sur l'ouverture de 1 Sans-Atout, l'ouvreur a 4 réponses possibles.

Sud	Nord	Sud
2 SA	3 ♣ : Avez-vous une majeure quatrième ?	- 3 ♦ : Non - 3 ♥ : J'ai 4 cartes à Cœur - 3 ♠ : J'ai 4 cartes à Pique - 3 SA : J'ai 4 cartes à Cœur et 4 à Pique.

• 3 SA est naturel.

• 3 ♦, 3 ♥, 3 ♠, 4 ♣ sont des Texas.

Sur l'ouverture de 1 Sans-Atout suivie d'un Texas, l'ouvreur rectifie automatiquement. Il n'en est pas de même sur l'ouverture de 2 Sans-Atout.

Sud	Nord	Sud
2 SA	3 ♦ : J'ai au moins 5 Cœurs	- 3 ♥ : J'ai 3 cartes à Cœur - 3 SA : Je n'ai que 2 cartes à Cœur - 3 ♠ (ou 4 ♣, etc.) : Je suis fitté avec 4 Cœurs et j'ai un contrôle à Pique (ou à Trèfle, etc.)
	3 ♥ : J'ai au moins 5 Piques	- 3 ♠ : J'ai 3 cartes à Pique - 3 SA : Je n'ai que 2 cartes à Pique - 4 ♣ (ou 4 ♦, etc.) : Je suis fitté avec 4 Piques et j'ai un contrôle à Trèfle (ou à Carreau, etc.)
	3 ♠ : J'ai 6 Trèfles ; j'envisage le chelem	- 3 SA : pour les jouer - 4 ♣ : J'ai 3 cartes à Trèfle (ou plus) - 4 ♦ (ou 4 ♥, etc.) : Je suis fitté avec 4 Trèfles (ou 3 Trèfles et un très beau jeu) et j'ai un contrôle à Carreau (ou à Cœur, etc.)
	4 ♣ : J'ai 6 Carreaux	- 4 SA : pour les jouer - 4 ♦ : J'ai 3 cartes à Carreau (ou plus) - 4 ♥ (ou 4 ♠, etc.) : Je suis fitté avec 4 Carreaux (ou 3 Carreaux et un très beau jeu) et j'ai un contrôle à Cœur (ou à Pique, etc.)

• 4 ♦ est un bicolore majeur pour jouer la manche (pas le chelem).
• 4 ♥ et 4 ♠ concluent à la manche.
• 4 SA est quantitatif.
• Le Chassé-croisé.

Avec 5 cartes dans une majeure et 4 dans l'autre, ne faites pas un Texas, mais un Stayman en *Chassé-Croisé*, comme après l'ouverture de 1 Sans-Atout : dites 3 ♣. Si l'ouvreur répond 3 ♦ (pas de majeure), dites :

- 3 ♥ si vous avez 5 ou 6 cartes à Pique et 4 à Cœur.
- 3 ♠ si vous avez 5 ou 6 cartes à Cœur et 4 à Pique.

Ainsi l'ouvreur pourra jouer lui-même 3 Sans-Atout, 4 Cœurs ou 4 Piques.

Réponses au 2 Sans-Atout par un Puppet Stayman

Cette convention est ainsi appelée parce qu'en anglais *puppet* (prononcer « peupète ») signifie *marionnette*, mais aussi *fantoche* : au bridge, l'adjectif « puppet » décrit une enchère de transfert.

Le Puppet Stayman permet à l'ouvreur de 2 Sans-Atout (ou de 2 ♣ ou 2 ♦ suivi de 2 Sans-Atout) d'indiquer à son partenaire s'il a ou non une majeure cinquième. Selon les enchères du répondant, le déclarant pourra ainsi demander la manche soit en majeure, soit à Sans-Atout. Sur 2 SA donc, le 3 ♣ du répondant est un Puppet Stayman, et non pas un Stayman classique.

Les redemandes de l'ouvreur sont au nombre de quatre :

- 3 ♦ : j'ai une ou deux majeures quatrièmes ;
- 3 ♥ : j'ai exactement 5 cartes à Cœur ;
- 3 ♠ : j'ai exactement 5 cartes à Pique ;
- 3 SA : je n'ai ni majeure cinquième, ni majeure quatrième.

Sur 3 ♦ qui montre une ou deux majeures quatrièmes, le répondant annonce au palier de 3 **la majeure qu'il n'a pas** :

• 3 ♥ : j'ai 4 cartes à Pique ;
• 3 ♠ : j'ai 4 cartes à Cœur.

EXEMPLE

♠ R 8 3
♥ R V 8 2
♦ 8 4 3 2
♣ 9 3

Votre partenaire ouvre de 2 Sans-Atout : dites 3 ♣ (Puppet Stayman) pour trouver un fit 5-3 à Pique ou 4-4, voire 5-4 à Cœur. L'ouvreur répond 3 ♦ sur votre 3 ♣. Dites alors 3 ♠ qui indique 4 cartes à Cœur. L'ouvreur conclura alors à 4 ♥ ou à 3 SA selon qu'il a 4 cartes à Cœur ou moins.

S'il a les deux majeures quatrièmes (et non pas une seule comme ci-dessus), le répondant doit dire là encore 3 ♥, affichant ses 4 cartes à Pique. Avec 4 cartes à Pique, l'ouvreur conclut à 4 ♠. Avec 4 cartes à Cœur, l'ouvreur dit 3 SA et le répondant rectifie à 4 ♥.

EXEMPLE

♠ D 10 5 3
♥ R 9 8 4
♦ 9 3
♣ 10 9 8

Votre partenaire ouvre de 2 Sans-Atout et vous avez les deux majeures quatrièmes. Vous dites donc, là encore, 3 ♣ (Puppet Stayman). L'ouvreur répond 3 ♦. Vous apprenez ainsi qu'il détient une ou deux majeures quatrièmes. Dites conventionnellement 3 ♥ qui indique vos 4 cartes à Pique. Si l'ouvreur a 4 cartes à Cœur il dira 3 SA et vous conclurez à 4 ♥. Et s'il a 4 cartes à Pique, c'est lui qui dira 4 ♠.

- 3 SA : je n'ai ni 4 Cœurs, ni 4 Piques.

Le répondant doit faire systématiquement un Puppet Stayman dès qu'il a une majeure au moins troisième. En revanche, s'il a 5 Piques et 4 Cœurs le répondant ne fait pas de Puppet Stayman, il dit directement 3 SA (enchère artificielle) sur 2 SA. Dans le cas inverse où il a 5 cartes à Cœur et 4 à Pique, le répondant ne fait pas là non plus de Puppet Stayman : il dit 3 ♦ (Texas), suivi de 3 ♠ sur la rectification à 3 ♥. L'ouvreur conclut alors à 3 SA, 4 ♥ ou 4 ♠.
Et si le répondant possède un 5-4 mineur, il doit également passer par le Puppet Stayman, car, nous venons de le voir, dans la séquence 2 SA - 3 SA, 3 SA n'est pas naturel.

L'avantage de cette convention est évident : elle permet de décrire immédiatement une ouverture forte et 5 cartes en majeure. Mais elle n'est pas sans inconvénients :

• le Puppet Stayman renseigne beaucoup le camp de la défense sur le jeu de l'ouvreur et permet à celle-ci de contrer les enchères artificielles pour indiquer des entames ;

• l'enchère directe de 3 SA (5 Piques et 4 Cœurs) est parfois oubliée et provoque des catastrophes : 3 SA chuté de 2 alors qu'à la couleur une manche, voire un chelem sont sur table ;

• les mains de 6 Piques et 4 Cœurs avec espoir de chelem sont difficiles à développer, notamment après le début de séquence 2 SA – 3 SA – 4 ♥ ou 4 ♠ ;

• le coup est parfois joué par la main faible (celle du répondant) quand celui-ci a les deux majeures quatrièmes et que l'ouvreur a 4 cartes à Cœur.

Réponses au 2 ♣ fort indéterminé

• 2 ♦ : relais sans signification particulière. C'est l'enchère la plus fréquente.

Sud	Nord	Sud
2 ♣	2 ♦ : Relais	- 2 ♥ (ou 2 ♠) : J'ai au moins 5 cartes, le plus souvent 6 - 2 SA : J'ai 22-23 points réguliers - 3 ♣ (ou 3 ♦) : J'ai au moins 6 cartes - 3 SA : J'ai un bicolore majeur au moins 5-5 (belles couleurs et de 18 à 21 points)

Deux exemples de séquences d'enchères après une ouverture de 2 ♣ et une réponse de 2 ♦

Sud	Nord	Sud	Nord
2 ♣	2 ♦ : Relais	2 SA : naturel, non forcing	3 ♣ : Stayman
2 ♣	2 ♦ : Relais	2 SA : naturel, non forcing	3 ♥ : Texas pour les Piques

• 2 ♥ ou 2 ♠ : 5 cartes ou plus avec 2 des 3 gros honneurs de la couleur ;
• 2 SA : bicolore mineur de 9 points et plus ;
• 3 ♣ ou 3 ♦ : 6 cartes ou plus avec 2 des 3 gros honneurs de la couleur.

Réponses au 2 ♦ forcing de manche
• 2 ♥ : 0-7 points sans As
• 2 ♠ : un As majeur ;
• 2 SA : deux Rois, ou 8 points et plus ;
• 3 ♣ : l'As de ♣ ;
• 3 ♦ : l'As de ♦ ;
• 3 SA : deux As.

Exemple de séquences d'enchères après une ouverture de 2 ♦

Sud	Nord	Sud	Nord
2 ♦	2 ♥ : Je n'ai pas d'As et j'ai moins de 8 points ou 2 ♠ : J'ai un As majeur	2 SA : naturel et forcing	3 ♣ : Stayman, j'ai 4 Cœurs ou 4 Piques 3 ♦ : Texas pour les Cœurs 3 ♥ : Texas pour les Piques

Sud	Nord	Sud	Nord
2 ♦	2 SA : J'ai deux Rois, ou 8 points et plus	3 SA : forcing ou 4 SA : Arrêt : il manque 2 As	4 ♣ : Stayman, j'ai 4 Cœurs ou 4 Piques 4 ♦ : Texas pour les Cœurs 4 ♥ : Texas pour les Piques Passe

Pour la réponse de 3 SA montrant 2 As, il existe une variante appelée « **CRM** » qui précise la couleur des As.

Sur l'ouverture de 2 ♦ :
• 3 ♥ : indique deux As de même **C**ouleur (Trèfle-Pique ou Carreau-Cœur) ;
• 3 ♠ : indique deux As de même **R**ang (Majeurs ou Mineurs) ;
• 3 SA : indique deux As **M**élangés (Trèfle-Cœur ou Carreau-Pique).
Cette convention est très utile avec une ouverture unicolore ne détenant qu'un seul As et une chicane.

Jeu de Sud
♠ R D 3
♥ R
♦ -
♣ A R D V 10 9 7 5 2

Sud	*Nord*
2 ♦	3 ♥ : j'ai l'As de Carreau et l'As de Cœur
	3 ♠ : j'ai l'As de Pique et l'As de Cœur
	3 SA : j'ai l'As de Pique et l'As de Carreau

Réponses aux ouvertures au palier de 3

• Le soutien en mineure prolonge le barrage. C'est une enchère d'arrêt.
• Le soutien en majeure peut être fort ou faible. Il est donné soit dans le but de gagner la manche, soit dans le but de poursuivre le barrage pour gêner l'adversaire.
• Le changement de couleur sans saut est naturel et forcing.
• 3 Sans-Atout est une conclusion à la manche. Il est primordial de posséder un honneur dans la couleur d'ouverture et recommandé d'arrêter toutes les couleurs annexes pour éviter de chuter dès l'entame…

EXEMPLE

♠ R D 10
♥ A V 10 9
♦ A D 6 5 3
♣ 9

Votre partenaire a ouvert de 3 ♣.
Passez. Ne dites pas 3 SA avec le singleton à Trèfle car la main du partenaire a toutes les chances d'être inexploitable.
• Sur l'ouverture de 3 Sans-Atout du partenaire, il faut passer avec du jeu et, en principe, des arrêts dans les trois couleurs présumées non tenues par l'ouvreur. Sans jeu ou avec un « trou » dans une

couleur, il faut dégager à 4 ♣. L'ouvreur passera s'il a les Trèfles ou rectifiera à 4 ♦. La nomination d'une majeure au palier de 4 est naturelle et constitue un arrêt. L'enchère de 5 ♣ exprime l'envie de jouer 5 ♣ ou 5 ♦.

La redemande de l'ouvreur

Vous avez ouvert de 1 à la couleur et votre partenaire vous a répondu. Vous avez le choix entre deux **redemandes** :
• Votre partenaire a changé de couleur au palier de 1. Son enchère est forcing et vous impose de reparler.

> Passer après un « 1 sur 1 » ou un « 2 sur 1 » sous prétexte qu'on a ouvert faible, c'est marquer contre son camp.

• Votre partenaire a annoncé Sans-Atout ou vous a soutenu dans votre couleur d'ouverture. Son enchère est non-forcing et vous n'êtes pas tenu de reparler.

La redemande de l'ouvreur après un changement de couleur au palier de 1

Il existe quatre sortes de redemandes :
- le soutien ;
- la redemande à Sans-Atout ;
- l'annonce d'une nouvelle couleur ;
- la répétition de la couleur d'ouverture.

Le soutien

Vous devez soutenir votre partenaire si vous avez au moins 4 cartes dans sa couleur (ne le fittez pas avec 3 cartes, puisque lui-même peut n'en avoir que 4).
Avec de 13 à 16 points DH, soutenez au palier de 2.
Avec de 17 à 19 points DH, soutenez au palier de 3.
Avec de 20 à 22 points DH, soutenez au palier de 4.
Tous ces soutiens sont non-forcing. Il faut donner la priorité au soutien, surtout en majeure.

La redemande à Sans-Atout

La redemande à Sans-Atout dénie un fit et se fait avec une main régulière (5-3-3-2, 4-4-3-2 ou 4-3-3-3). Elle ne promet

pas obligatoirement une tenue dans les deux couleurs non annoncées.
Avec de 12 à 14 points, dites 1 SA.
Avec 18 ou 19 points, dites 2 SA (vous savez déjà qu'avec de 15 à 17 points, on ouvre généralement de 1 SA, et, avec 20 ou 21 points, de 2 SA).

L'annonce d'une nouvelle couleur
- Si la réponse de votre partenaire vous permet d'annoncer une majeure quatrième au palier de 1, faites-le sans hésiter.

♠ R V 8 5
♥ D 5
♦ A V 5 3
♣ R 3 2

Après votre ouverture de 1 ♦ et la réponse de 1 ♥ de votre partenaire, dites 1 ♠ et non pas 1 SA.

- Si vous avez un bicolore, c'est-à-dire un jeu qui comprend une couleur au moins cinquième et une couleur au moins quatrième, votre redemande va dépendre de la force de votre main. Mais dans tous les cas, vous promettez cinq cartes dans la première couleur que vous aurez annoncée.
a) Vous avez de 12 à 17 points. Annoncez un *bicolore économique,* non-forcing, qui permet au partenaire un retour dans votre première couleur au palier de 2.

♠ R 3
♥ A D V 10 2
♦ R 5 4 3
♣ 7 2

Après votre ouverture de 1 ♥ et la réponse de 1 ♠ de votre partenaire, dites 2 ♦. Votre partenaire pourra revenir à Cœur au palier de 2.

b) Vous avez 18 points ou plus. Annoncez soit un *bicolore cher,* forcing pour un tour, soit un *bicolore à saut,* forcing de manche.
Après votre ouverture de 1 ♦ et la réponse de 1 ♠ de votre partenaire, dites 2 ♥. S'il n'est pas fitté, votre partenaire ne peut revenir à ♦ qu'au palier de 3, d'où l'expression bicolore cher.

♠ 2
♥ R D 7 3
♦ A R V 4 2
♣ A D 4

> Avec un 5-4, ne faites pas de bicolore cher si vous avez moins de 18 points. Votre partenaire risquerait de s'emballer.

♠	R D 4 3
♥	A
♦	A D V 10 9
♣	R V 3

Après votre ouverture de 1 ♦ et la réponse de 1 ♥ de votre partenaire, dites 2 ♠. Si vous n'en annonciez que 1, votre partenaire pourrait passer. Votre enchère à saut l'oblige à aller à la manche.

> Rappelons qu'un fort bicolore majeur 5-5 s'ouvre d'un 2 ♣ fort indéterminé.

La répétition de la couleur d'ouverture

• Avec un jeu unicolore, c'est-à-dire une main comprenant une couleur au moins sixième sans couleur annexe au moins quatrième :

- répétition sans saut : 13-16 points DH

♠	R D 3
♥	6
♦	A D 4
♣	D 10 9 5 4 2

Après votre ouverture de 1 ♣ et la réponse de 1 ♥ de votre partenaire, dites 2 ♣.

- répétition avec saut : 17-20 points DH (la couleur sixième doit être solide, avec deux gros honneurs).

♠	D V 3
♥	5
♦	A R V 10 9 6
♣	A D 5

Après votre ouverture de 1 ♦ et la réponse de 1 ♥ de votre partenaire, dites 3 ♦.

• Avec un jeu bicolore dont la zone de points ne permet pas d'annoncer la deuxième couleur quatrième.

♠	3
♥	A D 7 5
♦	R V 9 6 2
♣	R 9 5

Après votre ouverture de 1 ♦ et la réponse de 1 ♠ de votre partenaire, dites 2 ♦ et non pas 2 ♥. L'enchère de 2 ♥ promettrait au moins 18 points (bicolore cher).

Exercices

Vous avez ouvert de 1 ♦ et votre partenaire a répondu 1 ♠.
Que dites-vous avec chacune de ces mains ?

♠ A R 2	♠ D	♠ D 6 5 2
♥ V 4 3 2	♥ R 10 6 2	♥ R 10 9 8
♦ R D V 2	♦ A 10 8 7 6 2	♦ A R D 10
♣ 9 5	♣ A R	♣ R

1 SA.
14 points. Vous êtes trop faible pour annoncer les Cœurs. Avec cette main régulière, dites 1 Sans-Atout malgré les deux petits Trèfles.

2 ♦.
16 beaux points, mais pas assez pour un bicolore cher à 2 ♥. Les Carreaux sont trop creux pour un saut à 3 ♦. Reste 2 ♦.

3 ♠.
17 points et un fit quatrième à Pique. Allez à l'essentiel et soutenez au palier de 3, enchère qui promet entre 17 et 19 points.

♠ D 5 3	♠ R 5 4	♠ 6
♥ R D 4	♥ A R V 3	♥ R D 2
♦ A R D 10 9 3	♦ A D V 8 3	♦ R D V 10 6
♣ V	♣ 3	♣ A R D 8

3 ♦.
17 points, seulement 3 cartes à Pique et des Carreaux superbes.
Si le partenaire a cinq Piques, on les découvrira plus tard. Annoncez d'abord la force de votre main.

2 ♥.
18 points, 5 Carreaux et 4 Cœurs. De quoi annoncer un bicolore cher. Cette enchère est forcing pour un tour.

3 ♣.
20 points splendides. Imposez la manche en sautant à 3 ♣. Votre partenaire ne vous laissera tomber en aucun cas.

Le bicolore cher et le bicolore à saut sont forcing. Le bicolore économique ne l'est pas.

Les enchères ont été les suivantes :

Sud	*Ouest*	*Nord*	*Est*
1 ♣	Passe	1 ♠	Passe
2 ♥			

Laquelle des trois mains de Sud suivantes correspond à cette séquence d'enchères ?

♠ A D	♠ R V 4	♠ 3
♥ D 6 5 4	♥ R D 9 3	♥ A R D 7
♦ R 6	♦ 9 2	♦ 10 9 3
♣ R V 7 4 2	♣ A R D 4	♣ A R D 6 3

Non.
15 points. C'est insuffisant pour un bicolore cher (18 points sont requis), d'autant que les deux couleurs du bicolore sont médiocres.

Non.
18 points. La séquence promet 5 Trèfles et 4 Cœurs. La bonne redemande est 2 SA.

Oui.
18 points. Cette main s'adapte parfaitement à un bicolore cher.

Les enchères, qui incluent un Stayman, ont été les suivantes :

Sud	*Ouest*	*Nord*	*Est*
1 SA	Passe	2 ♣	Passe
2 ♥	Passe	3 ♦	Passe
3 SA			

Laquelle des trois mains de Sud suivantes correspond à cette séquence d'enchères ?

♠ R V	♠ R V 4 2	♠ A D 3
♥ R 8 5 2	♥ R D V 3	♥ R D 10 7
♦ V 10 6	♦ 9 7 6	♦ A D 9 3
♣ A R 10 9	♣ A D	♣ 10 3

Oui.
15 points. C'est suffisant pour ouvrir de 1 SA, avec la plus-value de deux 10 mineurs. La conclusion à 3 SA s'impose avec ces points dans les couleurs noires.

Non.
16 points. Quand on joue le Stayman classique (4 paliers), on ne répond pas 2 ♥ avec les deux majeures quatrièmes mais 2 SA.

Non.
17 points. Sur 3 ♦, il ne faut pas conclure à 3 SA avec un 10 de Trèfle second mais dire 3 ♠. Si Nord n'a pas d'arrêt à Trèfle, il peut proposer une manche à 4 ♥, 4 ♠ ou 5 ♦.

La redemande de l'ouvreur après un changement de couleur au palier de 2

Vous avez un soutien dans la couleur du répondant

• La couleur est majeure.

Après la séquence 1 ♠ - 2 ♥, sautez immédiatement à 4 ♥ avec quatre cartes et une petite ouverture. En revanche, l'enchère de 3 ♥ est positive dans la mesure où le partenaire s'engage à reparler. Avec une main minimale et trois cartes à Cœur seulement, dites 2 ♠. Vous donnerez le fit à Cœur au tour suivant, au palier minimum.

• La couleur est mineure.

Ne donnez le fit qu'à partir de 4 cartes. Le palier de 3 Sans-Atout ne doit être dépassé qu'avec des jeux bicolores (au moins 5-5).

♠ 4
♥ R D V 5 2
♦ R 3
♣ A V 10 9 4

Après votre ouverture de 1 ♥ et la réponse de 2 ♣ de votre partenaire, soutenez à 4 ♣. Si vous avez un Trèfle de moins, soutenez à 3 ♣ seulement.

Vous n'avez pas de soutien dans la couleur du répondant
Vous pouvez annoncer Sans-Atout, nommer une nouvelle couleur, ou répéter votre couleur d'ouverture.

• La redemande à 2 Sans-Atout.

Sur une ouverture majeure suivie d'un changement de couleur au palier de 2, la redemande à 2 SA montre un jeu régulier, donc 5-3-3-2, de 15 à 17 points (vos 5 cartes majeures vous ont empêché d'ouvrir de 1 SA).

♠ A V 2
♥ V 9 6 5 2
♦ A D
♣ 10 9 8

Après votre ouverture de 1 ♥ et la réponse de 2 ♦ de votre partenaire, répétez vos vilains Cœurs car vous n'êtes pas assez fort pour dire 2 SA.

En revanche, sur l'ouverture de 1 ♦ et une réponse de 2 ♣, l'enchère de 2 SA montre :

- soit un jeu régulier de 12 à 14 points seulement (avec 15-17 points on aurait ouvert de 1 Sans-Atout) ;
- soit un jeu de 18 à 19 points. Dans ce cas, sur l'enchère de 3 Sans-Atout de votre partenaire, vous direz 4 Sans-Atout pour montrer votre force.

♠ A V 2
♥ A 8 5
♦ R V 6 5 2
♣ 9 8

Après votre ouverture de 1 ♦ et la réponse de 2 ♣ de votre partenaire, dites 2 SA.

Néanmoins, si vous n'avez pas une tenue dans chaque majeure, répétez vos Carreaux, même s'ils sont seulement quatrièmes.

Après votre ouverture de 1 ♦ et la réponse de 2 ♣ de votre partenaire, dites 2 ♦ avec ces deux petits Piques. Si votre partenaire nomme les Piques ultérieurement, il sera temps de conclure à 3 Sans-Atout.

• La redemande à 3 Sans-Atout. Elle annonce 18 ou 19 points après une ouverture majeure. En revanche, après le début 1 ♦ - 2 ♣, la redemande à 3 SA montre une main 4-4-4-1 avec un singleton Trèfle et de 15 à 17 points d'honneurs.

Main de Sud	Sud	Nord
♠ A D 2 ♥ R V 10 8 4 ♦ R V 5 ♣ A V	1 ♥ 3 SA	2 ♣
Main de Sud	**Sud**	**Nord**
♠ R D 10 4 ♥ R V 7 6 ♦ A R 10 5 ♣ 7	1 ♦ 3 SA	2 ♣

• L'annonce d'une nouvelle couleur.
Sans fit apparent, vous pouvez annoncer une deuxième couleur avec un jeu bicolore (au moins 5-4). Les principes sont les mêmes que pour les bicolores vus précédemment.

- Pour un bicolore cher, il faut un minimum de 18 points. Cette enchère est forcing de manche car le partenaire a promis plus de 10 points.
La séquence 1 ♥ - 2 ♦ - 3 ♣ annonce un bicolore cher. Si votre ouverture est faible, renoncez à nommer vos Trèfles et répétez vos Cœurs.
La séquence 1 ♦ - 2 ♣ - 2 ♥ annonce aussi un bicolore cher avec cinq Carreaux. Si vous avez quatre cartes à Cœur et entre 12 et 14 points, ne dites pas 2 ♥, mais 2 Sans-Atout. Avec 18 ou 19 points et 4-4-3-2, n'annoncez pas vos Cœurs

mais rebiddez, là aussi, à 2 Sans-Atout ; dans ce cas, vous devrez faire une enchère ultérieure qui montre votre force, par exemple 4 Sans-Atout si votre partenaire en a dit 3.

- Pour un bicolore à saut, il faut un minimum de 20 points. Cette enchère est également forcing de manche.

L'annonce d'une nouvelle couleur au palier de 2 ou de 3 montre chez l'ouvreur un bicolore au moins 5-4.

• La répétition de la couleur d'ouverture.
Si aucune des enchères ci-dessus n'est possible, il ne vous reste qu'à répéter votre première couleur :
- avec saut si vous avez de 16 à 18 points et une solide couleur au moins sixième ;
- sans saut dans les autres cas.
La répétition de la couleur d'ouverture avec saut est non-forcing sur une réponse *1 sur 1*, et forcing sur une réponse *2 sur 1.*

Exercices

Vous avez ouvert de 1 ♠ et votre partenaire a répondu 2 ♦. Que dites-vous avec chacune de ces mains ?

♠ A R 10 9 2	♠ R D 6 5 2	♠ D V 6 5 2
♥ V 4	♥ R 10 6	♥ R 10 9 8
♦ R D V 5	♦ A 10 8	♦ D V 10
♣ 9 5	♣ R 2	♣ A

3 ♦.
14 points et un gros fit à Carreau. Soutenez à 3 ♦ mais pas à 4, car vous n'avez que quatre cartes.

2 SA.
15 points réguliers. Ne fittez pas dans une mineure avec trois cartes seulement.

2 ♥.
13 points avec cinq Piques et quatre Cœurs. Le partenaire peut avoir quatre Carreaux et quatre Cœurs.

♠ A R D 5 3	♠ R D V 10 9 4	♠ D 9 8 6 2
♥ R D 4	♥ A D 3	♥ R 9 2
♦ A	♦ 3	♦ D 6 2
♣ D V 10 2	♣ D V 8	♣ A D

3 ♣.
21 points. Indiquez que vous détenez un jeu fort avec quatre cartes à Trèfle. Le chelem ne doit pas être loin…

3 ♠.
15 points avec une solide couleur à Pique. Montrez votre force en sautant à 3 ♠.

2 ♠.
13 points dans une main régulière. Mais pour dire 2 Sans-Atout il faut entre 15 et 17 points. La mort dans l'âme, répétez vos mauvais Piques.

Le changement de couleur par un *2 sur 1 est auto-forcing* : votre partenaire s'engage à reparler au moins une fois, sauf si vous allez directement à la manche.

La redemande de l'ouvreur après une enchère à Sans-Atout du répondant

L'ouvreur a quatre options :
- passer ;
- répéter sa couleur si elle est sixième, avec ou sans saut selon sa force ;
- annoncer une deuxième couleur (bicolore économique, cher ou à saut) ;
- parler à Sans-Atout lui aussi.

• Le partenaire a répondu 1 SA.
Cette enchère promet de 6 à 10 points et dénie une majeure annonçable au palier de 1. Il ne faut envisager la manche qu'avec au moins 16 points. S'il a de 16 à 18 points, l'ouvreur propose la manche en disant 2 SA. Le répondant passera avec 6 ou 7 points et annoncera 3 SA avec 8-10 ; il pourra aussi annoncer, au palier de 3, une couleur sixième ou plus qu'il n'a pas pu annoncer au premier tour. Avec 19 points et plus, l'ouvreur conclut à 3 Sans-Atout.

• Le partenaire a répondu 2 SA.
Il a décrit une main de 11 points sans majeure au moins quatrième. L'ouvreur passe avec une ouverture minimum. Avec 14 points, il conclut à 3 SA ou annonce une deuxième couleur.

• Le partenaire a répondu 3 SA.
Il a décrit une main de 12 à 15 points, sans majeure au moins quatrième. L'ouvreur ne reparlera qu'avec au moins 19 points, dans l'espoir d'un chelem.

EXERCICE

Que dites-vous avec chacune de ces mains, après les séquences d'enchères qui vous sont données ?

1 ♦ - 1 SA - ?	1 ♣ - 1 SA - ?	1 ♠ - 1 SA - ?
♠ A 2	♠ R D 2	♠ D V 8 5 2
♥ D V 6 4	♥ R D 8 6	♥ R 10 9 5
♦ D V 6 4 3	♦ R 9	♦ A V 10
♣ R 5	♣ A D 7 6	♣ D

Passe.
13 points. Pas de manche en vue et le partenaire n'a pas 4 cartes à Cœur.

3 SA.
19 points réguliers. N'annoncez pas vos Cœurs, vous prometttriez 5 Trèfles. Concluez à la manche à Sans-Atout.

2 ♥.
13 points. Cherchez la meilleure partielle à Cœur ou à Pique. Le partenaire pourrait n'avoir que trois petits Trèfles.

La redemande de l'ouvreur après un soutien du répondant

• Le répondant a donné un soutien majeur au palier de 2. Il a de 6 à 10 points DH.
- Avec de 13 à 16 points, l'ouvreur passe.
- Avec de 17 à 19 points, il fait un effort grâce à l'enchère d'essai généralisée de 2 Sans-Atout (voir page suivante). S'il est maximum de la zone indiquée (6-10), le répondant déclarera la manche à la couleur. Minimum, il rectifiera au palier de 3 dans la couleur.
- Avec 20 points et plus, l'ouvreur demande la manche.

• Le répondant a donné un soutien majeur au palier de 3. L'ouvreur annonce la manche s'il n'est pas minimum, sinon il passe. S'il a une ambition de chelem, il annonce un contrôle (avec plusieurs contrôles, il commence par la couleur la moins chère).

• Le répondant a donné un soutien mineur au palier de 2 ou 3. Sur un soutien mineur, l'ouvreur doit essayer de jouer la manche à Sans-Atout, 9 levées étant plus faciles à engranger que 11. Il doit néanmoins s'assurer que son camp contrôle les majeures, dans lesquelles il sait que son partenaire est court.

Les enchères d'essai

Une enchère d'essai est une enchère qui, lorsqu'un fit a été trouvé, permet de savoir si le partenaire est minimum ou maximum de sa propre enchère. L'enchère d'essai permet ainsi soit d'aller à la manche, voire au chelem, soit de s'arrêter avant.

• L'enchère d'essai généralisée

C'est la plus utile et la plus couramment employée. Généralement, l'ouvreur a annoncé 1 ♥ ou 1 ♠ et le répondant a fitté au palier de 2, annonçant un jeu limité (entre 6 et 10 points DH). L'ouvreur dit alors 2 SA (enchère d'essai généralisée).

- Si le répondant est au maximum de son enchère, il va à la manche à la couleur. Éventuellement, il peut préférer dire 3 Sans-Atout si, par exemple, il est 4-3-3-3 avec seulement 3 petites cartes dans la majeure fittée.
- Si le répondant n'est pas maximum, il rectifie dans la majeure au palier de 3.

Vous trouverez un exemple d'enchère d'essai généralisée dans le troisième exercice de la page suivante.

Ce type d'enchère peut également être fait par un répondant qui découvre au second tour que l'ouvreur a un fit dans sa propre couleur. Le répondant cherche ainsi à savoir s'il doit aller à la manche, ou, s'il a gros jeu, au chelem. Voir ci-après le premier diagramme du chapitre *La deuxième enchère du répondant*, page 251.

• L'enchère d'essai naturelle

Ayant obtenu un fit majeur au palier de 2 l'ouvreur annonce une couleur mineure au palier de 3. Selon la convention adoptée, cette enchère d'essai naturelle peut avoir deux significations opposées.

- J'ai une force dans cette mineure. Avez-vous un complément ?

- J'ai un trou dans cette mineure. Avez-vous des cartes pour couvrir mes perdantes ?
Comme avec l'enchère d'essai généralisée, le répondant peut soit aller à la manche, soit freiner au palier de 3 dans la majeure. À noter que l'enchère d'essai naturelle dénie toute ambition de chelem.
Le gros inconvénient de l'enchère d'essai naturelle est qu'elle aide le flanc à trouver la bonne entame.

EXERCICE

Que dites-vous avec chacune de ces mains, après les séquences d'enchères qui vous sont données ?

1 ♦ - 2 ♦ - ?	1 ♠ - 2 ♠ - ?	1 ♥ - 2 ♥ - ?
♠ A D	♠ R D 8 5 2	♠ D V 8
♥ R D 6 4	♥ 6	♥ R D 10 9 4
♦ R V 6 4 3	♦ R V 10 9 8	♦ A V 3
♣ R 2	♣ A R	♣ R V

3 SA.
18 points, une couleur 5e et des tenues dans toutes les couleurs. La manche à SA semble plus jouable qu'à 5 ♦.

4 ♠.
16 points. Ne parlez pas de vos Carreaux. Concluez à la manche.

2 SA.
17 points. Ce 2 SA est une enchère d'essai généralisée. Si votre partenaire freine à 3 ♥, passez.

La deuxième enchère du répondant

Après les trois premières enchères, le répondant a souvent une idée assez précise de la force et de la forme de la main de l'ouvreur. Dans ce cas, il peut donc soit passer, soit déclarer le contrat final, soit faire une proposition de manche ou de chelem. Dans d'autres cas, le répondant a besoin d'informations supplémentaires. Il préférera continuer à décrire sa main et laisser son partenaire prendre la décision finale.

Le répondant annonce le contrat final ou propose une manche ou un chelem

• Après un soutien de l'ouvreur dans la couleur annoncée par le répondant, la zone de force de l'ouvreur est précise à trois points près. Le répondant n'a plus qu'à faire le total des points de sa ligne. Il pourra alors :
- passer ;
- proposer la manche ou le chelem ;
- déclarer la manche ou le chelem.

♠ R 4 3
♥ R D 8 2
♦ D V 9 3
♣ 5 4

Votre partenaire a ouvert de 1 ♣, puis vous a soutenu à 2 ♥. Il a entre 13 et 16 points DH. S'il est maximum de cette zone, vous devez jouer la manche : proposez-la en disant 2 SA, enchère d'essai généralisée. Minimum, le partenaire reviendra à 3 ♥.

♠ R D 6 3
♥ A V 9 2
♦ R V 3
♣ V 4

Après la même séquence, 1 ♣ - 1 ♥ - 2 ♥, concluez directement à 4 ♥. Le chelem est utopique, et annoncer vos Piques ne ferait que renseigner l'adversaire.

♠ 6 3 2
♥ A V 9 2
♦ R D 2
♣ A D 4

Après la séquence, 1 ♣ - 1 ♥ - 3 ♥, annoncez 4 ♣, couleur de votre contrôle « le moins cher », déniant ainsi le contrôle à Pique. Si votre partenaire l'a et, donc, nomme la couleur, vous pourrez alors poser le Blackwood en vue d'un chelem.

> Dès que l'ouvreur a indiqué la force et la distribution de sa main, c'est au répondant qu'incombe la direction des enchères.

• Après une redemande de l'ouvreur à Sans-Atout, le répondant peut :
- passer ;
- proposer ou annoncer la manche à Sans-Atout ;
- proposer ou annoncer la manche dans sa propre couleur majeure si elle est sixième (l'ouvreur a, en principe, au moins 2 cartes dans chaque couleur) ;
- annoncer une deuxième couleur.

♠ 8 5 3
♥ A 9 8 7
♦ D 10 4
♣ D V 4

Sur 1 ♦, vous avez répondu 1 ♥, puis votre partenaire a annoncé 1 Sans-Atout. Pas de manche à l'horizon, passez : le bon contrat semble atteint.

♠ D 5 2
♥ A V 9 6 5 3
♦ A D 2
♣ 5

Sur la même séquence 1 ♦ - 1 ♥ - 1 SA, sautez directement à 4 ♥. Par sa redemande à 1 Sans-Atout, votre partenaire garantit au moins deux cartes à Cœur et le chelem n'est pas envisageable.

♠ R 9 8 2
♥ A V 8 4
♦ 9 2
♣ D V 4

Même séquence : 1 ♦ - 1 ♥ - 1 SA. Votre partenaire a dénié quatre cartes à Pique. Proposez la manche en disant 2 Sans-Atout.

♠ R V 8 7 4
♥ D 6 5 4
♦ D 3
♣ 6 3

Après la séquence 1 ♦ - 1 ♠ - 1 SA, annoncez 2 ♥ car l'ouvreur n'a pas dénié 4 cartes dans cette couleur. Il pourra soit passer sur 2 ♥, soit rectifier à 2 ♠, mais ne devra pas aller plus haut.

♠ A 9 8 7 6
♥ R 5 3
♦ A 10 4
♣ R 4

Sur 1 ♣, vous avez répondu 1 ♠ puis votre partenaire a annoncé 1 Sans-Atout. Dites 3 ♦, annonce forcing sur laquelle l'ouvreur vous fittera à Pique s'il a trois cartes. Sinon, il dira 3 Sans-Atout. À noter qu'au lieu de dire 3 ♦, vous pouvez faire un Roudi comme dans le diagramme page suivante.

- annoncer un **2 ♣ Roudi** s'il a cinq cartes dans une majeure et au moins 11 points. Cette enchère demande à l'ouvreur de se décrire et permet de demander une partielle, une manche ou un chelem. Début de la séquence : 1 ♣ (ou 1 ♦) - 1 ♥ (ou 1 ♠) - 1 SA - 2 ♣. Sur ce relais à 2 ♣, l'ouvreur dit obligatoirement 2 ♦. Ensuite, toute nouvelle enchère du répondant est naturelle. Au palier de 2, elle est non forcing et propose la manche. Au palier de 3, elle est forcing de manche.

Début de la séquence: 1 ♣ (ou 1 ♦) - 1 ♥ - 1 SA - 2 ♣ - 2 ♦.
Redemande du répondant:

Passe: j'ai au moins 5 cartes à Carreau (4 sur l'ouverture de 1 ♦) avec un jeu faible;
2 ♥: j'ai 5 cartes à Cœur dans une main irrégulière de 10 à 11 points.
2 SA: j'ai 5 cartes à Cœur dans une main régulière de 11 points d'honneur;
3 ♣: j'ai 5 cartes à Trèfle, ou plus, avec un jeu faible;
3 SA: j'ai 5 cartes à Cœur, l'ouverture et un jeu régulier.

Autre début de séquence : 1 ♣ (ou 1 ♦) - 1 ♠ - 1 SA - 2 ♣ – 2 ♦.
Redemande du répondant :

Passe : j'ai au moins 5 cartes à Carreau (4 sur l'ouverture de 1 ♦) avec un jeu faible ;
2 ♥ : j'ai 5 cartes à Pique, 4 cartes à Cœur et une main limite (10-11 points) ;
3 SA : j'ai 5 cartes à Pique, et de quoi jouer 3 SA;
L'ouvreur rectifie à 4 ♠ s'il a 3 Piques;
3 ♣ : c'est pour les jouer.

Le répondant peut bien entendu décider de ne pas transiter par le 2 ♣ Roudi:

1 ♣ - 1 ♠ - 1 SA - 2 SA: j'ai 11 points, mais je n'ai pas 5 Piques. Si je les avais, j'aurais fait un Roudi (j'aurais dit 2 ♣ et non pas 2 SA);
1 ♣ - 1 ♠ - 1 SA - 3 ♠ : j'ai 6 Piques, j'envisage de jouer la manche (enchère non forcing).

Dans le Roudi classique (« non fixe »), c'est l'ouvreur qui se décrivait et le répondant qui décidait du contrat final.
Le Roudi fixe est très voisin du **2 ♣ Ping-Pong**, ainsi appelé parce que le « ping » du 2 ♣ est immédiatement suivi du « pong » du 2 ♦.

> Adopter le 2 ♣ Roudi fixe permet de demander des manches ou des chelems qui ne sont pas évidents.

• Après la répétition par l'ouvreur de sa couleur d'ouverture, le répondant a une meilleure idée de sa distribution, mais pas de sa force (l'ouvreur peut avoir de 12 à 19 points).

Après la séquence 1 ♥ - 1 ♠ - 2 ♥, concluez à 4 ♥. Votre partenaire promet six cartes à Cœur, sinon il aurait fait une redemande à 1 Sans-Atout, ou aurait annoncé une deuxième couleur.

♠ R D 8 6
♥ A 5
♦ 4 3 2
♣ R V 6 4

La répétition d'une couleur après la réponse d'une couleur « collée » garantit 6 cartes. La couleur collée est la couleur immédiatement supérieure à la couleur annoncée par l'ouvreur. Exemple : 1 ♦ - 1 ♥ - 2 ♦ : Cœur est la couleur collée.

♠ R V 8
♥ D
♦ D V 8 5 3
♣ D 9 6 4

Après la séquence 1 ♥ - 2 ♦ - 2 ♥, le répondant dira 2 Sans-Atout. Il promet ainsi 11 points, comme après un bicolore économique de l'ouvreur. C'est une enchère non-forcing.

• Après l'annonce par l'ouvreur d'une nouvelle couleur, le répondant n'est pas mieux renseigné sur la force de sa main (l'ouvreur a entre 12 et 19 points). Si le répondant a un jeu faible sans fit, la prudence s'impose ; il faudra s'arrêter au plus vite. Avec un jeu fort, le répondant continuera le dialogue si un fit est encore possible. Sinon il conclura à la manche.

♠ R V 8 4
♥ 9
♦ V 8 4 3 2
♣ D 9 6

Après la séquence 1 ♥ - 1 ♠ - 2 ♣, vous savez que l'ouvreur, votre partenaire, a au moins cinq Cœurs et quatre Trèfles. Sans fit et avec si peu de jeu, il faut passer en courant.

♠ R 9 8
♥ R 5 4 3 2
♦ 4 2
♣ D 6 3

Après la séquence 1 ♦ - 1 ♥ - 1 ♠, la redemande de 2 ♥ promettrait six cartes. Annoncez 1 SA et tant pis si l'ouvreur détient trois cartes à Cœur. Il pourrait aussi bien en avoir une seule ou aucune !

♠ D V 8 6
♥ D 2
♦ 8 5 3
♣ A 9 6 4

Après la séquence 1 ♥ - 1 ♠ - 2 ♦, rectifiez à 2 ♥, montrant deux ou trois cartes, mais un jeu plutôt faible. Ce n'est pas un soutien mais une préférence dans la couleur où l'on connaît au moins sept cartes.

Quand vous avez un jeu faible sans fit, arrêtez les enchères au plus tôt.

Le répondant continue de se décrire pour permettre à l'ouvreur de choisir le contrat final

En annonçant sa couleur au palier de 1 après l'ouverture, le répondant a indiqué un minimum de quatre cartes, mais pas plus pour l'instant. Sa deuxième enchère lui permettra de se décrire. Il peut donner un soutien, répéter ou rallonger sa première couleur, ou s'orienter vers le Sans-Atout.

• Soutien de la deuxième couleur de l'ouvreur

Après un changement de couleur « 1 sur 1 », le soutien de la deuxième couleur de l'ouvreur a la même valeur que le soutien de l'ouverture majeure.

♠ R V 9 2 ♥ D 9 8 2 ♦ V 4 2 ♣ 5 3	Après la séquence 1 ♦ - 1 ♥ - 1 ♠, dites 2 ♠ comme si votre partenaire avait ouvert de 1 ♠.

• Répétition de la propre couleur du répondant

♠ R V 9 8 4 2 ♥ 2 ♦ V 4 2 ♣ D 6 3	Après la séquence 1 ♥ - 1 ♠ - 2 ♦, vous pouvez répéter vos Piques. Avec un Pique de moins et un Trèfle de plus, il aurait fallu passer sur 2 ♦.
♠ R V 9 5 2 ♥ 4 2 ♦ R 4 2 ♣ 9 7 5	Après la séquence 1 ♥ - 1 ♠ - 1 SA, dites 2 ♠ : l'ouvreur a deux ou trois cartes dans cette couleur, car il a montré un jeu régulier.

• Quatrième couleur forcing

Pour trouver un fit de trois cartes chez l'ouvreur, il faut utiliser la convention appelée quatrième couleur forcing : c'est une enchère relais qui ne promet pas la quatrième couleur annoncée, mais qui demande à l'ouvreur de continuer à se décrire. L'ouvreur fitte dans la majeure avec trois cartes, ou annonce Sans-Atout s'il a au moins un arrêt dans cette quatrième couleur. Faute de quoi il revient dans sa première couleur.

♠ R V 9 4 2 ♥ A 2 ♦ 6 4 2 ♣ A R 3	Après la séquence 1 ♥ - 1 ♠ - 2 ♣, annoncez 2 ♦, la quatrième couleur forcing. Si votre partenaire vous soutient à 2 ♠, concluez à 4 ♠ et s'il dit 2 SA, concluez à 3 SA. S'il répète ses Cœurs, 4 ♥ est un bon pari.

> Si votre partenaire annonce une quatrième couleur forcing, n'allez pas à Sans-Atout à moins d'avoir un arrêt dans cette couleur.

• Troisième couleur forcing

Cette enchère s'apparente à la quatrième couleur forcing et s'emploie par le répondant après la répétition par l'ouvreur de sa couleur d'ouverture.

♠ D 7 5
♥ A R V 10 2
♦ V 3 2
♣ D 3

Après le début de séquence 1 ♣ - 1 ♥ - 2 ♣, faites l'enchère de 2 ♦, la troisième couleur forcing. Si votre partenaire vous soutient à 2 ♥, concluez à 4 ♥ et s'il dit 2 SA, déniant 3 cartes à Cœur, concluez à 3 SA.

Attention, après la séquence 1 ♦ - 1 ♠ - 2 ♦, l'enchère de 2 ♥, troisième couleur forcing, ne promet pas 4 cartes à Cœur. Elle demande à l'ouvreur de se décrire en nommant en priorité un éventuel fit troisième à Pique, première couleur du répondant. Si l'ouvreur a moins de 3 cartes à Pique, il dit 3 ♥ avec 4 cartes à Cœur ou, à défaut, 2 SA avec un arrêt à Cœur et à Trèfle. Si sa main ne correspond à aucune de ces enchères, il revient au palier de 3 dans sa couleur d'ouverture, c'est-à-dire Carreau.

• Le 2 SA Modérateur

Après un bicolore cher de l'ouvreur, l'enchère de 2 Sans-Atout du répondant est une enchère forcing qui demande à l'ouvreur de revenir dans sa mineure d'ouverture si son bicolore cher est minimum (18-19 points). Cette redemande permet au répondant de passer sur 3 ♣ ou 3 ♦ avec une main faible de moins de 7 points.

♠ V 7 5
♥ D 10 9 3
♦ 9 4 2
♣ D 4 3

Après le début de séquence 1 ♣ - 1 ♥ - 2 ♦, faites l'enchère de 2 SA. Si votre partenaire revient à 3 ♣, passez sereinement. Si son bicolore cher est maximum, il peut dire 3 SA ou montrer un résidu de 3 cartes à Cœur ou à Pique.

Néanmoins, ce 2 SA modérateur peut aussi cacher une main forte. Il permet alors d'obtenir des informations supplémentaires sur la force et la distribution de l'ouvreur.

♠ R V 7 5
♥ R D 3
♦ 8 3
♣ 6 4 3 2

Après le début de séquence 1 ♦ - 1 ♠ - 2 ♥, faites l'enchère de 2 SA, qui dénie 5 cartes à Pique. Si votre partenaire revient à 3 ♦, dites 3 ♥, indiquant 3 cartes à Cœur, pas de tenue à Trèfle pour jouer 3 SA et pas de fit à Carreau.

• Le fit dans la couleur mineure d'ouverture après un bicolore cher.

Cette enchère, forcing de manche, montre une main positive, fittée par 3 cartes au moins.

♠ A D 4 3
♥ D 2
♦ R D 3
♣ 8 7 5 4

Après le début de séquence 1 ♦ - 1 ♠ - 2 ♥, faites l'enchère de 3 ♦ qui doit permettre de découvrir la meilleure manche ou, éventuellement, un chelem.

À noter enfin qu'après un bicolore cher, le répondant qui répète sa majeure au palier de 2 fait une enchère forcing.

Le répondant a fait un Stayman après une ouverture de 1 SA de son partenaire

Après l'ouverture, le répondant connaissait la force de son partenaire (entre 15 et 17 points). Il sait maintenant si l'ouvreur détient 0, 1 ou 2 majeures quatrièmes.

a) Il n'y a pas de fit en majeure

Le répondant peut :

- proposer la manche s'il a 8 points : il dit 2 SA ;
- déclarer la manche s'il a entre 9 et 15 points : il dit 3 SA ;
- proposer le chelem à Sans-Atout s'il a 16 ou 17 points : il dit 4 SA, enchère quantitative ;
- déclarer le chelem à Sans-Atout avec 18 points et plus ;
- annoncer naturellement une mineure au palier de 3, enchère forcing de manche pour trouver le bon contrat.

♠ V 10 9 2
♥ V 9 3 2
♦ A 5 3
♣ D 3

Votre partenaire a ouvert de 1 SA, puis a répondu 2 ♦ sur votre Stayman à 2 ♣. Proposez la manche en disant 2 SA. L'ouvreur de 1 SA passera avec 15 ou 16 points ou conclura à 3 SA avec 17 points (ou 16 beaux points).

♠ D V 9 2
♥ R D 3 2
♦ R V 3
♣ A 3

Votre partenaire a ouvert de 1 SA, puis a répondu 2 ♦ sur votre Stayman. Faites l'enchère quantitative de 4 SA. L'ouvreur de 1 SA passera avec 15 ou 16 points ou déclarera le chelem avec 17 points (ou 16 beaux points).

♠ D 8 7
♥ A D 8 2
♦ D V 8 4
♣ 9 6

Votre partenaire a ouvert de 1 SA, puis a répondu 2 ♦ sur votre Stayman. Annoncez votre force à Carreau pour vous orienter vers une manche soit à Sans-Atout, soit à Cœur en 4/3 (si l'ouvreur a par exemple ♠ A R 2 ♥ R V 3 ♦ A 10 9 6 2 ♣ V 3).

b) Il y a un fit en majeure

Le répondant peut :

- proposer la manche à la couleur s'il a 8 points : il fitte au palier de 3. Si l'ouvreur répond 2 Sans-Atout, qui indique les deux majeures, le répondant nomme sa majeure quatrième, toujours au palier de 3. Dans les deux cas, l'ouvreur demande la manche avec une main maximale ;
- déclarer la manche à la couleur s'il a entre 9 et 15 points ;
- annoncer naturellement une mineure au palier de 3, enchère forcing de manche pour éventuellement trouver un chelem ;
- faire un Splinter en mineure au palier de 4, exprimant un fit dans la majeure répondue et un espoir de chelem ;
- faire un double transfert au palier de 4 avec une main de manche si l'ouvreur a répondu 2 SA pour indiquer ses 2 majeures : le répondant dit 4 ♣ pour jouer 4 ♥ et 4 ♦ pour jouer 4 ♠.

♠ D 8 5
♥ D 8 5 2
♦ R 3
♣ V 9 5 3

Votre partenaire a ouvert de 1 SA, puis a répondu 2 ♥ sur votre Stayman. Proposez la manche en disant 3 ♥.
L'ouvreur de 1 SA passera avec 15 ou 16 points ou conclura à 4 ♥ avec 17 points (ou 16 beaux points).

♠ D V 6 4
♥ R 6 3 2
♦ 5
♣ A R 6 3

Votre partenaire a ouvert de 1 SA, puis a répondu 2 ♠ sur votre Stayman. Faites un Splinter à 4 ♦. L'ouvreur pourra freiner à 4 ♠ ou aller au chelem avec par exemple ♠ A R 5 3 ♥ A D 7 ♦ A 8 7 ♣ 8 4 2.

♠ R 9 3
♥ A D 8 2
♦ 10 9 8 2
♣ V 6

Votre partenaire a ouvert de 1 SA, puis a répondu 2 SA sur votre Stayman, indiquant les 2 majeures quatrièmes. Faites l'enchère conventionnelle de 4 ♣ pour que le contrat de 4 ♥ soit joué de la main forte.

Le répondant a fait un Texas après une ouverture de 1 SA de son partenaire

Une fois que l'ouvreur de 1 SA a rectifié le Texas, le répondant ne sait pas si son partenaire est fitté dans sa majeure. Il peut alors :

- passer, avec une main sans ambition de manche ;
- proposer la manche avec 6 cartes et plus et une main limite en disant 3 ♥ ou 3 ♠ ;
- proposer la manche avec 5 Cœurs et 5 Piques dans une main limite en disant 2 ♠ après que l'ouvreur ait rectifié votre Texas par 2 ♥ ;
- proposer la manche avec 5 Cœurs dans une main limite en disant 2SA après la rectification. Rappelons qu'avec 5 Piques dans une main limite, on fait un Stayman et non pas un Texas (voir page 226) ;
- déclarer la manche ou le chelem avec au moins 6 cartes dans la majeure ;
- annoncer naturellement une mineure au palier de 3, forcing de manche, pour trouver le bon contrat. Sur cette nouvelle couleur, l'ouvreur donne le fit en priorité s'il a 3 cartes dans la majeure du répondant.

♠	R 10 9 8 4 3
♥	D 2
♦	D 8 6
♣	10 3

Votre partenaire a ouvert de 1 SA puis a rectifié à 2 ♠ sur votre 2 ♥ Texas. Proposez la manche en disant 3 ♠. L'ouvreur de 1 SA passera avec une main minimum et 2 cartes à ♠ seulement.

♠	D 8 2
♥	D V 10 9 2
♦	R D 7 2
♣	3

Votre partenaire a ouvert de 1 SA puis a rectifié à 2 ♥ sur votre 2 ♦ Texas. Faites l'enchère naturelle et forcing de 3 ♦. L'ouvreur déclarera 3 ♥ avec 3 cartes. Sinon, il dira 3 SA.

♠	A 9 8 5 3 2
♥	A V
♦	R D 3
♣	9 2

Votre partenaire a ouvert de 1 SA, puis a répondu 2 ♠ sur votre 2 ♥ Texas. Annoncez votre force à Carreau. Si l'ouvreur vous fitte alors à 3 ♠, le chelem ne devrait pas être loin…

Exercices

Vous n'êtes pas l'ouvreur, mais le répondant. Quelle est votre deuxième enchère après les séquences qui vous sont données ?

1 ♦ - 1 ♥ - 1 ♠ - ?	1 ♥ - 1 SA - 2 ♦ - ?	1 ♣ - 1 ♥ - 1 ♠ - ?
♠ A D 4 3	♠ R 8 2	♠ 10 5 4
♥ R D 7 4	♥ D 6	♥ R D 9 4 3
♦ 4 3	♦ V 9 8	♦ D V 8
♣ 6 4 2	♣ D 7 6 4 3	♣ 8 5

3 ♠.
11 points avec le fit à Pique. Proposez la manche.

2 ♥.
8 points et pas de fit. Donnez une préférence à 2 ♥, vous ne promettez pas 3 cartes.

1 SA.
8 points. Ne répétez pas vos Cœurs, vous en promettriez 6.

---

1 ♦ - 1 ♠ - 1 SA - ?	1 ♣ - 1 ♥ - 1 ♠ - ?	1 ♥ - 1 SA - 2 ♣ - ?
♠ A D 5 4 2	♠ 9	♠ D 8 4
♥ 9 8 6 4	♥ R D 8 5 2	♥ V
♦ 3	♦ 10 9 8	♦ R V 10 8 2
♣ 9 7 2	♣ A R V 4	♣ V 6 5 3

2 ♥.
6 points avec 5 Piques et 4 Cœurs. L'ouvreur choisira la meilleure partielle à Cœur ou à Pique.

2 ♦.
13 points. Utilisez la 4e couleur forcing pour trouver un fit à Cœur ou pour jouer à Sans-Atout.

Passe.
8 points. La manche est suicidaire. Il faut passer avec ce fit à Trèfle.

---

1 ♦ - 1 ♠ - 2 ♦ - ?	1 ♣ - 1 ♠ - 1 SA - ?	1 ♦ - 1 ♥ - 1 SA - ?
♠ D V 10 6 5 ♥ V 8 7 ♦ R 6 ♣ R D 2	♠ A D V 8 6 3 ♥ 6 ♦ R V 8 ♣ D 5 3	♠ 9 2 ♥ D 10 9 7 4 ♦ R 4 2 ♣ D 10 5

2 ♥.
12 points et 5 cartes à Piques. C'est l'occasion de faire une 3e couleur forcing. La réponse de l'ouvreur vous orientera vers le bon contrat.

4 ♠.
13 points, 6 Piques et un singleton. Concluez à 4 ♠, car l'ouvreur a en principe 2 cartes à Pique.

2 ♥.
7 points. Jouez le coup à Cœur plutôt qu'à Sans-Atout. Votre partenaire a 2 ou 3 cartes à Cœur, sinon il aurait annoncé une deuxième couleur.

Les enchères du répondant après Passe

Vous passez, votre adversaire de gauche fait de même, et votre partenaire ouvre en troisième : vous êtes le répondant. Vos enchères sont affectées par votre Passe initial : d'une part vos *1 sur 1* et *2 sur 2* ne sont pas forcing, puisque votre main est limitée ; de l'autre, certaines de vos enchères ont une signification particulière.

Le changement de couleur à saut

Tous les changements de couleur à saut après avoir passé d'entrée impliquent un beau fit.

Le changement de couleur à saut indique au moins 5 cartes dans la couleur nommée et 4 cartes dans la couleur d'ouverture. En force, il correspond à la valeur d'un soutien au palier de 3. Il permet de déclarer de bonnes manches, notamment en majeure, avec peu de points d'honneurs, mais concentrés dans deux couleurs.

♠ R 7 6 3
♥ 4 2
♦ R D V 9 3
♣ 5 4

Votre partenaire a ouvert de 1 ♠ après votre Passe d'entrée. Un saut à 3 ♦ s'impose, montrant une belle couleur et un fit au moins quatrième à Pique. Le partenaire pourra décider s'il faut ou non jouer la manche.
Avec ♠ A D 9 8 2, ♥ 5, ♦ A 5 2, ♣ R 6 3 2, il dira 4 ♠.

Le 2 ♣ Drury

Cette convention permet au répondant de vérifier si son partenaire, qui a ouvert d'une majeure en troisième ou quatrième position, possède bien la force d'une ouverture. De plus, elle indique généralement un fit de 3 ou 4 cartes.

Les redemandes de l'ouvreur après un 2 ♣ Drury sont conventionnelles.

• 2 ♦ est une enchère ambiguë qui peut annoncer :
- une ouverture faible (moins de 13 points) ;
- un bicolore au moins 5-4 incluant la majeure annoncée et des Carreaux (ce bicolore peut être très fort) ;
- un bicolore au moins 5-4 incluant la majeure annoncée et des Trèfles (limité à 18 points) ;
- une main régulière (5-3-3-2) de 12 à 14 points.

• La répétition de la couleur majeure d'ouverture montre 6 cartes et la force d'une ouverture normale.

• L'annonce d'une deuxième majeure est naturelle et garantit la force d'une ouverture :
- les Piques annoncés après les Cœurs montrent un bicolore cher ;
- les Cœurs annoncés après les Piques montrent un bicolore économique.

• 3 ♣ montre un bicolore d'au moins 18 points.

• 3 ♦ montre un bicolore 5-5 d'au moins 18 points.

• 2 SA garde sa valeur naturelle, c'est-à-dire 15-17 points réguliers. Cette enchère est forcing de manche, sauf si le partenaire redit 3 ♣ (dans ce cas, son 2 ♣ n'était pas un Drury, mais une enchère naturelle).

Après avoir fait un 2 ♣ Drury, sur la redemande de 2 ♦, le répondant revient dans la majeure du partenaire :
- au palier de 2 avec trois cartes ;
- au palier de 3 avec quatre cartes.

L'enchère de 2 ♣ après un Passe initial, suivie de l'enchère de 3 ♣, n'est pas un Drury. Elle est naturelle et demande à l'ouvreur de passer.

Les autres enchères du répondant après Passe

• Le changement de couleur sans saut est naturel et non-forcing. Il dénie la présence d'un fit dans la majeure d'ouverture.

• L'enchère de 2 SA avec 11 points serait dangereuse : elle annonce donc, classiquement, un bicolore mineur au moins 5-5 de 9 à 11 points.

• L'enchère de 1 SA, par voie de conséquence, indique une main de 6 à 11 points.

• Le soutien dans une majeure au palier de 2 reste le même que sur une ouverture en premier et en deuxième.

• Le soutien dans une majeure au palier de 3 est un barrage avec 4 cartes.

• Le soutien dans une majeure au palier de 4 est un barrage avec au moins 5 cartes.

EXERCICES

Vous êtes le répondant et vous avez passé d'entrée. Votre partenaire a ouvert de 1 ♠. Que dites-vous avec chacune des mains suivantes ?

♠ D	♠ R 6 5 2	♠ D V 6
♥ V 8 7 4	♥ R 10 6	♥ R 5
♦ R D 7 5	♦ D 9 6 5 2	♦ A 9 6 5
♣ R 9 8 5	♣ 2	♣ V 8 6 5

1 SA.
11 points et singleton à Pique. Résistez à la tentation de dire 2 SA. L'enchère de 1 SA va jusqu'à 11 points.

3 ♠.
8 points. Un saut s'impose. Il indique 4 atouts et barre les adversaires qui ont peut-être un contrat à Trèfle.

2 ♣.
11 points avec trois Piques. La main type pour faire un Drury. Vous reviendrez à 2 ♠ sur 2 ♦. Sinon, vous jouerez la manche.

♠ 3	♠ R V 6 4	♠ 2
♥ 9 8 4	♥ R D 10 9 6 3	♥ 5 2
♦ A D V 10 8 5	♦ 3	♦ R D 6 5 2
♣ D 3 2	♣ 9 4	♣ A V 10 9 2

2 ♦.
9 points et une belle couleur. Annoncez-la plutôt que dire 1 SA. Le partenaire sait que vous avez passé d'entrée.

3 ♥.
9 points avec une solide couleur à Cœur. Votre saut indique aussi 4 cartes à Pique.

2 SA.
10 points et les deux mineures. Cette enchère artificielle de 2 SA décrit parfaitement cette main.

Les enchères de chelem

Pour déclarer un chelem, il faut que deux conditions soient réunies :
- la force combinée des deux mains doit atteindre 33 ou 34 points (H à Sans-Atout, DH à la couleur s'il y a fit) ;
- il ne doit pas y avoir deux levées perdantes immédiates (2 As ou As-Roi dans une couleur). A contrario, on peut demander un petit chelem avec 1 As dehors.

Pour s'assurer qu'un chelem a de bonnes chances de gagner, il faut donc recourir aux contrôles et au Blackwood.

Les contrôles

Annoncer un contrôle, c'est nommer artificiellement une couleur dans laquelle on n'a pas deux levées perdantes immédiates, c'est-à-dire dans laquelle on a un As, un Roi, une chicane ou un singleton. Le contrôle se fait en principe au palier de 4, quand la zone de points avoisine les 33, et, si le chelem doit se jouer à la couleur, après qu'un fit a été trouvé. On nomme ses contrôles par ordre économique, toute couleur sautée signalant la présence d'au moins deux perdantes.

Votre main
♠ A R D 5 3
♥ 8 6
♦ A D 10 4
♣ A D

Vous avez ouvert de 1 ♠, et, divine surprise, votre partenaire a annoncé 2 ♦. Vous savez tout de suite que le chelem n'est pas loin. Fittez dans un premier temps à 3 ♦, enchère forcing du fait que le partenaire s'engage à reparler après son 2 sur 1. Sur les 3 Sans-Atout vraisemblablement déclarés par votre partenaire, vous pourriez sauter à 6 ♦, mais, si le partenaire n'a pas mieux que la Dame de Cœur, les adversaires vont se précipiter goulûment sur l'As et le Roi. Pour éclairer votre lanterne, faites une enchère de contrôle à 4 Trèfles, et si vous entendez 4 ♥, vous pouvez conclure à 6 ♦ ou même envisager un grand chelem.

Le Splinter

Il existe deux situations de Splinter : le Splinter du répondant et le Splinter de l'ouvreur.

- Le Splinter du répondant :

Sur une ouverture en majeure au palier de 1, le Splinter est une enchère du répondant, à double saut et au palier de 4, qui montre un fit franc dans la couleur du partenaire et une courte (singleton ou chicane) dans la couleur nommée.

Elle est toujours faite en dessous du niveau de la manche et avec des mains limitées à 8-11 points d'honneurs. À noter que sur une ouverture à Cœur, le répondant qui a une courte à Pique fait un Splinter à 3 ♠ (double saut) et non pas 4 ♠, afin de permettre à l'ouvreur de s'arrêter éventuellement à 4 ♥.

♠ R D 9 7 3
♥ A 3 2
♦ 8 5 4 2
♣ 4

Sur l'ouverture de 1 ♠, préférez l'enchère de 4 ♣ à celle de 4 ♠. Votre partenaire pourra réévaluer son jeu et déclarer un excellent chelem avec peu de points, s'il a par exemple ♠ A V 8 5 4 ♥ R 4 ♦ A 9 ♣ A 8 7 5.

Comme indiqué ci-dessus, les Splinters du répondant ne doivent pas être faits avec des mains trop puissantes. Ils équivalent en force à l'enchère directe de 1 ♥ - Passe - 4 ♥ ou 1 ♠ - Passe - 4 ♠.

♠ R V 6 5 2
♥ R 9 6
♦ 4
♣ A R D 2

Sur l'ouverture de 1 ♠ du partenaire, ne faites pas un Splinter mais dites d'abord 2 ♣ puis 3 ♠ forcing sur la redemande de l'ouvreur.

- Le Splinter de l'ouvreur :

Il se pratique après un début de séquence 1 ♣ (ou 1 ♦) - Passe - 1 ♥ (ou 1 ♠) : l'ouvreur, s'il est fitté par 4 cartes, peut alors faire un double saut dans son singleton.

C'est une enchère forte puisqu'elle oblige le répondant, qui peut n'avoir que 5 points d'honneurs, à jouer au moins la manche.

♠ D V 3 ♥ A D 3 2 ♦ 8 ♣ A R V 6 4

Sur votre ouverture de 1 ♣ et la réponse de 1 ♥ de votre partenaire, préférez l'enchère de 4 ♦ à celle de 4 ♥. Le répondant, connaissant votre singleton à Carreau, pourra décider ou non d'aller au chelem. Avec par exemple ♠ A R 4 ♥ 10 8 5 4 ♦ R D 9 ♣ D 7 5, il reviendra sagement à 4 ♥.

Le Fragment-bid

Le Fragment-bid est une variante du Splinter.
Vous ouvrez de 1 ♣, votre partenaire répond 1 ♠ et votre redemande est 4 ♥ (enchère à double saut). Si vous jouez la convention *Fragment-bid*, vous promettez :
- un jeu très fort ;
- 5 Trèfles ;
- un fit de 4 cartes dans la couleur du partenaire ;
- un singleton à Cœur ;
- 3 cartes à Carreau commandées par l'As ;
- 4 des six gros honneurs des couleurs Trèfle et Pique.

Le *Fragment-bid* est extrêmement précis, mais il exclut l'utilisation du Splinter. Entre ces deux conventions, nous vous conseillons de choisir le Splinter : vous aurez beaucoup plus l'occasion de l'appliquer que d'appliquer le Fragment-bid.

Le Blackwood

La convention appelée Blackwood (du nom de son inventeur) permet de connaître le nombre d'As du partenaire. Dans l'exemple précédent, l'ouvreur sait qu'il manque au maximum un As. Avec moins de 3 As dans la main, même si vous possédez tous les contrôles, il faut faire un Blackwood en disant **4 SA**. Les réponses qui suivent sont celles du *Blackwood moderne*, aussi appelé *Blackwood 30-41* : « 30 » veut dire que la première réponse, c'est-à-dire 5 ♣, indique 3 ou 0 As ; « 41 » veut dire que la deuxième réponse, c'est-à-dire 5 ♦, indique 4 ou 1 As.

Le Blackwood pour les As

5 ♣ = 3 ou 0 As
5 ♦ = 4 ou 1 As
5 ♥ = 2 As
5 ♠ = 2 As et le Roi d'atout (si une couleur d'atout a été agréée)
5 SA = 2 As et une chicane utile, mais non connue
6 ♣ = 1 As et chicane ♣
6 ♦ = 1 As et chicane ♦
6 ♥ = 1 As et chicane ♥
6 dans la couleur d'atout = 1 As et chicane dans une couleur supérieure à celle de l'atout.

Évitez d'annoncer une chicane quand la couleur de cette chicane est censée être la couleur annexe du partenaire.

Le joueur qui a posé le Blackwood sait s'il manque deux As ou non et peut conclure au chelem ou s'arrêter au palier de 5.

Votre main

♠ R D
♥ A D 8 7
♦ R 4
♣ R V 6 5 4

Votre partenaire ayant ouvert de 1 ♥, vous avez dit 2 ♣. Sur sa redemande à 2 ♥, vous dites 3 ♠, enchère à saut qui indique un fit et des ambitions de chelem. Vous entendez maintenant 4 ♣, un contrôle qui vous intéresse au plus haut point. Mais ne vous précipitez pas au chelem, car il peut manquer 2 As. Posez le Blackwood pour éviter de jouer un chelem avec 2 As dehors.
Dans le Blackwood, quand l'atout est Trèfle, on peut inverser les réponses : il s'agit alors du *Blackwood 41-30*. Ceci pour ne pas se retrouver au-dessus du palier de 5 ♣ avec 2 As manquants.

Le Blackwood pour les Rois
Quand aucun As ne manque et que le grand chelem est envisageable, l'enchère de 5 SA est un Blackwood pour le nombre de Rois. Les réponses sont les mêmes que pour le Blackwood à 4 SA :

6 ♣ = 3 ou 0 Rois
6 ♦ = 4 ou 1 Rois
6 ♥ = 2 Rois
6 ♠ = 2 Rois et la Dame d'atout (si une couleur d'atout a été agréée).

Votre main
♠ R D 6
♥ A 2
♦ R D 4 3
♣ A D 5 4

Votre partenaire a ouvert de 1 ♠ et vous avez posé le Blackwood directement. Sur sa réponse de 5 ♥, vous savez que votre camp possède tous les As. Dites maintenant 5 SA et, si vous entendez 6 ♥, c'est-à-dire 2 Rois, concluez à 7 ♠, ou, mieux encore, à 7 SA.

Le Blackwood à « 5 clés »

Dans le Blackwood à 5 clés, le Roi d'atout est considéré comme un As (si un atout a été agréé au cours des enchères). Les réponses sont les mêmes que dans le Blackwood moderne :

5 ♣ = 3 ou 0 clés parmi les 5 (les 4 As et le Roi d'atout)
5 ♦ = 4 ou 1 clés
5 ♥ = 2 clés sans la Dame d'atout
5 ♠ = 2 clés et la Dame d'atout
5 SA = 2 clés et une chicane
6 ♣ = 1 clé et chicane ♣
6 ♦ = 1 clé et chicane ♦
6 ♥ = 1 clé et chicane ♥

Le Blackwood à 5 clés évite de jouer un chelem avec l'As et le Roi d'atout dehors.

Le 5 Sans-Atout Joséphine

Cette enchère demande au partenaire de déclarer le grand chelem s'il possède 2 des 3 gros honneurs dans la couleur d'atout (il faut bien entendu avoir les 4 As, ou 3 As et une chicane, pour faire un Joséphine). Si le partenaire n'a pas ces deux honneurs, il s'arrête au petit chelem.

Le Blackwood perturbé par une intervention adverse

Dans une séquence compétitive, votre partenaire pose le Blackwood à 4 SA et l'adversaire intervient par une couleur, vous privant d'un palier d'enchères. Il existe plusieurs conventions pour pallier cet inconvénient. Avec le *Copain*, Co est pour Contre, Pa est pour Passe, In est pour Un (As) : le Contre indique 0 As, le Passe indique 1 As, le premier palier au-dessus de l'intervention indique 2 As, le deuxième palier, 3 As et le troisième palier 4 As.

Exemple 1 ♠ - 4 ♥ - 4 SA (BW) – 5 ♥

Contre = 0 As
Passe = 1 As
5 ♠ = 2 As
5 SA = 3 As
6 ♣ = 4 As

Le Blackwood d'exclusion

Le Blackwood normal permet au **répondant** d'annoncer une éventuelle chicane. Le Blackwood d'exclusion permet à l'**interrogateur** d'annoncer sa propre chicane.
Quand il y a un fit et qu'un joueur ayant une chicane veut poser le Blackwood d'exclusion, il ne dit pas 4 SA mais annonce sa chicane **au palier de 5**, au-dessus du niveau de la manche.

Le partenaire répond classiquement en 30-41, annonçant son nombre de clés. Un As est une clé, le Roi d'atout également. En revanche un As dans la chicane annoncée n'est pas une clé, car il perd de son intérêt.

N
♠ R 8 3
♥ 9
♦ R V 10 6 2
♣ A R 7 5
S
♠ A D 9 6 5 2
♥ A R D V 8 7
♦
♣ 4

Sud	*Nord*
1 ♠	2 ♦
3 ♥	3 ♠
5 ♦ (Blackwood avec chicane Carreau)	5 SA : 2 clés : un As qui n'est pas l'As de Carreau (donc l'As de Trèfle) et le Roi de Pique
7 ♠	

Pour éviter des pataquès dus aux confusions avec les contrôles ou avec le Splinter, il faut que des conditions strictes soient remplies.

- Le fit doit être déclaré ou évident.
- L'enchère de Blackwood doit être une enchère à saut, sinon elle serait prise pour un contrôle. Après la séquence 1 ♠ - 4 ♠, le Blackwood d'exclusion est impossible.
- Le Blackwood d'exclusion est principalement une enchère de grand chelem, le petit chelem étant généralement imposé par le niveau des enchères.
- Le Blackwood d'exclusion est d'un usage beaucoup plus fréquent en Bridge Goulache qu'en Bridge normal.

Exercices

Que dites-vous avec chacune de ces mains, après les séquences d'enchères suivantes (vous êtes donneur) ?

1 ♠ - 4 ♠ - ?	1 ♥ - 3 ♥ - ?	1 ♠ - 2 ♠ - ?
♠ A D 8 7 4 2 ♥ R 4 ♦ 3 ♣ A R D V	♠ A ♥ R D V 9 6 ♦ A R D 2 ♣ D 8 6	♠ A R D 8 5 2 ♥ 5 ♦ A R D 6 3 ♣ 5

4 SA.
Vous possédez tous les contrôles mais le partenaire pourrait n'avoir aucun As. Vérifiez-le en posant le Blackwood.

3 ♠.
Annoncez votre contrôle à Pique dans l'espoir d'entendre votre partenaire dire 4 ♣. Si oui, posez le Blackwood ; sinon ce n'est pas la peine de dépasser le palier de 4 ♥.

4 SA.
Vous n'avez que 18 points mais maintenant que vous savez qu'il y a un fit, seul le nombre d'As du partenaire vous importe. Suivant sa réponse, vous saurez s'il faut jouer 5, 6 voire 7 ♠.

1 ♠ - 2 ♥ - 3 ♥ - 4 ♦ - ?	1 SA - 2 ♠ (Texas ♣) - 3 ♣ - 3 ♦ (naturel et forcing) - 4 SA - 5 ♦ (4 ou 1 As) - ?	1 SA - 2 ♠ (Texas ♣) - 3 ♣ - 3 ♦ (naturel et forcing) - 4 SA – 5 ♣ (4 ou 1 As) - ?
♠ A R D 6 4 ♥ A D 6 3 ♦ R 3 ♣ 8 7	♠ R D 2 ♥ R D 4 ♦ R 3 ♣ A 8 6 5 2	♠ R D 2 ♥ R D 4 ♦ R 3 ♣ A 8 6 5 2

4 ♥.
Le partenaire envisage le chelem, mais en disant 4 ♦ il a dénié le contrôle à Trèfle. Bien que vous ayez les points pour aller au chelem, concluez à 4 ♥ : il manque As et Roi de Trèfle.

5 ♠.
Vous sembliez bien parti pour le chelem mais vous apprenez qu'il manque deux As. Vous ne pouvez dire 5 SA qui serait un Blackwood pour les Rois. Annoncez 5 ♠, « relais » conventionnel qui demande au partenaire de rectifier à 5 SA. Vous évitez ainsi de jouer un 6 Trèfles infaisable.

Passe.
La couleur d'atout agréée implicitement étant Trèfle, vous avez cette fois adopté le Blackwood « inversé » 41-30. Ceci vous permet de vous arrêter à l'excellent contrat de 5 Trèfles, plus sûr que 5 SA.

Les interventions

Une intervention est une enchère faite après une ouverture adverse. Ses critères sont différents de ceux d'une ouverture. Son but est de :

• déclarer un contrat et le gagner, malgré l'ouverture de l'adversaire ;

• trouver une défense moins coûteuse qu'un contrat réalisé par l'autre camp (exemple : 3 levées de chute contrées non vulnérables sanctionnées par 500 points, contre une manche vulnérable, 620 points) ;

• aider le partenaire à trouver la bonne entame ;

• gêner les adversaires dans la description de leur jeu en leur enlevant des paliers d'enchères.

Il existe quatre sortes d'interventions :
- à la couleur ;
- à Sans-Atout ;
- par un contre ;
- par un cue-bid.

L'intervention à la couleur au palier de 1

Pour intervenir dans une couleur au palier de 1, il faut avoir une bonne couleur au moins cinquième, mais pas forcément la force d'une ouverture. La zone de points est comprise entre 8 et 18 points d'honneurs (avec 19 points et plus, on commence toujours par contrer). Pour intervenir avec 8 points ou 9 points d'honneurs, il faut une couleur solide car le partenaire va sans doute entamer dans cette couleur. S'il a par exemple le Roi second, il va le jouer, et si vous, de votre côté, n'avez qu'un Valet cinquième, l'entame va livrer deux levées immédiates au déclarant.

Évitez d'intervenir dans une couleur « creuse » du style V 9 8 4 2, sauf si vous avez beaucoup de points à côté.

♠ A R V 10 3
♥ 9 8 7
♦ 8 4
♣ 6 5 4

N'hésitez pas à intervenir à 1 ♠ sur une ouverture adverse. Cette belle couleur compense le faible nombre de points.

♠ 8 5
♥ D 9 6 3 2
♦ A 8 4
♣ D V 4

Sur l'ouverture adverse de 1 ♦, ne nommez pas vos Cœurs. Vous avez peu de points et la couleur est anémique…

L'intervention à la couleur au palier de 2

• Intervention au palier de 2 sans saut

Les interventions au palier de 2 sans saut se font entre 10 et 18 points d'honneurs. Elles nécessitent des couleurs au moins sixièmes (exceptionnellement cinquièmes très solides), car elles sont plus risquées qu'au palier de 1. N'oubliez pas que les adversaires ne se gêneront pas pour contrer et vous faire chuter lourdement.

♠ R 9 8
♥ R 10 8 7 6 2
♦ A 2
♣ A 3

Sur l'ouverture adverse de 1 ♠, dites 2 ♥. Le nombre de points compense la teneur moyenne de la couleur.

♠ A V 2
♥ 6 5
♦ 4 2
♣ R D V 9 8 2

Sur l'ouverture adverse de 1 ♥, dites 2 ♣. Vous n'avez que 11 points mais votre couleur est liée.

♠ R 6 4
♥ A 3
♦ D 10 8 5 4 2
♣ D 6

Sur l'ouverture adverse de 1 ♠, passez. Vos Carreaux sont creux et vous n'avez que 11 points.

• Intervention au palier de 2 avec saut ou au palier de 3
Ce sont des barrages destinés à gêner l'adversaire, tout comme les ouvertures de 2 faible et de 3. Pour un barrage à saut au palier de 2, il faut exactement six cartes dans la couleur d'intervention et moins de 10 points d'honneurs. Au palier de 3, sept cartes sont nécessaires.

♠ A D 10 9 5 2 ♥ 6 5 ♦ 4 2 ♣ D 6 2	Sur l'ouverture adverse de 1 ♥, dites 2 ♠. Vous avez moins de 10 points et une belle couleur sixième.

♠ A R D V 6 4 ♥ A 2 ♦ 8 7 4 ♣ A D	Sur l'ouverture adverse de 1 ♥, vous êtes trop fort pour dire 2 ♠ et même pour en dire 1. Contrez. Vous annoncerez vos Piques au prochain tour, montrant ainsi un jeu fort ou très fort.

L'intervention par Sans-Atout

Elle répond aux mêmes critères que l'ouverture de 1 SA : elle doit comporter entre 15 et 17 points et une distribution régulière. La seule différence, c'est que le Sans-Atout d'intervention garantit un arrêt dans la couleur d'ouverture si elle est mineure, et deux si elle est majeure.

♠ A V 2 ♥ R D 2 ♦ A 4 2 ♣ R 9 6 5	Sur l'ouverture adverse de 1 ♥, dites 1 SA. Vous avez 17 points et les deux arrêts requis pour cette intervention (on considère que l'As de Cœur est dans la main de l'ouvreur).

♠ 10 9 2 ♥ A 6 ♦ R D 4 2 ♣ A R 8 2	Sur l'ouverture adverse de 1 ♠, vous devez vous résigner à passer, faute de tenue à Pique. Contrer n'est pas recommandé avec seulement deux cartes à Cœur.

L'intervention par un contre d'appel

Le contre d'une couleur demande impérativement au partenaire de parler. Il manifeste l'envie de jouer dans l'une des trois autres couleurs, ou, éventuellement, à Sans-Atout si le partenaire du contreur a un arrêt dans la couleur d'ouverture. Comme pour l'intervention à la couleur, il y a deux zones de points à distinguer :

- avec de 12 à 18 points, il faut être court dans la couleur d'ouverture (pas plus de deux cartes) pour pouvoir jouer dans l'une des trois autres couleurs, les majeures en particulier ;
- avec 19 points et plus, le contre d'appel est obligatoire quelle que soit la distribution :

♠ 10
♥ A V 7 6
♦ R V 4 2
♣ R V 5 2

Sur l'ouverture adverse de 1 ♠, vous pouvez tranquillement contrer avec votre 4-4-4-1 dont la distribution est idéale pour un contre ;

- avec un jeu régulier et d'une force limitée, en revanche, il faut passer :

♠ D V 2
♥ A 10 6
♦ 9 7 4
♣ R D V 2

Sur l'ouverture adverse de 1 ♦, contrer avec seulement trois cartes dans chaque majeure pourrait s'avérer catastrophique, votre partenaire risquant de vous propulser à la manche.

> Pour contrer d'appel sur une mineure, il faut au moins la force d'une ouverture et 7 ou 8 cartes en majeure réparties 4-3 ou 4-4.

L'intervention par le contre de 1 Sans-Atout

Le contre de l'ouverture adverse de 1 Sans-Atout n'est pas un contre d'appel mais un contre punitif. Il se pratique :
- avec un unicolore (le contreur a l'entame…) ;
- avec un jeu dont la force est supérieure à l'ouverture de 1 SA.

Le partenaire pourra éventuellement dégager s'il a un jeu nul.

L'intervention par le cue-bid

Le cue-bid décrit un bicolore (voir ci-dessous).
À noter que l'intervention à 2 ♣ sur l'ouverture adverse de 1 ♣ est naturelle. Elle indique une couleur sixième ou plus (ou éventuellement cinquième mais solide) et une valeur d'ouverture. Ceci permet de nommer immédiatement sa couleur alors que l'ouvreur peut n'avoir que 3 petits Trèfles dans son ouverture de 1 ♣.
En revanche, comme l'ouverture de 1 ♦ se fait le plus souvent dans 4 cartes, l'intervention à 2 ♦ n'est pas naturelle mais décrit un bicolore majeur (voir le paragraphe ci-après).

Les interventions bicolores

Il existe plusieurs sortes d'enchères décrivant des jeux bicolores au moins 5-5. Voici les deux plus courantes :

• Sur une ouverture de 1 dans une couleur majeure
L'enchère de 2 SA avec saut promet les 2 mineures, au moins 5-5, si l'ouverture est majeure.

♠	10
♥	V 5
♦	A R V 4 2
♣	A D V 5 2

Sur l'ouverture adverse de 1 ♠, dites 2 Sans-Atout, montrant un bicolore mineur. Le partenaire, s'il est faible, donnera une préférence à Trèfle ou à Carreau. Plus fort, il pourra faire un cue-bid à 3 ♠ ou déclarer directement la manche en mineure, ou à Sans-Atout s'il tient solidement les Piques et les Cœurs.
Cette enchère n'est justifiée qu'avec un jeu fort, comme dans le diagramme ci-dessus. Avec un jeu faible, vous risquez

d'être contré au palier de 3. Notons que cette convention est incluse dans les Michaëls cue-bids décrits ci-dessous.

• Sur une ouverture de 1 dans une couleur mineure
Un bicolore majeur se développe naturellement au palier de 1 en commençant par la couleur la plus chère.

• Les Michaëls cue-bids (voir notre définition du cue-bid page 287)
Les deux enchères ci-dessus ont le mérite de la simplicité, mais elles ignorent les bicolores majeure plus mineure. Les Michaëls cue-bids couvrent la plupart des cas de figure.
- Sur une ouverture mineure :
  2 ♦ indique les 2 majeures ;
  2 SA indique les 2 couleurs les moins chères.
- Sur une ouverture majeure :
  2 dans cette même majeure (cue-bid) indique l'autre majeure plus les Trèfles ;
  2 SA indique les deux mineures (comme dans l'enchère de *2 SA avec saut* classique, mentionnée ci-dessus) ;
  3 ♣ indique l'autre majeure plus les Carreaux.

Remarque : la couleur du Michaëls cue-bid n'est jamais une des deux couleurs du bicolore.
• Sur une ouverture de 1 Sans-Atout
- l'enchère de 2 ♣, appelée **Landy**, promet les 2 majeures, au moins 5-4, avec la force d'une ouverture. La réponse de 2 ♦ demande à l'intervenant d'annoncer sa majeure la plus longue, ou, à égalité de longueur, la plus solide ;
- l'enchère de 2 SA promet un beau bicolore mineur, au moins 5-5 (on s'engage à jouer au palier de 3 alors que l'adversaire a ouvert de 1 SA).

EXERCICES

Que dites-vous en intervention avec chacune de ces mains sur l'ouverture adverse de 1 ♥ ?

♠ A D 4 3	♠ R 9 2	♠ R D 10 9 5 4
♥ 7 4	♥ D V 10 6	♥ 4 3
♦ A V 4 3	♦ A D V	♦ D 9 8
♣ D 4 2	♣ D V 6	♣ 8 5

Contre.
13 points. Quand vous contrez d'appel sur une majeure, vous garantissez toujours l'autre majeure quatrième, sauf si vous avez plus de 18 points.

1 SA.
16 points et deux arrêts sûrs à Cœur. La main type pour cette enchère.

2 ♠.
7 points et 6 beaux Piques. Enchérissez au palier de 2 plutôt qu'à celui de 1, vous barrez vos adversaires davantage.

♠ A D	♠ V 9 8	♠ A D V 10 8 4
♥ 9 8 4	♥ 2	♥ V 3
♦ D 6 5 4 3	♦ 10 9 8	♦ A R 8 2
♣ A R V	♣ A R D 10 9 4	♣ A

Passe.
16 points certes, mais ni Piques, ni tenue à Cœur pour aller à Sans-Atout, ni Carreaux annonçables. Passez et attendez la suite pour vous manifester éventuellement.

2 ♣.
10 points seulement mais une superbe couleur à Trèfle. C'est le moment de l'annoncer.

Contre.
19 points. Ne dites pas 1 ♠ tout de suite et encore moins 2 ♠. Contrez d'abord et annoncez les Piques au prochain tour.

Les interventions sur un 2 majeur faible

L'adversaire a ouvert de 2 ♥ ou 2 ♠ faible. Vous pouvez :
- passer ;
- annoncer une couleur ;
- contrer ;
- cue-bidder ;
- parler à Sans-Atout.

Sur un 2 ♥ faible :

• 2 ♠ promet au moins 5 Piques avec un jeu ayant la valeur d'une ouverture.

• Avec un jeu de 20 points et au moins 5 Piques, il faut contrer avant d'annoncer les Piques.

• 2 SA promet un beau jeu avec au moins un arrêt à Cœur (de 16 à 18 points). Si vous êtes *en réveil*, c'est-à-dire en quatrième, l'enchère de 2 SA peut se faire avec de 13 à 15 points d'honneurs.

• 3 ♣ ou 3 ♦ promet une belle couleur sixième dans un jeu ayant la valeur d'une ouverture.

• 3 ♥ est un cue-bid qui indique un bicolore mineur.

• 3 ♠ promet au moins 6 Piques avec un jeu fort (plus de 16 points d'honneurs).

• 3 SA est naturel et pour les jouer.

• Le contre est d'appel. Il promet la valeur d'une belle ouverture au palier de 1 et une courte dans la couleur du 2 faible, soit avec 4 cartes à Pique, soit avec un jeu très fort.

• 4 ♣ indique un bicolore au moins 5-5 avec des Piques et des Trèfles. Ce bicolore doit être fort car on jouera au minimum au palier de 4.

• 4 ♦ indique un bicolore fort au moins 5-5 avec des Piques et des Carreaux.

Sur un 2 ♠ faible :

Les enchères sont les mêmes, sauf que l'on se retrouve tout de suite au palier de 3. La prudence est donc de règle.
Les enchères de 4 ♣ et 4 ♦ montrent également un bicolore au moins 5-5, avec des Cœurs et la mineure annoncée.

> Ne faites pas de barrage sur un barrage. Si vous avez une longue (dans l'autre majeure par exemple) avec moins que la valeur d'ouverture, passez en attendant un réveil éventuel du partenaire.

EXERCICES

Que dites-vous avec chacune de ces mains, après que votre adversaire de droite a ouvert d'un 2 ♥ faible ?

♠ R V 10 9 7 3 2	♠ R 10 8 3	♠ D 7 6 4
♥ 4 3	♥ A V 10 3	♥ 5
♦ R 2	♦ R D 4	♦ A R 10 3
♣ 7 5	♣ R 9	♣ A 10 9 2

Passe.
7 points. Résistez à la tentation de parler de vos Piques et attendez un réveil du partenaire. Si vous faites barrage sur barrage, vous pouvez être embarqué vers un chelem ingagnable.

2 SA.
16 points et un solide arrêt à Cœur. Préférez cette enchère naturelle à celle de Contre : votre partenaire, faible, risquerait de répondre 3 ♣ dans 4 cartes…

Contre.
13 points seulement mais une distribution idéale ainsi que des bonnes cartes intermédiaires.

Que dites-vous avec chacune de ces mains, après que votre adversaire de droite a ouvert d'un 2 ♠ faible ?

♠ D 3	♠ 6	♠ 10 8
♥ D 7 5 4	♥ R D 10 9 5	♥ D 9 2
♦ V	♦ A D V 10 4	♦ A R 5 3
♣ A R V 10 5 2	♣ A 6	♣ A 10 9 7

3 ♣.
13 points. Ne contrez pas d'appel malgré vos 4 cartes à Cœur mais annoncez vos Trèfles. Vous pourrez trouver un éventuel fit 4-4 à Cœur ultérieurement.

4 ♦.
16 points. Profitez de l'excellente convention décrite au-dessus qui indique un puissant bicolore avec 5 Cœurs (l'autre majeure) et 5 cartes dans la mineure annoncée.

Passe.
13 points mais une mauvaise distribution. Contrer pourrait vous amener vers un contrat trop poussé, sanctionné par un contre punitif adverse.

Les interventions sur une ouverture de barrage au palier de 3

• Le contre est d'appel, mais, bien entendu, le partenaire du contreur peut le transformer en contre de pénalité s'il est long dans la couleur de l'ouvreur et s'il n'a pas d'espoir de manche.
• Toute couleur annoncée promet au moins 6 cartes et un jeu fort.
• L'enchère de 3 SA est naturelle.

Les interventions sur une ouverture de barrage au palier de 4

Les interventions sont les mêmes que pour une ouverture au palier de 3 sauf que, sur une ouverture de 4 en majeure, l'intervention de 4 SA est un appel aux mineures.

Réponses aux interventions

On distingue :
- les réponses aux interventions majeures ;
- les réponses aux interventions mineures ;
- les réponses aux interventions à Sans-Atout ;
- les réponses au contre d'appel ;
- les réponses aux interventions sur un 2 majeur faible ;
- les réponses aux interventions quand le troisième joueur a parlé.

Réponses aux interventions majeures

Le soutien

Les enchères de soutien se font à partir de 5 ou 6 points DH et sont limitées à 11 points DH. Leur palier dépend du nombre d'atouts :
- avec 3 atouts, soutenez au palier de 2 ;
- avec 4 atouts, soutenez au palier de 3 ;
- avec 5 atouts et plus, soutenez au palier de 4.

♠ 10 8 2	
♥ R D 7 3	
♦ V 8 4 2	
♣ R 4	

Après une ouverture adverse de 1 ♦ et une intervention à 1 ♠ de votre partenaire, dites simplement 2 ♠.

Le changement de couleur

Il montre un jeu positif (à partir de 8 points d'honneurs), une couleur au moins cinquième au palier de 1, et sixième au palier de 2. En principe, un changement de couleur dénie un fit dans la majeure d'intervention.

♠ 2	
♥ A 7 3	
♦ V 8 5	
♣ R D 9 8 7 4	

Après une ouverture adverse de 1 ♦ et une intervention à 1 ♠ de votre partenaire, dites 2 ♣, enchère encourageante mais non forcing.

En réponse à une intervention, les changements de couleur sont forcing en *1 sur 1* et non-forcing en *2 sur 1.*

♠ A R D 2 ♥ A 3 ♦ V 8 5 ♣ R 10 9 2

Après une ouverture adverse de 1 ♦ et une intervention à 1 ♥ de votre partenaire, dites 1 ♠. Cette enchère forcing permet de trouver un éventuel fit 4-4 à Pique. Dans le cas contraire on jouera 4 ♥, 3 SA, voire 5 ♣.

La réponse à Sans-Atout

Elle montre un jeu sans couleur annonçable, sans fit dans la couleur d'intervention, et avec au moins une tenue dans la couleur d'ouverture.

Le palier de votre enchère dépend de votre nombre de points :

- avec 9, 10, 11 ou 12 points, dites 1 Sans-Atout ;
- avec 13 ou 14 points, dites 2 Sans-Atout ;
- avec 15 points et plus, dites 3 Sans-Atout.

En réponse à une intervention, les zones de points pour parler à Sans-Atout sont supérieures de 2 points aux zones de réponses à l'ouverture.

Le cue-bid

Un cue-bid est l'annonce artificielle d'une couleur déjà nommée par l'adversaire. Le partenaire du cue-biddeur ne doit en aucun cas passer. Le cue-bid manifeste souvent une ambition de manche, voire de chelem. Dans le cue-bid moderne, sur une enchère majeure du partenaire, le cue-bid est toujours fitté.

♠ D V 2 ♥ A D 5 3 ♦ 10 4 2 ♣ R 5 4

Après une ouverture adverse de 1 ♦ et une intervention à 1 ♠ de votre partenaire, cue-biddez à 2 ♦. Votre partenaire redira 2 ♠ s'il est faible sur lesquels vous passerez. S'il est fort, il pourra soit jumper directement à 4 ♠ soit annoncer 2 SA ou une deuxième couleur.

Ne cue-biddez pas à tort et à travers. Si vous pouvez faire une belle enchère naturelle, faites-la pendant qu'il est temps.

Réponses aux interventions mineures

Lorsque le partenaire intervient dans une mineure, si aucun fit majeur n'est envisageable, il faudra s'orienter en priorité vers le contrat de 3 SA. Dans ce dernier cas, le cue-bid sera souvent secourable.

♠ A D 2
♥ 10 3 2
♦ R D 6 3
♣ R 10 6

Après une ouverture adverse de 1 ♥ et une intervention à 2 ♣ de votre partenaire, cue-biddez à 2 ♥. Si votre partenaire tient les Cœurs, il s'orientera vers le contrat de 3 SA. Sinon, la manche à 5 ♣ sera un bon pari.

Les changements de couleur sur une intervention sont forcing en *1 sur 1* comme en *2 sur 2*. En revanche, ils sont encourageants mais non-forcing en *2 sur 1*.

Réponses aux interventions par 1 Sans-Atout

- Si le premier joueur a ouvert d'une **mineure**, les enchères sont les mêmes que sur l'ouverture de 1 SA, avec 2 ♣ Stayman et tous les Texas.

♠ R V 9 2
♥ D 9 5 3
♦ 4 2
♣ A 8 4

Sur l'ouverture de 1 ♦ et une intervention du partenaire à 1 SA, faites un Stayman à 2 ♣ pour trouver un fit 4-4 en majeure. À défaut de fit majeur, on jouera 3 SA.

- Si le premier joueur a ouvert d'une majeure, le quatrième joueur annonce son éventuelle couleur cinquième en Texas.

Sud	*Ouest*	*Nord*	*Est*
1 ♥	1 SA	Passe	2 ♣ : Texas pour les Carreaux
1 ♥	1 SA	Passe	2 ♥ : Texas pour les Piques
1 ♥	1 SA	Passe	2 ♠ : Texas pour les Trèfles
1 ♥	1 SA	Passe	2 SA : l'enchère est naturelle

À noter que l'enchère de 2 ♦ ne peut être un Texas pour les Cœurs puisque Cœur est la couleur de l'ouvreur, qui est l'adversaire. L'enchère de 2 ♦ fait donc office de Stayman pour la majeure non annoncée.

Sud	*Ouest*	*Nord*	*Est*
1 ♥	1 SA	Passe	2 ♦ : Stayman pour trouver un fit éventuel à Pique en 4/4

Exercices

Dans chacune des situations suivantes, trouvez la bonne enchère en réponse à l'intervention de votre partenaire, intervention qui est en gras.

1 ♣ - **1 SA** - Passe - ?	1 ♦ - **1 ♥** - Passe - ?	1 ♦ - **2 ♣** - Passe - ?
♠ A V 5 4	♠ 7 4 2	♠ R D 10 5 2
♥ D 4	♥ R D 9 6 3	♥ A 7 2
♦ R 6 3 2	♦ 9	♦ R 3
♣ 10 5 2	♣ D V 6 4	♣ V 9 8

2 ♣.
10 points, de quoi jouer la manche avec entre 16-18 points en face. Commencez par faire un Stayman, pour trouver éventuellement un fit huitième à Pique.

4 ♥.
8 points. Bien que vous n'ayez pas beaucoup de jeu, sautez à la manche. Peut-être ferez-vous 4 Cœurs mais si vous chutez, vos adversaires avaient sûrement un contrat gagnant à Pique ou à Carreau dans leur ligne.

2 ♠.
13 points. Cette enchère est naturelle et forcing avec au moins 5 cartes. Si votre partenaire n'est pas fitté à Pique, orientez-vous vers une manche à Trèfle ou à Sans-Atout.

1 ♥ - **1 SA** - Passe - ?	1 ♠ - **1 SA** - Passe - ?	1 ♣ - **2 ♣** - Passe - ?
♠ R V 10 9 4	♠ 10 8 3	♠ V 8 3
♥ 10 7 4	♥ A D V 6	♥ D V 2
♦ 9 7 2	♦ D 6 5 3	♦ D V 10 3
♣ 5 4	♣ 10 9	♣ R 9 8

2 ♥.
4 points. L'enchère de 2 ♥ reste un Texas et ne constitue pas un cue-bid. Votre partenaire doit rectifier à 2 ♠ sur lesquels vous passerez.

2 ♥.
9 points. De quoi jouer la manche. 2 ♥ constitue un « Texas impossible » (c'est l'ouvreur qui a les Piques). En fait, c'est un Stayman. Si le partenaire n'a pas 4 cartes à Cœur vous jouerez 3 Sans-Atout.

2 SA.
10 points. Proposez la manche à Sans-Atout avec 10 points seulement. L'ouverture de 1 ♣ laisse à penser que les impasses éventuelles devraient fonctionner…

Réponses au contre d'appel

Tout d'abord, sur un contre d'appel du partenaire, vous êtes tenu de parler même avec 0 point. Il faudra donc, avec 8 points et plus, faire une enchère positive pour indiquer que votre camp est majoritaire en points (13 + 8 = 21 points).

• Avec un jeu faible (de 0 à 7 points), il faut annoncer sa couleur la plus longue (excepté, bien sûr, si c'est la couleur d'ouverture) au palier le plus bas, en privilégiant les majeures.

♠ V 2
♥ 5 3
♦ D 8 7 4 2
♣ V 9 8 4

Sur l'ouverture adverse de 1 ♦ et un contre d'appel du partenaire, dites 2 ♣. 1 SA serait une enchère positive décrivant au moins 8 à 10 points avec une tenue à Carreau.

> Si le partenaire de l'ouvreur se manifeste après le contre d'appel de votre partenaire, vous n'êtes plus tenu de parler si vous êtes faible.

• Avec un jeu moyen (8 à 10 points), il faut indiquer, le plus souvent par un saut, que l'on a un jeu non négligeable. Un saut simple dans une majeure montre 4 cartes, un saut double en garantit au moins 5.

♠ R D 5 2
♥ 9 5 3
♦ 8 4 2
♣ A 7 4

Sur une ouverture adverse de 1 ♦ et un contre d'appel du partenaire, dites 2 ♠, montrant ainsi 4 cartes et de 8 à 10 points.

Sans majeure annonçable, le répondant peut faire un saut dans une mineure si elle est au moins cinquième, ou dire 1 Sans-Atout avec au moins une tenue dans la couleur d'ouverture.

♠ A 9 5
♥ 10 5 3
♦ R D 10 8 4
♣ 10 5

Sur une ouverture adverse de 1 ♣ et un contre d'appel du partenaire, sautez à 2 ♦, montrant ainsi 5 cartes et de 8 à 10 points.

♠ R 7 2
♥ 6 5 3
♦ 10 8 7 2
♣ A D 4

Sur l'ouverture adverse de 1 ♣, votre partenaire a contré et le partenaire de l'ouvreur a dit 1 ♥. Dites 1 Sans-Atout. Vous promettez un arrêt à Trèfle, couleur où le partenaire est censé être court, et non pas un arrêt à Cœur.

♠ A 10 9 2
♥ A 9 8 2
♦ 10 9 7
♣ 8 4

Sur l'ouverture adverse de 1 ♣, votre partenaire a contré, et le troisième joueur a soutenu l'ouvreur par 2 ♣. En contrant, Ouest a promis au moins 7 cartes dans les deux majeures. Cue-biddez, vous lui permettrez de déclarer la bonne majeure au palier de trois, voire de quatre.

• Avec un jeu fort (11 points et plus), la manche sera souvent déclarée.
- *Si le répondant possède une majeure cinquième ou plus, il conclura directement à 4 dans cette majeure, le contreur garantissant au moins 3 cartes dans sa majeure.*

- S'il a un jeu régulier sans majeure et une bonne tenue dans la couleur d'ouverture, le répondant pourra dire :

2 SA avec 11 points ;
3 SA avec 12 points et plus.

Vous remarquerez que les zones de points sont les mêmes que celles d'une réponse à une ouverture du partenaire.
- Dans les autres cas, le répondant doit faire un cue-bid, en particulier pour trouver un fit éventuel dans une majeure.

♠ A V 2
♥ D V 5 2
♦ R 10 4 2
♣ R 4

Sur une ouverture adverse de 1 ♦ et un contre d'appel du partenaire, dites 2 ♦. Si le partenaire dit 2 ♥, vous conclurez à 4 ♥, sinon, à 3 Sans-Atout.

Récapitulatif : les réponses au contre d'appel	
Annonce d'une couleur	
sans saut :	de 0 à 7 points
avec simple saut :	de 8 à 10 points et 4 cartes
avec double saut :	de 8 à 10 points et 5 cartes
directement au palier de la manche :	au moins 11 points et 5 cartes
Annonce à Sans-Atout	
1 SA :	de 8 à 10 points, sans majeure, et au moins une tenue dans la couleur d'ouverture
2 SA :	11 points, sans majeure, et au moins une tenue
3 SA :	12 points et plus, sans majeure, et au moins une tenue

EXERCICES

Que répondez-vous après une ouverture adverse de 1 ♣ et un contre d'appel de votre partenaire ?

♠ 8 6 3	♠ R D 7 2	♠ R D 5
♥ 7 4	♥ D V 8 5	♥ 4 3
♦ 8 7 4 3	♦ A 2	♦ D 9 8 2
♣ R D 4 2	♣ D 9 6	♣ R V 10 5

1 ♦.
5 points ce n'est pas assez pour dire 1 SA. Reste vos Carreaux, même s'ils sont diaphanes.

2 ♣.
14 points. Cue-bid pour trouver la majeure où vous êtes fitté. Le partenaire est peut-être 4-3 dans les majeures.

2 SA.
11 points sans majeure et une belle tenue à Trèfle. Proposez la manche.

♠ 6 5	♠ A V 10 9 8	♠ 10 8 4
♥ R 9 8 4	♥ 2	♥ D V 9 8 3
♦ A 9 6 3	♦ V 10 9 8	♦ A R 2
♣ D 10 9	♣ R 10 9	♣ A 2

2 ♥.
9 points et 4 cartes. Faites un saut pour montrer votre force.

3 ♠.
9 points et 5 Piques. Le double saut garantit 5 cartes.

4 ♥.
14 points et 5 Cœurs. Demandez directement la manche.

Que répondez-vous après une ouverture adverse de 1 ♠ et un contre d'appel de votre partenaire ?

♠ D V 10 9 8 5	♠ D 8 7 5	♠ D V 10
♥ R 2	♥ 6 4 3 2	♥ D 5 3
♦ 4	♦ V 3 2	♦ 9 8 7 2
♣ 6 5 3 2	♣ 9 7	♣ 8 7 2

Passe.
6 points seulement mais 4 levées de Pique et le Roi de Cœur. Le déclarant est mal.

2 ♥.
3 points mais sûrement un fit à Cœur. 2 ♥ ne promet pas du jeu.

2 ♦.
5 points, ce n'est pas assez pour dire 1 SA. Bien que vous teniez les Piques, annoncez vos piètres Carreaux.

Les réponses aux interventions sur un 2 majeur faible

Votre partenaire est intervenu par une couleur

• Les changements de couleur sont naturels et forcing.

À votre gauche, on ouvre de 2 ♠, le partenaire dit 3 ♣ et l'on passe à votre droite : l'enchère de 3 ♥ indique au moins 5 cartes à Cœur et elle est forcing de manche. Si le partenaire n'est pas fitté à Cœur, la manche à Trèfle sera déclarée, voire le chelem.

• Le cue-bid demande au partenaire la force de son intervention et permet éventuellement de trouver un fit 4-4 dans l'autre majeure.

À votre gauche, on ouvre de 2 ♥, le partenaire intervient à 3 ♦ et l'on passe à votre droite : l'enchère de 3 ♥ (cue-bid) demande à l'intervenant de se décrire pour trouver un fit 4-4 à Pique ou, à défaut, de dire 3 Sans-Atout s'il a une tenue à Cœur.

Votre partenaire est intervenu par 2 SA

Il montre une main régulière de 16 à 18 points, avec au moins une tenue dans la majeure d'ouverture.

À part l'enchère de 3 SA qui est naturelle, toutes les enchères au niveau de 3 sont des Texas, le Texas impossible remplaçant le Stayman :

À votre gauche, on ouvre de 2 ♠ et votre partenaire intervient par 2 Sans-Atout : faites l'enchère de 3 ♥, Texas impossible (Pique est la couleur de l'ouvreur). Ce 3 ♥ est un Stayman indiquant 4 cartes à Cœur.

À votre gauche, on ouvre de 2 ♠ et votre partenaire intervient par 2 Sans-Atout : faites l'enchère de 3 ♣, Texas Carreau, et passez sur la rectification à 3 ♦.

> Les enchères sont identiques sur l'intervention ou le réveil à 2 SA. Mais après un réveil, il faut avoir au moins 12 points pour imposer la manche car la zone de points du 2 SA de réveil est inférieure de 3 points à celle du 2 SA en intervention.

Votre partenaire est intervenu par un contre

• Avec un jeu de 0 à 7 points, annoncez votre couleur au palier le plus bas.

♠ V 10 8 7
♥ D 9
♦ 8 5 3
♣ V 10 9 6

À votre gauche, on ouvre de 2 ♠ et votre partenaire contre : dites 3 ♣. C'est sûrement le meilleur contrat malgré votre jeu faible. Votre partenaire ne devrait pas reparler, sachant que vous avez entre 0 et 7 points.

• Avec un jeu de 8 à 10 points, proposez la manche en passant par un 2 Sans-Atout mini-cue-bid. Sur ce mini-cue-bid, le contreur répond de la façon suivante :

- 3 ♣ avec un contre minimum. Cette enchère promet 4 cartes dans l'autre majeure ;
- 3 ♦ avec un contre non minimum. Cette enchère, forcing de manche, promet elle aussi 4 cartes dans l'autre majeure ;
- 3 dans l'autre majeure avec un jeu fort (18 points et plus) ;
- 3 SA avec un jeu fort et au moins une tenue dans la couleur d'ouverture adverse.

♠ 10 3 2
♥ R V 9 4
♦ A 10 9 2
♣ D 3

À votre gauche, on ouvre de 2 ♠ et votre partenaire contre : dites 2 Sans-Atout, relais forcing sur lequel le partenaire dit 3 ♣ s'il a un contre minimum. Dites alors 3 ♥, enchère indiquant 4 cartes à Cœur et une ambition de manche. Si vous aviez dit 3 ♥ directement, vous auriez décrit une main faible (de 0 à 7 points).

• Avec un jeu de 11 points et plus, la manche doit être déclarée : concluez à 4 en majeure ou à 3 Sans-Atout si vous avez les cartes ad hoc. Dans le cas contraire, faites un cue-bid ou passez par 2 Sans-Atout pour obtenir de plus amples renseignements sur le jeu de votre partenaire.

♠ R D 10
♥ R V 9
♦ A 4 2
♣ 10 8 3 2

À votre gauche, on ouvre de 2 ♠ et votre partenaire contre : sautez directement à 3 Sans-Atout avec votre double arrêt à Pique.

Réponses aux interventions quand le troisième joueur a parlé

Votre adversaire de gauche a ouvert de 1 à la couleur, votre partenaire intervient par une autre couleur et le troisième joueur parle à son tour. Vous pouvez :

- passer ;
- fitter votre partenaire ;
- faire un cue-bid pour indiquer un jeu fort et une tenue dans la couleur cue-biddée ;
- nommer une nouvelle couleur. Après la séquence 1 ♣ - 1 ♦ - 1 ♥, l'enchère de 1 ♠ promet 5 Piques. Si vous n'avez que 4 Piques, vous devez contrer ;
- dire 1, 2 ou 3 SA si vous arrêtez les couleurs adverses ;
- contrer d'appel sur une couleur ;
- contrer punitif l'enchère de 1 SA du troisième joueur.

L'enchère du répondant après une intervention adverse : son partenaire a ouvert de 1 à la couleur

Votre partenaire ouvre de 1 à la couleur, mais, avant que vous ne puissiez lui répondre, le flanc intervient. Le dialogue va s'en trouver perturbé, mais cette intervention n'a pas que des inconvénients. Au lieu de déclarer un contrat tangent, vous pourrez choisir de laisser jouer l'adversaire et d'encaisser une ou plusieurs levées de chute, éventuellement contrées.

L'adversaire intervient par 1 Sans-Atout

♠	R D 5
♥	A V 8 7 5
♦	V 5 4
♣	10 9

Votre partenaire a ouvert de 1 ♦ et l'adversaire est intervenu à 1 SA avant que vous n'ayez eu le temps de parler de vos Cœurs. Ayant plus de 9 points, commencez par contrer. Votre camp est majoritaire en points, et le contrat de 1 SA devrait chuter.

Quand vous savez que la force en points de votre camp est supérieure à celle de l'adversaire, n'hésitez pas à contrer un contrat à Sans-Atout.

En revanche, si après votre contre de 1 SA, les adversaires se réfugient dans un contrat à la couleur, ne contrez à nouveau qu'avec au moins quatre atouts. Sinon, orientez-vous vers un contrat faisable.

A contrario, si vous annoncez une couleur sur l'intervention de 1 SA, vous déniez 9 points d'honneurs. Si vous n'avez ni 9 points, ni une bonne couleur à annoncer, passez : vous n'êtes pas tenu de vous manifester.

♠	A D 10 9 8 5
♥	5 2
♦	8 6 4
♣	V 3

Votre partenaire a ouvert de 1 ♣ et l'adversaire est intervenu à 1 SA. Dites 2 ♠, enchère naturelle non-forcing, montrant moins de 9 points.

♠ D V 4 ♥ D 5 2 ♦ A 6 4 ♣ D 8 3 2	Votre partenaire a ouvert de 1 ♥ et l'adversaire est intervenu à 1 SA. Bien que vous soyez fitté, commencez par contrer. Si 1 SA contré devient le contrat final, vous allez remplir votre escarcelle.

L'adversaire contre

Cette intervention n'est pas gênante, car elle n'occupe aucun palier d'enchères. Elle permet de passer avec un jeu faible, et offre une enchère supplémentaire, le surcontre.

Les changements de couleur au palier de 1 sont les mêmes que si l'adversaire n'avait pas contré : ils sont forcing pour un tour et garantissent au moins quatre cartes dans la couleur annoncée. La seule différence, c'est que l'on passera avec moins de 7 points sans couleur cinquième (alors qu'en l'absence du contre, on parle avec 5 ou 6 points, même avec une couleur quatrième). Avec un jeu faible, rien ne sert de prendre le risque de chuter : le contre indique que les impasses éventuelles sont vouées à l'échec.
Notons qu'après un contre d'appel de l'adversaire, les redemandes de l'ouvreur après un changement de couleur sont les mêmes que dans le silence adverse.

Les changements de couleur au palier de 2, avec ou sans saut, sont tout autres : ils annoncent un jeu de moins de 10 points, mais avec une bonne couleur au moins sixième. Ces changements de couleur *2 sur 1* ne sont pas forcing.

♠ 8 7 4 ♥ 6 ♦ A D V 9 8 5 ♣ 10 8 5	Votre partenaire a ouvert de 1 ♥ et l'adversaire a contré. Dites 2 ♦, enchère naturelle non-forcing, montrant moins de 10 points et une bonne couleur.

L'enchère de 1 Sans-Atout promet de 8 à 10 points d'honneurs dans un jeu régulier, pas de majeure annonçable et pas de fit dans la couleur du partenaire.

Le surcontre promet plus de 10 points. Il a pour but de pénaliser les adversaires, que l'on sait inférieurs en points.

♠ 5
♥ R D 9 2
♦ A V 10 4
♣ D 10 9 3

Votre partenaire a ouvert de 1 ♠ et l'adversaire a contré d'appel. Malgré votre misfit, surcontrez dans un premier temps, avec la ferme intention de contrer toute déclaration subséquente.

Les enchères de 2 ou 3 Sans-Atout sont artificielles. Nous venons de voir en effet qu'à partir de 11 points, vous devez surcontrer et non pas parler à SA. Les enchères de 2 SA ou 3 SA, en revanche, décrivent des jeux fittés, avec au moins 10 points d'honneurs : 2 SA promet 3 atouts, 3 SA en promet 4.

Les enchères de soutien

- L'enchère de soutien au palier de 2 garde la même valeur que sans le contre d'appel.
- Les enchères de soutien au palier de 3 ou de 4 décrivent des jeux faibles et excentrés. Elles embarrassent considérablement les adversaires.

Le Truscott

C'est une convention à laquelle Alan Truscott, Anglais naturalisé Américain, a donné son nom.

- Le surcontre montre soit une main d'au moins 10 points, avec l'envie de contrer punitif au tour suivant, soit une main forte fittée par 3 cartes.
- L'enchère de 2 SA n'est pas naturelle : elle indique un jeu fitté par 4 cartes au moins avec une ambition de manche si l'ouvreur n'est pas minimum. Elle peut se faire sans le moindre arrêt dans les autres couleurs.
- les enchères de soutien à saut sont donc des barrages avec des mains faibles en points et excentrées.

Cette convention a été étendue aux mineures : le soutien à saut est un barrage et l'enchère de 2 SA est positive, avec un fit dans la mineure d'ouverture.

L'adversaire intervient par une couleur

C'est le cas le plus fréquent et le plus gênant pour le camp de l'ouvreur.

Le changement de couleur au palier de 1 obéit aux mêmes règles que le changement de couleur sans intervention adverse, sauf qu'il promet un minimum de 7 points.
Le changement de couleur au palier de 2 promet un minimum de 11 points et une couleur au moins cinquième (exceptionnellement quatrième si c'est une mineure).
Les enchères à Sans-Atout garantissent toutes un solide arrêt dans la couleur d'intervention (deux arrêts sont préférables) :
• 1 Sans-Atout : 8 à 10 points (au lieu de 6 à 10 s'il n'y avait pas eu intervention) ;
• 2 Sans-Atout : 11 points ;
• 3 Sans-Atout : 12 à 15 points.
Les enchères de soutien sont les mêmes que s'il n'y a pas eu intervention. Une seule différence existe sur l'ouverture de 1 ♣ :

♠ 8 7 4
♥ 6 3 2
♦ A 8 5
♣ R V 10 4

Votre partenaire a ouvert de 1 ♣ et l'adversaire est intervenu à 1 ♥. Vous n'avez ni 4 cartes à Pique, ni de quoi parler à Sans-Atout. Soutenez votre partenaire à Trèfle, tout en sachant qu'il peut n'avoir que trois cartes dans la couleur.

Le contre <u>Spoutnik simple</u> a une signification bien précise : après une ouverture mineure et une intervention adverse à 1 ♠, le contre, appelé contre Spoutnik simple, indique 4 ou 5 cartes à Cœur, non annonçables au palier de 2 faute d'un nombre de points suffisant.

♠ 8 6 4
♥ A D V 9
♦ 8 5 2
♣ D 8 5

Votre partenaire a ouvert de 1 ♦ et l'adversaire est intervenu à 1 ♠. Avec vos 9 points d'honneurs et seulement quatre cartes à Cœur, pas question de dire 2 ♥. Contrez. De son côté, si votre partenaire vous répond alors 2 ♥, il ne montre pas un bicolore cher mais 4 cartes à Cœur dans une ouverture minimum.

Le contre Spoutnik généralisé est une enchère délicate parce qu'ambiguë. Il s'emploie dans de nombreuses situations où aucune enchère naturelle n'est satisfaisante. Il exige une entente parfaite entre les partenaires afin de leur éviter de contrer des partielles pour juste fait.
Quelques exemples de contres Spoutnik généralisés :

♠ V 6 4
♥ 9 8 6
♦ R 5 4 2
♣ A V 10

Votre partenaire a ouvert de 1 ♣ et l'adversaire est intervenu à 1 ♥. Vous n'avez pas de bonne enchère car 1 SA montrerait l'arrêt à Cœur. Contrez, pour indiquer un peu de jeu. À noter que certains joueurs gardent cette enchère pour décrire 4 cartes à Pique, l'enchère de 1 ♠ en indiquant 5 et plus (collante).

♠ D 9 8 7
♥ A D 6 4
♦ 5 4 2
♣ A 6

Votre partenaire a ouvert de 1 ♦ et l'adversaire a dit 2 ♣. Si vous nommez une majeure, celle-ci doit être au moins cinquième. Quant au cue-bid à 3 ♣, il indiquerait une force d'au moins l'ouverture et un fit massif à Carreau (5 cartes et plus). Nommer les Sans-Atout avec une seule tenue n'est pas recommandé. Reste le contre Spoutnik généralisé pour trouver un éventuel fit en majeure.

♠ R V 7 2
♥ 6 2
♦ 5 4 2
♣ R D 10 8

Votre partenaire a ouvert de 1 ♥ et l'adversaire a dit 2 ♦. Contrez, pour indiquer soit 4 ou 5 cartes à Pique avec au moins 8 points d'honneurs comme dans le diagramme, soit un fit à Cœur avec 10 ou 11 points d'honneurs. L'enchère de 3 ♥ serait un barrage faible.

♠ 9 8
♥ R D V 10
♦ R 8 2
♣ A V 4 2

Votre partenaire a ouvert de 1 ♦ et l'adversaire a fait un barrage à 3 ♠. Contrez pour permettre à votre partenaire d'annoncer une manche à 4 Cœurs ou à 3 SA.

Le cue-bid promet une main d'au moins 12 points sans majeure quatrième. Il ne garantit pas obligatoirement un arrêt dans la couleur de l'intervention.

♠ 9 2
♥ A D 8
♦ A V 10
♣ R V 8 4 2

Votre partenaire a ouvert de 1 ♣ et l'adversaire est intervenu à 1 ♠. N'ayant pas quatre cartes à Cœur, évitez de faire un Spoutnik et, sans arrêt à Pique, vous ne pouvez dire Sans-Atout. Cue-biddez par 2 ♠, enchère qui indique un fit franc à Trèfle. Si l'ouvreur a un arrêt à Pique, il demandera 3 SA. Sinon, vous pourrez jouer soit une manche à Cœur à sept atouts, soit une manche à Trèfle.

EXERCICES

Que dites-vous avec chacune de ces mains, après les séquences d'enchères qui vous sont données ?

1 ♠ - Contre - ?	1 ♥ - 2 ♦ - ?	1 ♣ - 1 SA - ?
♠ D 8	♠ A 8 7 6 4	♠ A V 10 6 4
♥ R V 4	♥ R 6	♥ D V 4 3
♦ R 8 5 3	♦ 9 8 2	♦ R 3
♣ 9 8 7 5	♣ D 8 6	♣ 8 7

1 SA.
9 points et un jeu régulier. Proposez le contrat de 1 SA.

Contre.
9 points, c'est suffisant pour un contre d'appel avec ces 5 Piques et ces 2 Cœurs. Si le partenaire redit 2 ♥, vous pourrez passer tranquillement.

Contre.
11 points et de quoi contrer les majeures. Si le flanc dégage à Carreau, et si le partenaire n'a pas de quoi contrer, il sera encore temps d'annoncer vos Piques.

1 ♣ - Contre - ?	1 ♦ - Contre - ?	1 ♦ - 1 ♠ - ?
♠ 9 8 7 4 2	♠ A V 10	♠ A 3 2
♥ R 4	♥ R V 9 6	♥ D 9 5 2
♦ 3 2	♦ D 2	♦ R 4 3 2
♣ D 6 5 2	♣ 10 9 8 6	♣ 8 6

Passe.
5 points, c'est peu pour annoncer ces vilains Piques. En l'absence d'un contre, vous les auriez nommés à regret. Profitez de l'aubaine pour passer.

Surcontre.
11 points. Annoncez que vous avez plus de 10 points en surcontrant. Vous toucherez peut-être le jackpot en contrant toutes les annonces ultérieures du flanc.

Contre.
9 points et quatre cartes à Cœur. Ne commettez pas l'erreur de dire 1 Sans-Atout, vous pourriez manquer un fit à Cœur.

1 ♣ - 2 ♥ - ?	1 ♦ - 1 ♠ - ?	1 ♦ - 1 ♥ - ?
♠ A D 5 4	♠ V 10 2	♠ R 5 2
♥ R 4	♥ R D 9 6	♥ 7 2
♦ 6 3 2	♦ 9 8	♦ R 4 3
♣ A 6 5 2	♣ 9 8 6 4	♣ A D V 9 8

Contre.
13 points, de quoi jouer la manche. Commencez par contrer, enchère indiquant 4 cartes à Pique.

Passe.
6 points. Bien que vous ayez 4 Cœurs, passez. Le contre Spoutnik ne se fait qu'à partir de 8 points.

2 ♣.
13 points. L'enchère de 1 ♥ ne vous gêne pas. Annoncez vos Trèfles comme si l'adversaire s'était tu. Cette enchère est forcing.

1 ♦ - 1 ♥ - ?	1 ♣ - 1 SA - ?	1 ♣ - 2 ♣ - ?
♠ R V 4	♠ D 10 9 6 4 3	♠ 10 8 3
♥ 10 7 4	♥ 6	♥ A 3 2
♦ R V 6 3 2	♦ R 5 3	♦ V 5 4 3
♣ A D	♣ V 10 6	♣ R V 2

2 ♥.
14 points et le fit à Carreau. Faites un cue-bid à 2 ♥ pour savoir si votre partenaire tient les Cœurs afin de jouer 3 SA. Sinon, orientez-vous vers un contrat de manche à 5 ♦, voire 4 ♠ à sept atouts.

2 ♠.
6 points. Bien que vous ne soyez pas riche en points d'honneurs, profitez de cette enchère non-forcing pour nommer votre couleur sixième. Vous barrez du même coup vos adversaires qui ont peut-être un contrat à Cœur.

Passe.
9 points. Vous avez bien envie de contrer punitif mais votre contre serait d'appel. Quant à 2 SA, il vous manque 2 points. Passez en espérant un contre de réveil chez votre partenaire…

L'enchère du répondant après une intervention adverse : son partenaire a ouvert de 1 Sans-Atout

Sur 1 Sans-Atout de votre partenaire, l'adversaire est intervenu au palier de 2. Si, en troisième, vous avez de quoi contrer ou de quoi dire 2 ou 3 Sans-Atout, tout va bien. En revanche, si vous annoncez une couleur, l'ouvreur, qui est votre partenaire, ne saura pas s'il doit se taire ou reparler. Les conventions Lebensohl et Rubensohl pallient cette difficulté.

Le Lebensohl

Cette convention a été attribuée au joueur américain Lebensold qui s'est défendu comme un beau diable de l'avoir inventée.

L'adversaire est intervenu par 2 ♥

a) Réponses classiques de la convention Lebensohl

Sud	Ouest	Nord
1 SA	2 ♥	- Contre d'appel : J'ai 7 ou 8 points, avec ou sans arrêt à Cœur - 2 ♠ : J'ai au moins cinq Piques, et de 5 à 7 points - 3 ♣ ou 3 ♦ : enchère naturelle et forcing - 3 SA : J'ai moins de 4 cartes à Pique, arrêt à Cœur - 3 ♥ : Stayman. J'ai 4 Piques et un arrêt à Cœur - 3 ♠ : J'ai au moins 5 Piques. Mon enchère est forcing

b) Réponses spécifiques de la convention Lebensohl
Les cas de figure non prévus par les réponses ci-dessus sont couverts par l'enchère de **2 Sans-Atout** du répondant, qui est la clé de voûte du Lebensohl. Sur ce 2 Sans-Atout, **l'ouvreur doit dire 3 ♣** :

Sud	Ouest	Nord	Est
1 SA **3 ♣**	2 ♥ Passe	**2 SA**	Passe

Voici les réponses de Nord à ce 3 ♣ conventionnel
- Passe : Je suis faible avec des Trèfles ;
- 3 ♦ : Je suis faible avec des Carreaux ;
- 3 ♥ : J'ai 4 Piques et pas d'arrêt à Cœur ;
- 3 ♠ : J'ai 5 Piques et 8 points ;
- 3 SA : J'ai du jeu, sans 4 cartes à Pique ni d'arrêt à Cœur ; on peut envisager de jouer 4 Piques en 4/3, ou une manche en mineure.

L'avantage de cette convention est que le répondant peut indiquer s'il a 4 ou 5 cartes dans une majeure et/ou s'il a un arrêt dans la couleur du flanc. Son inconvénient est la perte de l'enchère naturelle *2 Sans-Atout.*

Exemple 1

Jeu de Sud		Jeu de Nord	
♠ A 4 3 ♥ V 9 8 ♦ A R V 6 5 ♣ R 7		♠ R V 8 7 5 ♥ 7 6 2 ♦ D 8 ♣ 8 6 3	
Sud	**Ouest**	**Nord**	**Est**
1 SA Passe…	2 ♥	2 ♠	Passe

Exemple 2

Jeu de Sud		**Jeu de Nord**	
♠ R 8 4		♠ A D V 2	
♥ R V 8 2		♥ 7	
♦ A D 4 2		♦ R V 8 7 5	
♣ A 5		♣ R 8 3	
Sud	**Ouest**	**Nord**	**Est**
1 SA	2 ♥	2 SA	Passe
3 ♣	Passe	3 ♥	Passe
3 SA	Passe	Passe	Passe

Le Lebensohl a permis à Nord d'annoncer ses 4 Piques, mais pas ses 5 Carreaux. D'où l'enterrement du chelem à Carreau.

Exemple 3

Jeu de Sud		**Jeu de Nord**	
♠ A V 5		♠ R 8 6	
♥ R V 8		♥ 9 7	
♦ R D 10 2		♦ A 8 7 5	
♣ R 7 5		♣ A 9 8 3	
Sud	**Ouest**	**Nord**	**Est**
1 SA	2 ♥	2 SA	Passe
3 ♣	Passe	3 SA	Passe
Passe	Passe		

Exemple 4

Main de Sud		**Main de Nord**	
♠ D 6 3		♠ R 8 7 4	
♥ V 8 7		♥ 10 9	
♦ A R 5		♦ D 7 6	
♣ A D 10 7		♣ R 8 5 2	
Sud	**Ouest**	**Nord**	**Est**
1 SA	2 ♥	Contre	Passe
3 ♣	Passe	Passe	Passe

Exemple 5

Main de Sud	Main de Nord
♠ A 6 3 2 ♥ R 8 2 ♦ R D V 5 ♣ R 7	♠ R D V 8 7 ♥ 7 6 4 ♦ 8 7 ♣ A 8 5

Sud	Ouest	Nord	Est
1 SA	2 ♥	3 ♠	Passe
4 ♠	Passe	Passe	Passe

Est entame et transperce Sud à Cœur pour 1 de chute.

L'adversaire est intervenu par 2 ♣ ou 2 ♦

Les enchères sont identiques, mutatis mutandis : toutes les réponses de deux à la couleur sont non-forcing et les réponses au palier de trois sont forcing. La réponse « Lebensohl » de 2 SA déclenche le même processus que dans le diagramme ci-dessus.

Si le 2 ♣ est un **Landy** (appel aux majeures) :

- 2 ♦ est naturel et faible ;
- 2 ♥ ou 2 ♠ est un cue-bid forcing de manche et ne montre en aucun cas une longue faible dans la couleur ;
- 2 SA reste un transfert pour 3 ♣ avec une main souvent faible (on passe sur la rectification à 3 ♣) ;
- 3 ♣ ou 3 ♦ est une enchère naturelle et forcing de manche ;
- le Contre exprime un jeu avec quelques points (à partir de 7-8) et un espoir d'encaisser une pénalité à 2 ♥ ou 2 ♠.

L'adversaire est intervenu par 2 ♠

a) Réponses Lebensohl classiques

Sud	Ouest	Nord
1 SA	2 ♠	- Contre d'appel. J'ai 7 ou 8 points, avec ou sans arrêt à Pique - 3 ♥ : J'ai au moins 5 Cœurs, et de quoi jouer la manche - 3 ♣ ou 3 ♦ : enchère naturelle et forcing, avec ou sans arrêt à Pique - 3 SA : J'ai moins de 4 cartes à Cœur et un arrêt à Pique - 3 ♠ : Stayman. J'ai 4 Cœurs et un arrêt à Pique

b) Réponses Lebensohl spécifiques par 2 Sans-Atout

Sud	Ouest	Nord	Est	Sud	Ouest
1 SA	2 ♠	**2 SA**	Passe	**3 ♣**	Passe

Voici les réponses de Nord à ce 3 ♣ conventionnel

- Passe : Je suis faible avec des Trèfles ;
- 3 ♦ : Je suis faible avec des Carreaux ;
- 3 ♥ : Je suis faible avec des Cœurs ;
- 3 ♠ : J'ai 4 Cœurs et pas d'arrêt à Pique ;
- 3 SA : J'ai du jeu, mais pas d'arrêt à Pique. On peut envisager de jouer 4 Cœurs en 4/3, ou une manche en mineure.

Le Rubensohl

Rubensohl est un mot-valise formé de Rubens (prénommé Jeff, champion américain), et de -sohl, qui rappelle Lebensohl. C'est une variante du Lebensohl dans laquelle, au premier tour d'enchères, le répondant indique sa distribution par le biais du Texas. Au deuxième, il reparle s'il est fort. Plus que le Lebensohl, le Rubensohl permet à la main forte de jouer les manches.

L'adversaire est intervenu par 2 ♥

Sud	Ouest	Nord
1 SA	2 ♥	- Contre d'appel. J'ai 7 ou 8 points, avec ou sans arrêt à Cœur - 2 ♠ : J'ai au moins cinq Piques, et de 5 à 7 points - 2 SA ou 3 ♣ : Texas pour Trèfle ou Carreau - 3 ♦ : Texas impossible (c'est Ouest qui a les Cœurs). J'ai 4 cartes à Pique - 3 ♥ : Texas pour Pique sans arrêt à Cœur - 3 ♠ : enchère naturelle et forcing avec arrêt à Cœur - 3 SA : J'ai l'arrêt à Cœur

EXEMPLE 1

Main de Sud		Main de Nord	
♠ A 4 3 ♥ V 9 8 ♦ A R V 6 5 ♣ R 7		♠ R V 8 7 5 ♥ 7 6 2 ♦ D 8 ♣ 8 6 3	
Sud	**Ouest**	**Nord**	**Est**
1 SA Passe…	2 ♥	2 ♠	Passe

Ce diagramme est identique au diagramme de l'exemple 1 qui illustre la convention Lebensohl : les mains et les enchères sont les mêmes.

EXEMPLE 2

Main de Sud		**Main de Nord**	
♠ R 8 4 ♥ R V 8 2 ♦ A D 4 2 ♣ A 5		♠ A D V 2 ♥ 7 ♦ R V 8 7 5 ♣ R 8 3	
Sud	**Ouest**	**Nord**	**Est**
1 SA 3 ♦ 4 ♣ 4 SA 6 ♦	2 ♥ Passe Passe Passe Passe	3 ♣ Texas 3 ♠ 4 ♥ 5 ♦ Passe	Passe Passe Passe Passe Passe

Avec cette donne, le Lebensohl ne permet pas de trouver le chelem à Carreau.

EXEMPLE 3

Main de Sud		**Main de Nord**	
♠ A V 5 ♥ V 8 ♦ R D 9 2 ♣ R D 7 5		♠ R D 8 6 ♥ D 7 ♦ A 8 7 5 ♣ V 8 3	
Sud	**Ouest**	**Nord**	**Est**
1 SA 3 ♥ 4 ♠	2 ♥ impossible (Stayman) Passe Passe	3 ♦ Texas 3 ♠ Passe	Passe Passe Passe

EXEMPLE 4

Main de Sud		**Main de Nord**	
♠ A 6 3 2 ♥ R 8 2 ♦ R D V 5 ♣ R 7		♠ R D V 8 7 ♥ 7 6 4 ♦ 8 7 ♣ A 8 5	
Sud	**Ouest**	**Nord**	**Est**
1 SA 3 ♠	2 ♥ Passe	3 ♥ (Texas) 4 ♠	Passe Passe

Exemple 5

Main de Sud		**Main de Nord**	
♠ A 6 3 2		♠ R D V 8 7	
♥ R 8 2		♥ 7 6 4	
♦ R D V 5		♦ 8 7	
♣ R 7		♣ A 8 5	
Sud	**Ouest**	**Nord**	**Est**
1 SA 3 ♠	2 ♥ Passe	3 ♥ (Texas) 4 ♠	Passe Passe

Ouest entame Trèfle par exemple et Sud gagne facilement. Avec les mêmes mains et la séquence Lebensohl donnée plus haut (exemple 5), Est transperce les Cœurs de Sud à l'entame pour un de chute.

L'adversaire est intervenu par 2 ♠

Sud	Ouest	Nord
1 SA	2 ♠	- Contre d'appel. J'ai 7 ou 8 points, avec ou sans arrêt à Pique - 2 SA, 3 ♣ ou 3 ♦ : Texas pour Trèfle, Carreau ou Cœur - 3 ♥ : Texas impossible (c'est Ouest qui a les Piques). J'ai 4 cartes à Cœur - 3 ♠ : Stayman, j'ai 4 cartes à Cœur, mais j'ai aussi l'arrêt à Pique.

La deuxième enchère de l'ouvreur après une enchère du répondant suivie d'une intervention du quatrième joueur

Le cue-bid

Cette enchère, qui promet toujours une main forte :

• demande au répondant de déclarer la manche à Sans-Atout s'il a un arrêt dans la couleur cue-biddée,

ou bien

• montre une ambition de chelem avec une main très forte et un beau fit dans la couleur du répondant.

Contre punitif et contre informatif

• Le répondant a dit 1 Sans-Atout ou a fait un *2 sur 1*, puis le quatrième joueur est intervenu. Le contre de l'ouvreur est punitif.

• Le répondant a fait un *1 sur 1*, puis le quatrième joueur est intervenu. N'ayant pas d'enchère satisfaisante, l'ouvreur fait un contre informatif pour demander au répondant de se décrire. Ce contre signifie :

- J'ai une ouverture non minimum (au moins 14 points) et trois cartes dans votre couleur,

ou bien

- J'ai une ouverture forte (au moins 18 points) avec deux ou trois cartes dans votre couleur.

Le Passe

Si son jeu est faible, l'ouvreur ne doit pas oublier de passer. Il laisse ainsi la parole à son partenaire.

La deuxième enchère du répondant après une intervention des deux joueurs adverses

Votre partenaire a ouvert de 1 à la couleur et le deuxième joueur intervient par une autre couleur. Vous répondez comme indiqué plus haut page dans le chapitre *L'enchère du répondant après une intervention adverse.*

Ensuite, le quatrième joueur annonce une nouvelle couleur et votre partenaire passe ou répète sa propre couleur d'ouverture. C'est à vous. Vous pouvez :

- passer,
- contrer,
- fitter votre partenaire,
- répéter votre couleur si elle est robuste,
- avec un jeu fort, dire 3 SA si vous arrêtez les deux couleurs du flanc. Dans la majorité des cas, vous n'arrêtez qu'une seule couleur adverse. S'il en est ainsi, cue-biddez **la couleur que vous arrêtez**. Votre partenaire dira 3 SA s'il arrête l'autre couleur.

EXEMPLE

♠ R D 9 ♥ D ♦ 10 9 3 ♣ A D V 10 6 2	Votre partenaire a ouvert de 1 ♥, Ouest est intervenu à 1 ♠ et vous avez dit 2 ♣. Le quatrième joueur, après avoir passé d'entrée, fait l'enchère non forcing de 2 ♦.

L'ouvreur et le deuxième joueur passent.
C'est à vous. Vous êtes tenté de dire 3 SA mais vous ne tenez pas les Carreaux. Faites un cue-bid à 2 ♠ qui indique que vous avez au moins un arrêt dans cette couleur. L'ouvreur dira Sans-Atout s'il tient les Carreaux.

Les enchères de réveil

Une séquence d'enchères se termine après une série de 3 *Passe*. Quand un joueur fait une enchère après 2 *Passe* successifs, on dit qu'il **réveille**.
Vous êtes en quatrième après la séquence d'enchères suivante : 1 ♥ - Passe - Passe. Vous êtes en position de réveil. Vous pouvez soit contrer d'appel, soit annoncer une couleur que vous n'avez pu déclarer au tour précédent, faute de points, soit parler à Sans-Atout. Ce réveil ne promet pas la même force que celle d'une intervention, car vous savez que votre partenaire possède un certain nombre de points (les adversaires ne sont pas « pleins aux As » puisqu'ils se sont arrêtés à 1 ♥).

♠ R D 6 2 ♥ 2 ♦ D 8 3 2 ♣ V 10 5 4	Les enchères ont été les suivantes : 1 ♥ - Passe - Passe. C'est à votre tour de parler. Avec cette main, vous devez contrer en réveil, votre distribution est idéale.

C'est sur l'ouverture adverse de 1 à la couleur que l'on réveille le plus fréquemment. Il faut parler sauf si l'on a :
- une longue dans la couleur de l'ouverture adverse,
- un jeu faible (moins de 8 points).

Les réveils avec un jeu excentré

Réveil par une couleur

La couleur doit être au moins cinquième, dans la zone 8-13 points (avec plus il faut d'abord contrer).

♠ 9
♥ R D 7 5 2
♦ A 7 3
♣ R V 8 7

Vous êtes en quatrième, et les enchères ont été les suivantes : 1 ♦ - Passe - Passe. Dites 1 ♥. Si vous contrez, et si l'ouvreur répète ses Carreaux, votre partenaire va sans doute débarquer à 2 ♠. Vous serez alors dans de beaux draps...

Réveil par contre

C'est l'enchère la plus souple, car elle va de 8 points à une force illimitée. Moins vous avez de points, plus votre distribution doit être excentrée (voir le premier diagramme des *Enchères de Réveil*). Avec un jeu fort, il faut commencer par contrer avant de nommer sa couleur. Cette deuxième enchère ne sera pas forcing. Avec un jeu assez fort pour aller à la manche, il faut contrer, puis cue-bidder la couleur d'ouverture.

Les réveils avec un jeu régulier

Voici comment annoncer sa zone de points si on a un jeu réparti.

- 1 Sans-Atout : de 10 à 13 points d'honneur et un arrêt dans la couleur d'ouverture.
- Contre, suivi de Sans-Atout au palier minimum : de 14 à 16 points.
- 2 Sans-Atout : de 17 à 19 points et au moins un arrêt dans la couleur d'ouverture.
- Contre, suivi de Sans-Atout avec saut : de 20 à 22 points.
- Contre, suivi d'un cue-bid, puis de SA : 23 points et plus.

Récapitulatif	**Réveils sur une ouverture adverse**
Par une couleur :	8 à 13 points, 5 cartes au moins
Par 1 Sans-Atout : d'ouverture	10 à 13 points et un arrêt dans la couleur
Par 2 Sans-Atout :	17 à 19 points, un jeu régulier et au moins un arrêt dans la couleur d'ouverture
Par un contre :	- soit 8 points au moins et une courte dans la couleur d'ouverture - soit la force d'une ouverture

Exercices

Que dites-vous en réveil avec chacune de ces mains sur l'ouverture adverse de 1 ♥ ?

♠ A D 4 3	♠ R 9	♠ R D 10 9 8 4
♥ 7 4	♥ R V 6	♥ A 3
♦ A V 6 3	♦ R V 4 2	♦ R D 10 8
♣ 9 4 3	♣ 9 8 7 6	♣ 5

Contre.
11 points et deux cartes à Cœur seulement. Vous passerez sur la réponse de 1 ♠ du partenaire.

1 SA.
11 points et au moins un arrêt à Cœur. La main type pour cette enchère.

Contre.
14 points. Contrez d'abord et annoncez vos Piques au prochain tour d'enchères.

♠ A D	♠ V 9 7 2	♠ A D V
♥ 9 8 4 3 2	♥ 2	♥ A V 10
♦ D 6 5	♦ D 10 9 8	♦ V 10 8 2
♣ D V 2	♣ R 10 9 4	♣ D 3 2

Passe.
11 points certes, mais votre longue est à Cœur. Laissez jouer 1 ♥ plutôt que de vous embarquer dans un contrat médiocre.

Passe.
6 points seulement. Bien que votre distribution s'y prête, ne contrez pas. L'ouvreur a sans doute beaucoup de jeu.

Contre.
15 points. Vous êtes trop fort pour dire 1 SA directement. Contrez et parlez à Sans-Atout au prochain tour.

Les enchères compétitives

La loi des levées totales (loi de Vernes)

Philosophe, économiste et statisticien, Jean-René Vernes a découvert sa « loi » dans les années 1950, en décortiquant les donnes d'un championnat du monde de bridge. Cette loi s'applique à une situation compétitive (les jeux sont relativement partagés), où chaque camp a une bonne couleur d'atout.

Voici cette loi : la somme totale des levées réalisables par les deux camps jouant chacun avec leur atout est égale à la somme totale des atouts détenus par chacun de ces camps : si un camp a 10 Cœurs et l'autre 9 Piques, la somme des levées totales est de 19. Cette loi indique au camp le moins fort en points s'il doit passer ou défendre. Ainsi Nord-Sud ont 10 cartes à Cœur, mais moins de jeu que Est-Ouest qui, eux, ont 8 cartes à Pique. La loi de Vernes montre qu'il y a 10 + 8, soit 18 levées à réaliser à l'atout. Est-Ouest ont déclaré 4 ♠ (10 levées), alors que Nord-Sud auraient sans doute gagné 3 Cœurs (9 levées), voire 4 Cœurs (10 levées). Selon la vulnérabilité des deux camps, Est-Ouest doivent passer ou aller à 5 ♥.

Plus approximativement et plus simplement : en défense, la hauteur du contrat demandé doit correspondre au nombre d'atouts dans la ligne. Ainsi, pour surenchérir à 4 ♥, il faut 10 cartes. En effet, si vous avez 10 Cœurs, le camp adverse n'en a que 3 (dont un singleton). Il a donc 23 cartes réparties en 3 couleurs. C'est dire qu'il a soit un gros fit, soit deux fits à 8 cartes. Somme totale des levées d'atout (loi de Vernes) : 18 ou 19. Si vous gagnez 3 Cœurs (9 levées), l'autre camp gagne facilement un contrat de 3 Piques (9 levées). Dans ce cas, il faut donc surenchérir, ou, si c'est possible, barrer directement à 4 Cœurs. Avec un double fit, la surenchère est encore plus recommandée.

Quiz sur les séquences forcing et non-forcing

Prenez un cache et masquez la partie droite de la page

Après un « 1 sur 1 »

Sud	Nord	Forcing ou non-forcing
1 ♣ 1 ♥	1 ♦	Forcing à 90 %. Le répondant qui a 5 mauvais points peut cependant passer, n'envisageant aucune manche.
1 ♣ 1 ♠	1 ♥ 2 ♣	Non-Forcing. Fit différé avec 4 cartes à Cœur et 4 cartes à Trèfle ou plus.
1 ♣ 1 ♠	1 ♥ 2 SA	Non-Forcing. La redemande du répondant à 2 SA n'est pas forcing après un bicolore économique.
1 ♣ 1 ♠	1 ♥ 3 ♣	Forcing. Le fit en mineure avec saut après une redemande de l'ouvreur au palier de 1 est forcing de manche.
1 ♣ 2 ♦	1 ♥	Forcing pour un tour, le bicolore cher allant jusqu'à 22 points d'honneurs, mais pas forcing de manche (cf. le 2 SA modérateur page 257).
1 ♣ 2 ♠	1 ♥	Forcing. Le bicolore à saut est forcing de manche après un 1 sur 1.
1 ♣ 2 ♥	1 ♠	Forcing. Bicolore cher.
1 ♣ 3 ♠	1 ♠	Non-Forcing. Le fit, même à saut, n'est pas forcing.
1 ♦ 2 ♣	1 ♥ 3 ♣	Non-Forcing. Le fit après un 1 sur 1 n'est pas forcing.
1 ♦ 2 ♣	1 SA	Non-Forcing. Le bicolore économique n'est pas forcing.
1 ♥ 2 ♣	1 ♠ 3 ♥	Non-Forcing puisque la première enchère du répondant restait au palier de 1. Cette séquence montre une main de force limitée, avec 4 ou 5 cartes à Pique et 3 ou 4 cartes à Cœur.
1 ♥ 2 ♦	1 ♠	Non-Forcing. Redemande économique de l'ouvreur après un 1 sur 1.
1 ♥ 2 SA	1 ♠	Non-Forcing. L'enchère de 2 SA montre une main 5-3-3-2 de 18 ou 19 points d'honneurs.
1 ♥ 3 ♥	1 ♠	Non-forcing. L'ouvreur a 16 ou 17 points d'honneurs avec 6 beaux Cœurs.

Après un « 2 sur 1 »

Sud	Nord	Forcing ou non-forcing
1 ♦ 2 ♦	2 ♣ 3 ♦	Forcing. Le fit est forcing après un 2 sur 1.
1 ♦ 3 ♣	2 ♣	Forcing. Le fit est forcing après un 2 sur 1.
1 ♥ 2 ♦	2 ♣	Forcing. Le 2 sur 1 étant auto-forcing, le répondant s'est engagé à reparler au moins une fois.
1 ♠ 2 ♥	2 ♣ 3 ♥	Forcing. La séquence est un remake de la séquence 1 ♦ - 2 ♣ - 2 ♦ - 3 ♦.
1 ♠ 2 SA	2 ♣	Forcing. L'enchère de 2 SA montre une main régulière de 15 à 17 points. Avec 11 ou plus chez le partenaire la manche sera atteinte.
1 ♠ 2 ♠	2 ♦ 3 ♠	Forcing, en enchères modernes. Avec une main moins forte, le répondant aurait fait un « 2 SA fitté ».
1 ♠ 3 ♥	2 ♥	Forcing, comme dans la séquence 1 ♦ - 2 ♣ - 3 ♣.
1 ♠ 3 ♥	2 ♥ 3 ♠	Forcing. Cette séquence complète la précédente. S'il n'avait pas eu un espoir de chelem, le répondant aurait dit 4 ♠ plutôt que 3 ♠.
2 ♣ 2 ♥	2 ♦ 3 ♥	Forcing. Après une ouverture de 2 ♣ fort indéterminé, le fit à 3 ♥ est plus encourageant que 4 ♥.
2 ♦ 2 ♠	2 ♥ 3 ♠	Forcing. Après un 2 Carreaux forcing de manche, 3 ♠ est plus encourageant que 4 ♠. Avec une main fittée, mais nulle, le répondant transite par 2 SA avant de fitter à 4 ♠.

Après une intervention

Sud	Ouest	Nord	Est	L'enchère de Nord est-elle forcing ou non-forcing ?
1 ♣	1 ♠	2 ♥	Passe	Forcing. Résistez à votre furieuse envie de passer même avec 12 petits points d'ouverture et un misfit.
1 ♣	1 SA	2 ♥	Passe	Non-Forcing. Suivant l'intervention à 1 SA, l'enchère de 2 Cœurs est compétitive avec au moins 5 cartes. Avec plus de jeu, Nord aurait commencé par contrer.
1 ♦	2 ♥	2 ♠	Passe	Forcing. 2 Piques promet au moins 5 cartes avec un nombre de points illimité.
1 ♦	1 ♠	2 SA	Passe	Non-Forcing. L'enchère de 2 SA est naturelle, avec 10-11 points d'honneurs, et garantit l'arrêt à Pique.
1 ♣	1 ♠	3 ♣	Passe	Non-Forcing. Fit à saut, non-forcing, tendance barrage (cf. Truscott mineur page 299).
1 ♦	1 ♠	3 ♣	Passe	Non-Forcing. 3 Trèfles est une enchère de barrage, comme à l'ouverture.

Le Passe de l'ouvreur est-il forcing ?

Sud	Ouest	Nord	Est	Nord doit-il reparler ?
1 ♣ Passe	Passe	1 ♠	2 ♥	Le Passe de Sud est non-forcing. L'enchère de Nord est forcing avant l'intervention. Elle ne l'est plus, car Nord a de nouveau la parole.
1 ♦ Passe	Passe	1 ♥	1 ♠	Le Passe de Sud est non-forcing, Nord, ayant fait un 1 sur 1, n'a pas promis de reparler.
1 ♥ Passe	Contre	Surc	1 ♠	Le Passe de Sud est forcing. En surcontrant, Nord a promis du jeu et demandé la parole pour une enchère punitive ou descriptive.
1 ♥ Passe	1 ♠	2 ♠	Contre	Le Passe de Sud est forcing. En faisant un cue-bid, Nord a promis du jeu et s'engage à reparler. Il ne peut en aucun cas passer car Pique est la couleur de l'adversaire.
1 ♠ Passe	Passe	2 ♣	2 ♥	Le Passe de Sud est forcing : l'enchère de Nord est auto-forcing et Nord doit donc reparler.

La partie libre

La compétition élimine peu ou prou le facteur chance. La Partie Libre, en revanche, continue à plaire aux joueurs dont les yeux brillent quand ils ont un beau jeu.
Il n'est pas mauvais d'intéresser une partie libre, ne serait-ce que symboliquement : les enchères délirantes, faites uniquement pour le plaisir de jouer le coup, sont ainsi sanctionnées.

Stratégie de la partie libre

En compétition, empailler un chelem coûte aussi cher que d'empailler une manche. Il faut donc prendre quelques risques. En partie libre, empailler un chelem ne constitue que du manque à gagner ; en revanche la perte d'une manche peut s'avérer catastrophique.
Vous en êtes à la première manche et vos adversaires sont à 40. Vous « flambez » un chelem à 50 %. Si vous gagnez, vous remportez la manche avec un bonus de 500 points. Si vous chutez, vos adversaires ont une bonne chance de remporter la première manche au coup suivant et deviennent favoris pour le gain de la partie. Il ne faut donc pas demander les chelems limites.

> En partie libre, « empailler » un chelem n'est que du manque à gagner ; empailler une manche est peut-être le début de la banqueroute.

Technique de la partie libre

Ce sont les partielles qui font le sel de la partie libre. En compétition, chaque partielle est effacée dès qu'elle est jouée. En partie libre, avoir une partielle dans son escarcelle permet de moduler les enchères livresques.

Ouvertures et réponses quand on est marqué

Vous êtes marqué à 70 et vous avez donné

Ouvrez normalement avec une ouverture normale. En revanche, avec 20 ou 21 points d'honneurs, dites « 1 SA » et non pas « 2 SA », vous risqueriez de chuter bêtement. De plus, un réveil adverse n'est pas exclu, vous permettant de sévir.

Conséquence de la souplesse de l'enchère : si votre partenaire a plus de 11 points, il dépassera la marque pour vous inviter à aller plus loin éventuellement. Corollaire : vous ouvrez de 2 SA et vous êtes marqué, votre partenaire sait que vous avez 22 points au moins.

Vous êtes marqué à 70 et tout le monde a passé. Vous êtes en quatrième

Si vous n'avez pas de majeure cinquième, ouvrez de 1 SA, même avec une petite ouverture. Vous accroissez vos chances d'être respecté par le flanc.

Vous êtes marqué à 70 et votre partenaire a ouvert

- Vous avez un peu de jeu. Parlez. Si vous passez, sous prétexte que « ça sort », le quatrième joueur, conscient du danger, va réveiller. Vous devrez intervenir à un palier plus élevé et vos adversaires pourront vous contrer sans risquer de donner la manche, puisque vous êtes « placés ».
- Vous avez beaucoup de jeu. Dépassez la marque : sur 1 SA, dites 2 SA. Sur 1 ♥, dites 3 ♥ si vous êtes fitté ; sinon, dites 2 SA. Votre partenaire, s'il est fort, poursuivra le dialogue.

• Vous avez une dizaine de points et vos adversaires sont vulnérables. Passez, en embuscade. Vous pourrez peut-être sortir le bâton si le flanc se manifeste.

Enchères forcing du répondant quand on est marqué

• Toutes les enchères artificielles, y compris, par définition, la quatrième couleur forcing.
• L'enchère de « 1 sur 1 ».
• Le changement de couleur avec saut. Pour freiner, l'ouvreur dit 2 ou 3 Sans-Atout.

Enchères non-forcing du répondant quand on est marqué

A contrario, les autres enchères du répondant ne sont pas forcing, **même si celui-ci n'a jamais passé**.

♠ D 9 8 6 2
♥ R 9 2
♦ D V 2
♣ A 2

Marqué à 70, vous avez ouvert de 1 ♠ en premier. Votre partenaire a répondu 2 ♦. Que dit le livre (celui-ci même, page 243) ? « Pour dire *2* Sans-Atout il faut entre 15 et 17 points. La mort dans l'âme, répétez vos mauvais Piques ». En partie libre, n'en faites rien, passez. Votre partenaire a moins de trois Piques (sinon il aurait fitté, compte tenu de la marque). Il risquerait de passer sur 2 ♠ et vous, de chuter. Même si le partenaire n'a que quatre Carreaux, il a une bonne chance de gagner 2 Carreaux.

Traité de bridge goulache

Différences entre le bridge goulache et le bridge normal

Dans les donnes goulache, les cartes sont distribuées non pas une à une, mais en trois fois (par exemple en 4-4-5 ou 5-5-3). La conséquence est que les distributions sont excentrées : unicolores, bicolores et chicanes foisonnent. D'autre part, en goulache, on ne joue que les manches, les chelems et les coups contrés. **Les partielles sont accordées au camp qui les demande sans être jouées** (sauf si elles sont contrées). De plus en plus de parties libres se jouent en goulache. Les bridgeurs apprécient la montée d'adrénaline que leur procurent donnes chahutées, enchères au couteau, chelems à répétition et chutes vertigineuses.

Les enchères à deux

À la goulache, la prudence est de règle tant qu'un fit n'a pas été trouvé. En revanche, s'il y a fit, il faut foncer. Avec toutefois un bémol : si vos adversaires ont découvert un fit dans une couleur supérieure à la vôtre, ne les poussez à la manche ou au chelem que si vous pouvez les contrer à ce niveau.
Les enchères goulache se distinguent des enchères normales sur les points suivants :

Une ouverture à la couleur promet une longueur de six cartes au moins

N'ouvrez pas avec moins de 12 points : votre partenaire est peut-être complètement misfitté.

Exception à la règle de la « couleur sixième »
Avec une chicane (distribution 5-5-3 ou 5-4-4), on ouvre d'une couleur par 5. Cette dérogation ne va pas sans inconvénient : on risque de demander une manche avec 8 atouts seulement, les atouts du flanc étant 5-0. Mais les avantages l'emportent. D'une part, si vous ouvriez une main 5-5-3 ou 5-4-4 de 1 Sans-Atout et non pas d'une couleur, vous seriez à la merci d'un barrage de votre adversaire de gauche : votre camp ne pourrait découvrir un fit qu'en courant le risque d'une sévère punition. D'autre part, si votre Sans-Atout promet au moins une carte dans chacune des 4 couleurs, votre partenaire peut, avec une couleur affranchie, aller à 3 Sans-Atout en toute sérénité.

Les bicolores
Ils sont ouverts de la couleur la plus longue sans se soucier de la force de la main : en goulache, il n'y a pas de bicolores « chers » ou « économiques ». Avec un bicolore 6-6, on nomme d'abord la couleur la plus chère. Ne vous laissez pas griser par un beau bicolore 7-6 : votre partenaire a peut-être un 7-6 inverse. Dès le deuxième tour d'enchères, ce dernier s'aperçoit du misfit. Il ne doit pas nommer sa deuxième cou-

leur ni annoncer Sans-Atout. Il passe (sauf, bien entendu, s'il est très fort), trop heureux d'empocher une partielle infaisable sans la jouer.

Réponses à l'ouverture de 1 à la couleur, par exemple 1 ♥

Soutien

• 2 ♥ indique un jeu faible avec trois Cœurs, ou, à la rigueur, deux Cœurs dont un honneur. S'il a deux petits Cœurs seulement, le partenaire dit 1 Sans-Atout et donnera, plus tard, un fit différé.

• 3 ♥ est forcing, contrairement à l'enchère de bridge normal. Si le déclarant envisage le chelem, il annonce ses contrôles de premier tour (**As ou chicane**), en commençant par la couleur la plus économique. Sinon, il conclut à la manche.

• 4 ♥ est une fermeture.

1 Sans-Atout : jeu faible, misfit, chicane à Cœur probable. Longue possible, mais qui n'a pas été annoncée par manque de points.

2 Sans-Atout : misfit, mais avec 11 ou 12 points. Avec une longue, annoncez celle-ci au lieu de dire 2 Sans-Atout.

Changement de couleur

• Le *1 sur 1* annonce un minimum de cinq cartes. Il est forcing pour un tour.

• Le *2 sur 1* annonce en principe un minimum de six cartes et il est forcing pour un tour, sauf si on est marqué. Comme en bridge normal, il promet 11 points et plus. Par ailleurs, il ne promet, ni ne dénie, un fit dans la couleur de l'ouvreur.

> Si vous avez un fit d'au moins 4 cartes, annoncez-le immédiatement plutôt que de changer de couleur.

• Le *changement de couleur avec saut* promet une longue totalement affranchie. Il est forcing pour un tour, même si on est marqué. Le chelem, si chelem il y a, pourra se jouer dans cette couleur.

L'ouverture de 1 Sans-Atout est faible ou forte (zone de points : 12-17)

C'est une enchère fourre-tout qui est le corollaire de la « couleur sixième ». La main peut inclure une cinquième et un singleton, mais pas de chicane. En goulache, le répondant à une ouverture de 1 Sans-Atout ne fait ni de Stayman, ni de Texas ; il annonce directement sa longue (5 cartes minimum) au palier de deux. Cette enchère est forcing pour un tour (sauf si le répondant a déjà passé). L'annonce d'une couleur avec saut promet une longue affranchie. Un chelem pourra se jouer dans cette couleur.
Sur une ouverture de 1 Sans-Atout, le 4 Sans-Atout n'est jamais quantitatif : c'est un Blackwood.

On ne joue pas le 2 faible, mais le 2 fort

L'ouverture de 2 ♦, 2 ♥ ou 2 ♠ promet la manche dans une couleur pleine (toutefois l'As, le Roi ou encore la Dame troisième peuvent manquer) et explore la possibilité d'un petit ou d'un grand chelem.
Voici les réponses du partenaire :

- s'il a un As, il nomme la couleur correspondante ;
- s'il a deux As, il jumpe dans la **couleur où il n'a pas l'As** ;
- s'il a trois As, il dit *3 Sans-Atout* ;
- s'il n'a pas d'As, il dit *2 Sans-Atout* ;
- s'il a l'As, le Roi ou encore la Dame troisième dans *la couleur annoncée par son partenaire*, il fitte **en priorité** au palier de trois. L'ouvreur fait alors une enchère relais à *3 Sans-Atout*, et son partenaire annonce son ou ses As comme ci-dessus (s'il n'en a pas, il revient dans la couleur d'ouverture).

Sud	Nord
2 ♥ : Avez-vous des As ?	3 ♠ : J'ai l'As de Carreau et l'As de Trèfle.

ou

Sud	Nord
2 ♥ : Avez-vous des As ?	3 ♥ : Vous le saurez plus tard. J'ai l'As ou le Roi de Cœur ou encore la Dame troisième.
3 SA : Avez-vous des As dans les autres couleurs ?	4 ♦ : L'As de Carreau. Sans As, j'aurais dit 4 ♥ .

Une fois renseigné sur le ou les As de son partenaire, l'ouvreur peut avoir besoin d'informations complémentaires pour aller au chelem. Il annonce alors la couleur annexe dans laquelle il a besoin d'un soutien.
Si le partenaire a le Roi dans cette couleur annexe, il fitte. Sinon, il revient dans la couleur d'atout. En revanche, s'il a annoncé un As au tour précédent et s'il a le Roi correspondant, il ne revient pas dans la couleur d'atout mais répète la couleur de son As.
Si le répondant n'a pas le Roi de la couleur annexe, l'ouvreur peut être intéressé par la Dame. Dans ce cas, l'ouvreur insiste dans la couleur annexe, demandant au répondant de fitter dans cette couleur s'il a la Dame. Dans la négative, le répondant revient dans la couleur d'atout. Cette demande de Dame permet au déclarant d'aller au chelem s'il a A R x, R V x ou R x dans sa couleur annexe.

Sud	Nord
2 ♥ : Avez-vous des As ? 3 ♦ : Avez-vous le Roi de Carreau ?	2 ♠ : L'As de Pique. 3 ♠ : Non, mais j'ai le Roi de Pique.

ou

Sud	Nord
2 ♥ : Avez-vous des As ? 3 ♦ : Avez-vous le Roi de Carreau ? 5 ♦ : Avez-vous la Dame de Carreau ?	2 ♠ : L'As de Pique. 4 ♦ : Oui. 5 ♥ : Non.

L'ouverture de 2 Sans-Atout promet de 18 à 21 points et pas de chicane. Les réponses sont naturelles.

L'enchère de 2 ♣, artificielle, est forcing de manche. Il s'agit du bon vieux **2 ♣ Albarran** (voir l'appendice, page 339). Voici les réponses du partenaire :

- s'il a un As, il nomme la couleur correspondante, sauf s'il s'agit de l'As de Carreau, auquel cas il dit 3 ♦ et non pas 2 ♦ ;
- s'il a deux As, il dit 3 SA ;
- s'il a trois As, il dit 4 SA ;
- s'il n'a pas d'As mais a au moins 8 points d'honneurs, ou deux Rois, il dit 2 SA ;
- s'il n'a ni As, ni jeu, il dit 2 ♦.

Le 5 Sans-Atout Joséphine et le Blackwood d'exclusion sont d'un usage beaucoup plus fréquent en Bridge Goulache qu'en Bridge normal.
L'ouverture de 4 Sans-atout est un Blackwood. Moins précise que le 2 ♣ Albarran, elle peut empêcher le flanc de trouver un bon barrage.

Les enchères de barrage

Les couleurs annoncées au palier de 3 et 4 doivent être plus liées qu'en bridge normal, avec, au palier de 4, une seule perdante. En effet, le reliquat d'une ouverture de barrage a toutes les chances d'être concentré dans une des mains adverses.
Une ouverture de barrage ne doit pas comporter plus d'un As. À partir de deux As, il faut ouvrir au palier de 1 à la couleur.

Le contre bicolore

C'est l'arme la plus efficace du flanc contre l'ouverture, surtout si celle-ci est une enchère de barrage. Il est évident que plus le palier du barrage est élevé, plus le bicolore du contreur doit être solide.

L'ouvreur a annoncé une couleur au palier de 1

- Le deuxième joueur doit contrer s'il a deux des trois couleurs non annoncées, même s'il a un peu moins que l'ouverture.
- Le partenaire du contreur annonce alors sa longue ; s'il en a deux, il commence par la plus économique. Si cette couleur n'est pas la « bonne », le contreur dégage au palier le plus bas dans une de ses deux propres couleurs.
- Son partenaire a alors le choix entre passer, fitter ou rectifier dans la quatrième couleur.

L'ouvreur a annoncé 1 Sans-Atout

Sauf si l'intervenant a deux couleurs très solides, le contre bicolore n'est pas conseillé. En effet, statistiquement, le partenaire a toutes les chances d'avoir le bicolore inverse, et son camp risque de se retrouver contré au palier de 3. Il vaut mieux soit passer, soit annoncer sa couleur la plus économique au palier de 2.

L'ouvreur a annoncé une couleur au palier de 3

Les enchères du flanc sont les mêmes que si l'ouverture est au palier de 1, sauf si le partenaire du contreur a de bonnes cartes dans la couleur de l'ouvreur. Dans ce cas, il peut soit passer, transformant le contre d'appel en contre de pénalité, soit dire *3 Sans-Atout*, pour les jouer.

L'ouvreur a annoncé une couleur au palier de 4

Les enchères du flanc sont encore les mêmes. Si l'ouvreur a dit 4 ♥ ou 4 ♠, l'enchère de 4 Sans-Atout du **quatrième joueur** est un appel aux mineures.

Cas particulier : vous êtes en second et vous avez un **bicolore mineur**.
a) L'ouvreur a dit 4 ♥ sous votre nez. Contrez bicolore. Donnez à votre partenaire sa chance d'annoncer ses Piques ou encore de transformer votre contre d'appel en contre de pénalité.
b) L'ouvreur a dit 4 ♠. Ne contrez pas bicolore. Votre partenaire nommerait sans doute ses Cœurs au palier de 5, et vous-même ne pourriez développer votre bicolore mineur qu'au palier de 6. Donc faites un 4 SA *appel aux mineures.*

L'ouvreur a parlé au palier de 6
Le contre est optionnel. S'il a un bicolore, le partenaire du contreur l'annonce comme ci-dessus. S'il n'en a pas, il a intérêt à passer : même si le déclarant gagne son chelem, ce *Passe* coûtera moins cher à son camp que l'avalanche de plis de chute qu'une autre enchère va sans doute déclencher.

Le cue-bid tricolore

Le cue-bid promet un jeu fort en 5-4-4 avec une chicane dans la couleur de l'ouvreur (si vous avez un tricolore faible, contrez). Très pratique après une ouverture de 1, cette enchère est dangereuse sur un barrage de l'ouvreur. En effet elle a l'inconvénient d'élever le palier des enchères à un niveau inconfortable. Après un barrage à 4 ♠ par exemple, si vous dites 5 ♠, votre partenaire est condamné au chelem. Le cue-bid tricolore doit donc être réservé aux jeux très puissants. Avec un jeu moins fort, contrez : vous avez beaucoup de chances de retomber sur vos pieds.

Le 2 Sans-Atout appel aux mineures (sur une majeure ou sur 1 SA adverses) n'est pas recommandé, sauf avec un jeu extrêmement puissant : votre partenaire a toutes les chances de se retrouver au palier de 3 avec un bicolore majeur. Avec un jeu moyen, le contre bicolore est préférable au 2 Sans-Atout.

Sur la défense contre les ouvertures de barrage

Si le deuxième joueur a la chute en main, avec des atouts bien placés derrière l'ouvreur et une belle couleur à côté, il lui faut résister à la tentation de contrer. En effet, s'il contre, son partenaire, qui le croit bicolore, va développer son jeu et révéler le misfit probable échu à son camp. Ce misfit sera sanctionné par un contre dévastateur infligé par le camp de l'ouvreur. En revanche, si le deuxième joueur a la sagesse de passer :

- au pire, son partenaire passera lui aussi, et son camp encaissera quelques levées de chute non contrées ;
- au mieux, son partenaire « contrera bicolore ». Il passera alors avec délectation.

Sur les enchères compétitives

N'emmenez pas vos adversaires à la manche ou au chelem si vous n'avez pas de quoi les contrer à ce niveau, ou si vous n'avez pas la couleur la plus chère.

Par ailleurs, si vous avez un jeu très faible et un gros fit, vous avez parfois intérêt à occulter – provisoirement – ce fit.

Sud	**Ouest**	**Nord**	**Est**
1 ♥	1 ♠	3 ♥	? Votre main : ♠ D V 10 7 6 ♥ - ♦ V 8 7 6 ♣ 10 6 5 2

Vous êtes en quatrième en Est. Vous êtes tenté de barrer à 4 ♠. Si vous le faites, le camp adverse va certainement aller au chelem. En effet l'annonce de votre enchère de votre gros fit à ♠ photographie, par voie de conséquence, une chicane ou un singleton à ♠ soit chez Nord soit chez Sud.

En revanche, si vous passez, Sud se contentera peut-être de fitter à 4 ♥. Nord, qui peut avoir deux petits Piques, passera. Si vos adversaires vont quand même au chelem à Cœur, il sera toujours temps de débarquer spectaculairement à Pique au palier de 6 ♠.

LE JEU DE LA CARTE

Le jeu avec le mort

• Les couleurs étant en général mal partagées, il vaut mieux faire une impasse qu'espérer une bonne répartition.
• Si ses deux adversaires ont chacun un bicolore inverse, le déclarant connaît très vite la distribution des mains du flanc. Il peut alors choisir celui de ses adversaires contre lequel il effectuera une manœuvre de remise en main.

♠ RDV543
♥ 652
♦ 3
♣ A72

N
O E
S

♠ 2
♥ AR73
♦ ARV4
♣ R654

Sud	*Ouest*	*Nord*	*Est*
2 SA	3 ♦	3 ♠	Passe
3 SA			

Ouest entame de la Dame de Cœur sur laquelle Nord et Est fournissent petit. Sud prend et joue le 2 de Pique pour le 2 de Carreau d'Ouest, le Roi de Pique de Nord et l'As d'Est. Est contre-attaque de la Dame de Trèfle, prise du mort, sur laquelle Ouest a défaussé un deuxième petit Carreau. Le déclarant joue alors à cartes ouvertes. N'ayant aucune carte noire, Ouest a le reste des cartes rouges (au départ, il avait donc 5 Cœurs et 8 Carreaux, puisque Est avait 12 cartes noires et un petit Cœur).

Voici les quatre jeux.

	♠ RDV543 ♥ 652 ♦ 3 ♣ A72	
♠ - ♥ DV1098 ♦ D10987652 ♣ -	N O E S	♠ A109876 ♥ 4 ♦ - ♣ DV10983
	♠ 2 ♥ AR73 ♦ ARV4 ♣ R654	

Étant au mort, le déclarant encaisse ses deux Piques maîtres, rentre chez lui à Trèfle, et joue Roi de Cœur et petit Cœur. Remis en main, Ouest encaisse ses 3 Cœurs et se jette dans la fourchette As-Roi-Valet de Carreau de Sud. Au total, le déclarant a fait 2 Piques, 2 Cœurs, 3 Carreaux et 2 Trèfles, c'est-à-dire *3 Sans-Atout juste faits.*

Le flanc

• N'entamez pas dans la « forte du mort ». Cela procure souvent au déclarant plusieurs levées dans une couleur du mort inaccessible.

• Dans les contrats à la couleur, n'entamez pas d'un As isolé : vous risquez d'affranchir immédiatement une longue adverse commandée par Roi-Dame-Valet.

• Dans les contrats à la couleur, y compris les chelems, il est conseillé d'entamer atout s'il y a eu fit dans le camp du déclarant.

• En revanche, s'il n'y a pas eu fit, n'entamez pas atout. Vous risqueriez de livrer un honneur de votre partenaire.

• Si le déclarant est bicolore, et si vous avez une longue dans sa couleur annexe, n'entamez pas dans cette longue dans l'espoir de faire couper votre partenaire. Au pire, celui-ci fournira et votre entame tombera dans une fourchette du déclarant. Au mieux, votre partenaire coupera dans le vide, gaspillant un de ses atouts tandis que le déclarant jettera une perdante.

• Si votre partenaire contre un chelem à la couleur, il s'agit en principe d'un contre Lightner : il a une coupe d'entrée. Il vous appartient de trouver quelle est la couleur de cette chicane (c'est vraisemblablement votre plus longue), et d'entamer dans cette couleur. Si vous avez annoncé une couleur, le contre vous demande d'entamer dans cette couleur au lieu d'entamer atout.

Appendice

Le 2 fort et le 2 Trèfles Albarran

Le 2 faible est une enchère enseignée par la Fédération Française de Bridge depuis 1997. Le 2 fort et son corollaire, le 2 Trèfles Albarran, conservent de chauds partisans.
Dans le 2 fort, les ouvertures au palier de 2 sont toutes fortes.

• 2 ♦, 2 ♥ et 2 ♠ promettent 6 cartes dans la couleur et 20-23 points DH. Il est à noter que le soutien du partenaire au palier de 3 est plus encourageant que le soutien au palier de 4.
• 2 SA promet 20 ou 21 points réguliers (voir les réponses, page 230).
• Le 2 ♣ Albarran est forcing de manche (24 points et plus). Cette enchère est l'équivalent du 2 ♦ pratiqué par les adeptes du 2 faible. Elle demande au partenaire de répondre en priorité ses As et, quel que soit son jeu, de ne pas s'arrêter avant la manche.
Réponses au 2 ♣ Albarran :

2 ♦ : pas d'As
2 ♥ : l'As de ♥
2 ♠ : l'As de ♠
2 SA : pas d'As, mais soit deux Rois, soit 8 points au moins
3 ♣ : l'As de ♣
3 ♦ : l'As de ♦
3 SA : deux As
4 SA : trois As

RÉCAPITULATIF DES CONVENTIONS

Le Stayman (page 225)
Recherche de fit 4-4 en majeure sur l'ouverture de 1 Sans-Atout.

Le Puppet Stayman (page 232). Enchère conventionnelle sur 2 SA qui permet à l'ouvreur d'indiquer à son partenaire s'il a ou non une majeure cinquième.

Le Texas (page 226)
C'est un transfert permettant de faire jouer une couleur par l'ouvreur de 1 Sans-Atout. La main la plus forte reste alors cachée et l'entame est plus difficile pour le camp de la défense.

Le 4 SA Blackwood (page 270)
Cette convention permet de connaître le nombre d'As du partenaire et, éventuellement, celui de ses Rois.
- Blackwood aux As

4 SA - 5 ♣	3 ou 0 As
5 ♦	4 ou 1 As
5 ♥	2 As sans le Roi d'atout (si une couleur d'atout est agréée)
5 ♠	2 As avec le Roi d'atout (si une couleur d'atout est agréée)

- Blackwood aux Rois

5 SA - 6 ♣	3 ou 0 Rois
6 ♦	4 ou 1 Rois
6 ♥	2 Rois sans la Dame d'atout (si une couleur d'atout est agréée)
6 ♠	2 Rois avec la Dame d'atout (si une couleur d'atout est agréée)

Le Blackwood d'exclusion (page 273)
Blackwood qui permet au questionneur (et non pas au répondant) d'annoncer sa chicane au palier de 5.

Le 5 Sans-Atout Joséphine (page 273)
Cette enchère demande au répondant de déclarer le grand chelem s'il possède 2 des 3 gros honneurs dans la couleur d'atout. Si le partenaire n'a pas les deux honneurs, il s'arrête au petit chelem.

Le contre Spoutnik simple (page 300)
Après une ouverture mineure et une intervention adverse à 1 ♠, le contre Spoutnik indique 4 ou 5 cartes à Cœur, non annonçables au palier de 2 faute d'un nombre de points suffisant.

Le contre Spoutnik généralisé (page 301)
Après une intervention adverse, le Spoutnik généralisé indique du jeu sans couleur naturelle annonçable, faute de points ou de longueur.

Le Landy (page 281)
Le 2 ♣ Landy est une intervention du deuxième joueur qui suit une ouverture adverse de 1 Sans-Atout. Elle promet au moins 5 et 4 cartes dans les deux majeures. Une réponse de 2 ♦ du partenaire de l'entameur demande à l'intervenant d'annoncer sa meilleure majeure.

Le Drury (page 265)
Le 2 ♣ Drury permet au répondant de vérifier si son partenaire, qui a ouvert d'une majeure en troisième ou quatrième position, possède bien la force d'une ouverture normale. Cette convention indique généralement un fit de 3 ou 4 cartes.

Le Roudi (page 253)
Le 2 ♣ Roudi fixe permet au répondant de se décrire après un relais à 2 ♦ qui suit immédiatement l'enchère de 2 ♣ du répondant. Il permet de trouver un fit majeur en 5-3 et de

savoir si le camp a assez de points pour jouer la manche ou le chelem.

Les Michaëls cue-bids (page 281)
Sur une ouverture adverse, ce sont des enchères qui décrivent un bicolore au moins 5-5.

Le Splinter (page 269)
C'est une enchère à double saut qui indique un fit dans la couleur du partenaire et une courte, singleton ou chicane, dans la couleur nommée.

Le Fragment-bid (page 270)
C'est une variante du Splinter dans laquelle l'ouvreur a une main forte et distribuée 5-4-3-1.

Le Truscott (page 299)
Dans cette convention, la réponse de 2 SA n'est pas naturelle : après un contre, elle indique un jeu fitté par 4 cartes au moins avec une ambition de manche si l'ouvreur n'est pas minimum. Elle peut se faire sans arrêt dans les autres couleurs.

Le Lebensohl (p. 305). Convention qui clarifie les enchères du répondant lorsque l'ouvreur a ouvert de 1 Sans-Atout et que l'adversaire est intervenu.

Le Rubensohl (p. 310). Variante du Lebensohl dans laquelle le répondant annonce sa distribution en Texas avant de donner sa force.

PROBABILITÉS

Chances de succès d'une impasse Chances de trouver deux honneurs adverses partagés	50 % 76 %

7 cartes d'une couleur dans une ligne	Partage 3-3 des cartes adverses : 36 % Partage 4-2 : 48 %
8 cartes d'une couleur dans une ligne	Partage 3-2 des cartes adverses : 68 % Partage 4-1 : 28 %
9 cartes d'une couleur dans une ligne	Partage 2-2 des cartes adverses : 41 % Partage 3-1 : 50 %
N ♥ A R V x x S ♥ x x x	Impasse à la Dame après coup de sonde : 53 % Tirer en tête pour faire tomber la Dame : 33 %
N ♥ A V x x S ♥ R x	À la couleur. Si on joue Roi, puis As de Cœur, puis petit Cœur coupé, chances de voir tomber la Dame : 37 %
N ♥ A x x x x S ♥ x	À la couleur, chances d'affranchir le quatrième en coupant 3 petits Cœurs : 62 %

Glossaire

Affranchir. Rendre maîtresse une carte ou une couleur en forçant l'adversaire à jouer une carte supérieure.

Appel. Carte fournie en flanc, qui indique que l'on est intéressé par cette couleur (généralement une grosse carte intermédiaire, 8, 9 ou 10).

Appel de préférence. Dans une couleur dans laquelle on fournit, choix d'une carte qui permet au partenaire de savoir dans quelle autre couleur il doit jouer s'il est en main ou quand il sera en main. Voir p. 169.

Appel de Smith. Appel insolite dans une couleur du déclarant qui incite l'entameur à insister ultérieurement dans sa propre couleur. Voir p. 197.

Atout. Couleur, ou chacune des cartes de cette couleur, qui permet de couper une autre couleur dont on est dépourvu.

Baiser à la Reine. Manœuvre qui permet de laisser en main l'adversaire non dangereux grâce à une Dame qu'il a dans une couleur. Voir p. 85.

Barrage. Enchère à saut destinée à gêner l'adversaire.

Battre atout. Donner un ou plusieurs tours d'atout.

Blackwood. Convention d'enchères servant à connaître le nombre d'As du partenaire en vue d'un chelem. Il se pose en disant 4 Sans-Atout. Voir p. 270.

Blackwood d'exclusion. Blackwood qui permet au questionneur (et non pas au répondant) d'annoncer sa chicane au palier de 5. Voir p. 273.

Blocage. Manœuvre préjudiciable qui consiste à jouer une couleur de telle façon que des levées maîtresses ne puissent être encaissées. Voir p. 39.

Carreau. La troisième des couleurs dans la hiérarchie du bridge.

Chassé-croisé. En réponse à une ouverture de 1 SA, convention qui décrit un bicolore majeur 5-4, et qui permet éventuellement à l'ouvreur de jouer un contrat en Majeure avec 5 cartes au mort et 3 chez lui. Voir p. 227.

Chelem. Contrat de 12 levées pour le petit chelem, de 13 levées pour le grand chelem.

Chicane. Fait de ne posséder aucune carte dans une couleur.

Chute. Échec dans la réalisation d'un contrat, pénalisée selon le nombre de levées manquantes, la vulnérabilité et, s'il y a lieu, le contre.

Clash. Manœuvre qui consiste à assécher un gros honneur du flanc, par exemple un As, grâce à une ou plusieurs surcoupes. Une fois que l'As est sec, il embrasse le Roi sec de son partenaire dès que le déclarant joue atout. Voir p. 137.

Cœur. La deuxième des couleurs dans la hiérarchie du bridge.

Communication. Carte qui permet de passer d'une main à l'autre dans un même camp.

Contrat. Nombre de levées, compris entre 7 et 13, qu'un camp s'engage à réaliser.

Contre Lightner. Contre demandant au partenaire une entame anormale, généralement pour une coupe et contre un chelem. Voir p. 338.

Contretemps. Manœuvre qui place un adversaire devant un dilemme. Ou bien il plonge de son As et il affranchit deux ou plusieurs levées du déclarant. Ou bien il ne plonge pas et permet au déclarant d'affranchir une autre couleur. Cf. la Manœuvre de Milton Work. Voir p. 88.

Contrôle. Carte (As ou Roi) ou distribution (singleton ou chicane) protégeant le déclarant contre la perte immédiate de 2 levées dans un contrat à l'atout. Voir p. 268.

Couleur. Pique, Cœur, Carreau et Trèfle sont les quatre couleurs du bridge.

Coup à blanc. Manœuvre qui consiste à abandonner une levée à l'adversaire au lieu de la prendre avec une carte maîtresse. Voir p. 74.

Coup de Bath. Coup qui consiste, avec As-Valet-Petit, à duquer l'entame du Roi pour conserver la fourchette sur la Dame. Voir p. 68.

Coup de sonde. Manœuvre qui consiste, avec As-Roi-Valet, à jouer l'As avant de faire l'impasse, au cas où la Dame adverse serait sèche.

Coup de Vienne. Action de tirer une carte maîtresse, généralement un As, accompagnant une menace, par exemple une Dame, pour préparer un squeeze. Voir p. 92.

Coup du ciseau. Variante de la manœuvre perdante sur perdante qui permet de couper les communications entre les adversaires. Voir p. 131.

Coupe et défausse. Coup permettant au déclarant de couper d'une main une carte du flanc et de défausser de l'autre main. Il peut ainsi effacer une perdante.

Couper. Dans un contrat à la couleur, s'approprier une levée en jouant un atout lorsque l'on ne peut pas fournir dans une couleur.

Couvrir. Fournir un honneur supérieur à un honneur adverse en vue d'affranchir une ou plusieurs cartes de son camp.

Cue-bid. Enchère artificielle et forcing qui consiste à nommer la couleur de l'adversaire. Voir p. 287.

Déclarant. Celui qui a nommé en premier la couleur du contrat final du camp et qui va jouer ce contrat en face du mort.

Défausse. Carte de couleur différente jetée par un joueur incapable de fournir dans une couleur. La carte défaussée n'est pas un atout et ne peut remporter la levée.

Défense ou flanc. Camp opposé à celui du déclarant, ou ligne de jeu adoptée par ce camp.

Donner le compte de la main. Indiquer au partenaire le nombre de cartes détenues dans une couleur grâce à la convention Pair-Impair. Voir p. 173.

Double coupe. Manœuvre visant à dédoubler ses atouts en coupant alternativement des perdantes de chaque main. Voir p. 111.

Doubleton. Les deux cartes détenues par un joueur dans une couleur donnée.

Drury. Convention consistant à dire 2 ♣ après une ouverture majeure du partenaire en troisième ou quatrième position, afin de vérifier s'il a vraiment l'ouverture. Voir p. 265.

Duquer. Terme franglais pour *laisser passer*. A le seul mérite d'être plus court que le vieux mot français esquicher. De l'anglais « to duck », *plonger la tête sous l'eau comme un canard*.

Empailler. Ne pas demander une manche ou un chelem qui sont gagnables.

Enchère. Engagement que l'on prend de réaliser un certain nombre de levées, ou information décrivant son jeu à l'intention du partenaire pour déterminer le contrat final.

Enchère d'essai. Enchère qui, dans une séquence où un fit a déjà été trouvé, permet de savoir si le partenaire est minimum ou maximum de sa propre enchère. L'enchère d'essai permet ainsi soit d'aller à la manche ou au chelem, soit de s'arrêter avant. Voir p. 249.

Entamer. Jouer la première carte lorsque le contrat final vient d'être déterminé par les enchères. L'*entameur* est toujours à la gauche du déclarant.

Excentré. Se dit d'un jeu irrégulier, généralement avec un singleton ou une chicane.

Expasse. Manœuvre consistant à capturer, grâce à la coupe, un honneur placé *derrière* des honneurs inférieurs. Voir p. 118.

Fit. Présence de huit cartes au moins dans une couleur, entre les deux mains d'un même camp.

Fitter. Soutenir dans la couleur du partenaire.

Flanc ou défense. Camp opposé à celui du déclarant, ou ligne de jeu adoptée par ce camp.

Forcing. Se dit de toute enchère obligeant le partenaire à reparler.

Fourchette. Combinaison de cartes permettant une impasse sur l'adversaire (exemple : As et Dame placés après le Roi adverse).

Fragment-bid. Deuxième enchère de l'ouvreur d'une mineure quand son partenaire a répondu par une majeure. Cette deuxième enchère décrit un fit dans une main forte et distribuée 5-4-3-1. Voir page 270.

Garde. Carte maîtresse empêchant le flanc d'encaisser des levées dans une couleur.

Honneur. Chacune des 5 cartes les plus fortes : As, Roi, Dame, Valet et Dix.

Honneur sur honneur. Principe qui consiste à couvrir un honneur du camp adverse avec un honneur supérieur, en vue d'affranchir une carte ou plusieurs cartes de son propre camp. Voir p. 163.

Hypothèse de crainte. Elle consiste à envisager la répartition des cartes du flanc la plus défavorable. Il faut jouer comme si cette hypothèse était la réalité.

Hypothèse de nécessité. Elle consiste à envisager la seule répartition des cartes du flanc qui vous permette de gagner votre coup. Là encore, il faut jouer comme si cette hypothèse était la réalité.

Impasse. Manœuvre pour capturer un honneur placé avant une fourchette. Une impasse a une chance sur deux de réussir. Voir p. 44.

Impasse indirecte. Dans une impasse indirecte, on ne cherche pas à capturer un honneur adverse. On parie que cet honneur adverse est placé avant un honneur **inférieur** de son propre camp. Voir p. 45.

Intervention. Enchère d'un des adversaires du camp de l'ouvreur.

Jump. Enchère à saut.

Laisser passer. Duquer, refuser de prendre un pli alors que l'on en a l'occasion. Voir p. 64.

Landy. Convention consistant à intervenir par 2 ♣ sur l'ouverture adverse de 1 Sans-Atout, pour décrire un bicolore majeur au moins 5-4. Voir p. 281.

Lebensohl. Convention qui clarifie les enchères du répondant lorsque l'ouvreur a ouvert de 1 Sans-Atout et que l'adversaire est intervenu. Voir p. 305.

Levée. L'ensemble de chacune des cartes fournies par les quatre joueurs sur un tour (on dit aussi *pli*).

Levées de tête. Levées que l'on peut réaliser sans perdre la main.

Lob. Dans un contrat à la couleur, manœuvre qui consiste à jouer vers un honneur maître alors que le deuxième joueur est chicane. Si celui-ci coupe, il le fait « avec son argent », tandis que le déclarant jette une perdante dans cette couleur. Voir p. 103.

Main. Jeu, ensemble des treize cartes détenues par chacun des joueurs.

Main courte. Main qui détient moins d'atouts que celle du partenaire, par opposition à la *main longue*. La main courte doit être utilisée pour couper d'éventuelles perdantes. Voir p. 31.

Majeure. Chacune des deux couleurs, Cœur et Pique, dans lesquelles la manche est au palier de 4.

Manche. Contrat récompensé par une prime : 3 SA, 4 ♥, 4 ♠, 5 ♣, 5 ♦. En partie libre, une manche peut être réalisée par plusieurs partielles.

Manœuvre de Guillemard. Manœuvre qui consiste à laisser un atout dehors en espérant que l'adversaire qui l'a ne coupera pas une carte d'une couleur annexe. Voir p. 101.

Manœuvre de Milton Work. À la couleur, manœuvre où le déclarant joue sous un gros honneur second vers un gros honneur placé dans l'autre main, au lieu de jouer l'honneur lui-même. Si l'adversaire plonge de son As, il affranchit le Roi et la Dame du déclarant. S'il ne plonge pas, le déclarant défausse son gros honneur, devenu sec, sur une carte maîtresse du mort et ne perd aucune levée dans la couleur. Cette manœuvre est un contretemps. Voir p. 142.

Mariage. Le Roi et la Dame dans une même couleur.

Marque. Manière de comptabiliser les points des joueurs. Voir p. 207.

Michaëls cue-bid. Sur une ouverture adverse, enchère qui décrit un bicolore au moins 5-5. Voir p. 281.

Mineure. Chacune des deux couleurs, Trèfle et Carreau, dans lesquelles la manche est au palier de 5.

Misfit. Absence de fit dans une couleur ou dans toutes les couleurs.

Monter. Fournir une carte plus forte que la carte jouée avant la sienne (on dit aussi couvrir) - *Monter au mort* : prendre la levée avec une carte maîtresse du mort, pour tenter ensuite une impasse par exemple.

Mort (le). Celui des 4 joueurs qui doit étaler son jeu sur la table après l'entame. Il joue les cartes appelées par le déclarant, son partenaire.

Mort inversé. Manœuvre où le déclarant, n'ayant pas de cartes à couper avec sa main courte, utilise en coupe un maximum d'atouts de sa main longue. Voir p. 133.

Ouvreur. Celui des 4 joueurs qui ouvre, c'est-à-dire fait le premier une enchère autre que Passe.

Pair-Impair. Signalisation renseignant le partenaire sur le nombre de cartes détenues dans une couleur. Avec 2 cartes dans la couleur (nombre pair), on entame (ou on fournit) la plus grosse ; avec trois (nombre impair), on entame la plus petite ; avec 4 cartes (nombre pair), on entame la deuxième (avec 8 6 4 2, le 6 et non pas le 8) ; avec 5 (nombre impair), on entame la plus petite. Voir p. 173.

Partage. Répartition du résidu d'une couleur entre les mains adverses.

Partielle. Contrat déclaré qui se situe au-dessous du contrat de la manche (moins de 100 points) et qui ne rapporte pas de prime, sauf en tournoi.

Petit prometteur. Convention de la défense consistant à entamer ou contre-attaquer d'une petite carte, montrant un intérêt pour cette couleur. Voir p. 183.

Pique. La couleur la plus forte dans la hiérarchie des quatre couleurs, mais inférieure au Sans-Atout.

Ping-Pong. Enchère de relais consistant, comme le Roudi, à nommer 2 ♣ après la redemande de l'ouvreur à 1 Sans-Atout pour trouver le bon contrat au bon palier. Différence : c'est le répondant qui se décrit et non pas l'ouvreur. Voir p. 253.

Plan de jeu. Stratégie choisie par le déclarant après que le mort s'est étalé.

Pli. Voir *Levée.*

Plus petite équivalente. La plus petite des cartes d'une séquence de la même couleur (exemple : avec D V 10 9, le 9). Voir p. 163.

Points d'honneur. Valeur des cartes permettant d'évaluer son jeu : 4 points pour l'As, 3 pour le Roi, 2 pour la Dame et 1 pour le Valet.

Puppet Stayman. Enchère conventionnelle sur 2 SA qui permet à l'ouvreur d'indiquer à son partenaire s'il a ou non une majeure cinquième Voir p. 232.

Quatrième couleur forcing. Enchère conventionnelle forcing qui consiste à nommer la dernière couleur non annoncée sans forcément la détenir. Elle invite le partenaire à se décrire. Voir p. 256.

Quatrième meilleure. Entame conventionnelle à Sans-Atout qui consiste à sélectionner, dans une longue, la quatrième carte par ordre décroissant. Avec R V 7 4 2, la quatrième meilleure est le 4. Voir p. 180.

Rallonger une couleur. Promettre 5 cartes dans sa première couleur en nommant une deuxième couleur.

Redemande. La deuxième enchère d'un joueur.

Réduction du compte. Lorsqu'on joue un chelem avec 11 levées de tête, réduire le compte, c'est donner une levée au flanc dès le début du coup. On défile ensuite ses 11 levées de tête pour squeezer un des deux adversaires, ou les deux.

Refus. Carte, généralement basse, indiquant un désintérêt pour la couleur jouée.

Règle des 11. Règle permettant de calculer le nombre de cartes supérieures à la carte d'entame qui sont dans la main du déclarant, si le partenaire a entamé de sa quatrième meilleure.

Remontée. Carte maîtresse permettant au déclarant de monter au mort (cf. Rentrée).

Renonce. Faute commise par un joueur lorsqu'il oublie de fournir dans une couleur, alors qu'il aurait pu. Une renonce est sanctionnée par le code de l'arbitrage.

Rentrée. Carte maîtresse permettant au déclarant de revenir dans sa main.

Répondant. Celui qui enchérit face à l'ouvreur.

Reprise. Carte permettant de prendre la main.

Roudi fixe. Enchère de relais consistant à nommer 2 ♣ après la redemande de l'ouvreur à 1 Sans-Atout pour trouver le bon contrat au bon palier. Voir p. 253.

Rubensohl. Variante du Lebensohl dans laquelle le répondant annonce sa distribution en Texas avant de donner sa force. Voir p. 310.

Sans-Atout. Nature d'un contrat pour lequel il n'y a pas d'atout. À Sans-Atout, chaque couleur est équivalente et aucune ne peut être coupée.

Séquence brisée. Séquence dans laquelle il manque la deuxième carte, comme R V 10 9 8.

Séquence interrompue (ou séquence incomplète). Séquence dans laquelle il manque la troisième carte, comme R D 10 9 8.

Singleton. Carte unique détenue dans une couleur.

Splinter. Enchère à saut indiquant un fit dans la couleur du partenaire et une courte dans la couleur nommée. Voir p. 269.

Spoutnik simple. Après une ouverture mineure et une intervention adverse à 1 ♠, contre d'appel indiquant 4, voire 5 cartes à Cœur. Voir p. 300.

Spoutnik généralisé. Après une intervention adverse, contre d'appel indiquant du jeu sans couleur naturelle annonçable, faute de points ou de longueur. Voir p. 292.

Squeezante. Carte qui squeeze l'adversaire. La squeezante est soit le dernier atout du déclarant, soit la dernière carte d'une de ses longues.

Squeeze. Manœuvre obligeant l'adversaire à abandonner l'une de ses deux gardes et à concéder le reste des levées. Voir p. 89.

Stayman. Enchère conventionnelle sur 1 SA pour rechercher un fit majeur. Voir p. 225.

Surprendre. Mettre une carte supérieure à une carte maîtresse de son partenaire pour prendre la main.

Tête de séquence. La plus forte d'une série de cartes qui se suivent (exemple : le Roi dans la séquence R D V 8). Voir p. 204.

Texas. Enchère de transfert utilisée sur 1 et 2 SA. Elle indique au moins 5 cartes dans la couleur au-dessus de celle qui est annoncée, et permet de faire jouer le contrat par la main forte. Voir p. 226.

Tirer en tête. Ne pas faire d'impasse (exemple : avec A R V 8 7 en face de 10 6 4 3, jouer l'As puis le Roi).

Top. En tournoi par paires, meilleur score réalisé sur une donne dans chaque ligne.

Trèfle. La couleur la plus faible dans la hiérarchie des quatre couleurs.

Truscott. Réponse conventionnelle de 2 SA qui indique un jeu fitté avec une ambition de manche. Voir p. 299.

Uppercut. Promotion d'atout où un joueur coupe gros, obligeant le déclarant à surcouper. Cette manœuvre fait qu'un atout du partenaire devient maître. Voir p. 206.

Vernes (loi de). Loi statistique permettant de savoir si, dans une séquence d'enchères compétitives, il vaut mieux passer, contrer ou surenchérir. Voir p. 317.

Vulnérable. Un camp est vulnérable quand il a gagné une manche. Les primes de manche ou de chelem sont alors plus élevées, mais les pénalités dues à la chute plus fortes. En tournoi, la vulnérabilité (ou la non-vulnérabilité) n'est pas liée aux donnes précédentes. Elle est déterminée par avance pour chaque camp et pour chacune des donnes.

IMPRIMÉ EN ITALIE PAR ROTOLITO LOMBARDA
pour le compte des Nouvelles Éditions Marabout
D.L. Juin 2008
ISBN : 978-2-501-04962-7
40.9895.0/02